Margaret Chatterjee

Gewaltfrei widerstehen

Gandhis religiöses Denken –
Seine Bedeutung für unsere Zeit

Aus dem Englischen übersetzt
von
Regina und Michael von Brück

Chr. Kaiser
Gütersloher
Verlagshaus

Die Deutsche Bibliothek – CIP-Einheitsaufnahme

Chatterjee, Margaret:
Gewaltfrei widerstehen : Gandhis religiöses Denken –
Seine Bedeutung für unsere Zeit / Margaret Chatterjee.
Aus dem Engl. übers. von Regina und Michael von Brück. –
Gütersloh : Kaiser, 1994
Einheitssacht.: Gandhi's religious thought <dt.>
ISBN 3-579-02259-8

ISBN 3-579-02259-8
© der deutschen Erstausgabe:
Chr. Kaiser/Gütersloher Verlagshaus, Gütersloh 1994
Lizenzausgabe mit freundlicher Genehmigung
von Macmillan Press, London

Titel der englischen Originalausgabe:
»Margaret Chatterjee: Gandhi's Religious Thought«
© 1983 by Macmillan Press, London

Umschlaggestaltung: HTG-Werbeagentur, Bielefeld, unter Verwendung eines
Fotos von Mahatma Gandhi, um 1945
© der Verlage: Archiv für Kunst und Geschichte, Berlin
Satz: Weserdruckerei Rolf Oesselmann GmbH
Druck und Bindung: Clausen & Bosse, Leck
Printed in Germany

Inhalt

Einleitung

Als C.F. Andrews Gandhi im Januar 1915 erstmals begegnete, schrieb er an Rabindranath Tagore, daß er das Gefühl habe, Gandhi sei »mehr ein Heiliger der Aktion als der Kontemplation«. »Heiligsprechungen« erfuhr Gandhi schon zu Lebzeiten, und zwar nicht nur von seinen Landsleuten sondern auch von Verehrern außerhalb Indiens. Um die außergewöhnliche Anziehungskraft dieser komplexen Persönlichkeit zu erklären, ist oft von *Charisma* gesprochen worden, was Gandhi stets in Verlegenheit brachte. Es bekümmerte ihn, daß nicht wenige nur zu seinen Versammlungen kamen, um *darshan** eines heiligen Mannes zu empfangen und nicht, um einer Bewegung anzugehören, die nach seiner Überzeugung ein neues Indien ins Leben rufen würde. Was das Charisma angeht, so war dies ein Begriff, der Gandhis eigenem Verständnis von seiner Rolle als nationaler Führungsgestalt gänzlich fremd war. Er empfing seine Kraft aus dem Volk, seinen eigenen Worten zufolge mehr von den *Massen* als den *Klassen*, wie ein mächtiger Banyanbaum, der seine Wurzeln immer wieder in die Erde senkt, um aus ihnen Nahrung zu ziehen. Wenn er, um eine andere Metapher zu gebrauchen, in seinem eigenen inneren Leben von den Schwingen des Glaubens getragen wurde, so war er nicht weniger tief in der Welt des einfachen Menschen beheimatet, dem Leben des armen Dörflers, der ihm so vertraut war und dessen Leben er teilte.

Charlie Andrews' Wort, das nicht an einen Kontemplativen sondern an einen Dichter gerichtet ist, zeigt, in welchem Maße Gandhis religiöses Denken als ein Grundthema, ein *Continuo*, mit einem Leben praktischen Engagements zusammenfließt. Gandhi ermahnte alle, die etwas über seine Ideen erfahren wollten, sich nicht nur an seinen Schriften zu orientieren, sondern sorgfältig zu beobachten, was er tue, besser noch, an seinem täglichen Leben und seinen konstruktiven Projekten teilzunehmen. So würde sich ein ernsthaft Suchender dabei wiederfinden, wie er am frühen Morgen, noch vor Tagesanbruch, in einer schweigenden Prozession Gandhi über die Felder begleitet, die schließlich mit einer Reinigungsaktion endet, wo gedankenlose Dorfbewohner ihr Morgengeschäft verrichtet haben. Gandhi hatte viel Sinn für Humor, und wenn diese Art einer spirituellen Unterweisung auch einige abgeschreckt haben mag, so besteht kein Zweifel, daß andere ihre Lektion dabei gelernt haben. Er hatte große Geduld mit denen, die ihn in theologische Diskussionen verwickeln wollten, doch wählte er hierfür meist den frühen Morgen, um die zugestandene Zeit begrenzen zu können, und in seinem Innersten war er überzeugt, daß die Zeit eigentlich hätte besser genutzt werden können.

Gandhis Leben – eine gelebte Antwort auf die Notstände seiner Zeit – ist inzwischen allen Forschern über moderne indische Geschichte wie ein offenes

Buch zugänglich. In dieser kurzen Arbeit über den religiösen Aspekt seines Lebens kann das Umfeld, in dem seine Ideen entstanden sind, nicht immer aufgezeigt werden, obwohl dies eigentlich notwendig wäre. Andrews' Wort sollte dennoch berücksichtigt werden. Gandhi reagierte ungewöhnlich sensibel auf alle, die er in privaten Gesprächen oder öffentlichen Versammlungen ansprach. Er hatte die natürliche Begabung des Pädagogen, der genau spürt, welche Sprache seine Zuhörer verstehen würden. In den weitaus meisten Fällen vollzog sich sein Denken, das sich über einen langen Zeitraum hin entwickelte, in sehr konkreten Zusammenhängen, etwa im Kontext des täglichen Lebens seiner Ashrams in Südafrika und Indien, der Notwendigkeit, Einigkeit zwischen Hindus und Muslimen zu erreichen, der Behandlung der »Unberührbaren« innerhalb der Hindu-Gemeinschaft, oder indem er seinen christlichen Freunden erklärte, daß Menschen mit guten Motivationen ihr Heil in der je eigenen Tradition finden können, ohne ihr religiöses »Etikett« ändern zu müssen, es sei denn, der Geist bewege sie dazu. Gandhi gehört nicht zu der sogenannten »Erleuchtungs-Tradition« des Ostens wie z.B. Sri Ramana Maharishi. Er dachte vielmehr immer in der Kategorie von Beziehungen, der Beziehung von Mensch zu Mensch und von Mensch zu Gott. Obwohl er den Blick auf ein »Reich wahrer Beziehungen« richtet, sieht er die menschliche Unvollkommenheit nicht als einen Bruch der Beziehung zu Gott, wie es der Begriff der Sünde impliziert; er versteht sie vielmehr als Ichzentriertheit, die des Menschen wahre Erfüllung, d.h. in indisch-philosophischer Sprache die Selbst-Verwirklichung, verhindert. Gandhi ist *protestantisch* in einem provozierenden Sinn, indem er gegen alles protestiert, was zur Fragmentierung des Lebens beiträgt, sei es im individuellen Bereich oder in der Gesellschaft; er ist *katholisch* in seinem Vertrauen, daß seine Vision von einer neuen Gesellschaft eine praktische Alternative zum entmenschlichten Menschen, wo immer er leben mag, sein kann.

Es besteht die Gefahr, die verstreuten, oft aus dem Stehgreif formulierten Äußerungen, über die indische Kultur hinaus zu verallgemeinern und damit überzuinterpretieren. Um ein Beispiel zu nennen: Der westliche Leser mag über Gandhis zahlreiche Verweise auf den Schutz der Kuh und das Spinnen, die er in seinen *Gesammelten Werken* immer als heilige Pflichten bezeichnet, verwundert sein. Daß er auf beides so großen Wert legte, liegt in der Geschichte Indiens begründet. Gandhi verstand es, Symbole auszuwählen, die die Mehrheit seiner Landsleute, und das waren und sind immer noch Dörfler, ohne weiteres verstehen konnten. Die Kuh, deren Heiligkeit in der Tradition tief verankert ist, um weise Methoden der Landwirtschaft und Tierhaltung zu garantieren, betrachtete er als Symbol für die ausgebeuteten Kreaturen, für Güte – als Poem des Erbarmens. Sie wurde für ihn zur Testfrage und zur Gelegenheit, den Hindus eine Lektion zu erteilen, die es den Muslimen verübelten, daß sie Rindfleisch aßen, während sie selbst aber tatenlos zusahen, wie vernachlässigte Kühe ziellos in den Straßen umherirrten und verhungerten. Der

8

Schutz der Kuh war auch Symbol der Fürsorge und der engen Verbindung zur Natur, die nur dann aus ihrer Fülle spendet, wenn der Mensch ihr dient. Das Spinnen wurde, abgesehen davon, daß es zwischen den Ernten zur soliden Lebensgrundlage der Bauern beitrug, zum Symbol gemeinsamen Handelns, das Menschen aller Kasten im gemeinschaftlichen Opfern von Zeit bzw. sorgsamem Umgang mit Zeit verbindet. Aus dem Spinnen bezog er einige der schönsten Metaphern, die illustrieren, wie er religiöse Sprache gestaltet. Wir müssen »den zarten Faden der Liebe« spinnen, das »seidene Netz der Liebe, das der Wahrheit entspricht«. Krishna offenbarte sich Draupadi in Gestalt von Kleidung, als sie derer bedurfte. Spinnen und Weben sind letztlich als Werk des Herrn zu verstehen, und der symbolische Akt des Spinnens hat besondere Bedeutung in einer Gesellschaft, in der nicht alle den heiligen Faden tragen dürfen. Der von den gesellschaftlich Geringsten gesponnene Faden kann als Zeichen der Befreiung betrachtet werden, sowohl ökonomisch als auch spirituell, da in Gandhis Augen beides nicht getrennt werden kann.

Wer Gandhis Denken untersuchen will, wird von ihm ermahnt, die zeitliche Reihenfolge seiner Äußerungen zu berücksichtigen und, falls Zweifel bestehen, seine späteren Bemerkungen den früheren vorzuziehen, denn er glaubte fest an das Prinzip spirituellen Wachstums. Seine Ideen entwickelten sich allmählich, manchmal änderten sie sich sogar radikal. So z.B. können wir in seiner Sicht von *varnashrama dharma*, dem Prinzip »mein sozialer Status und die damit verbundenen Pflichten«, einen deutlichen Wandel erkennen. Wenn wir die Pflichten von Brotarbeit und Straßenreinigen für jeden, daß also jeder ein Shudra werden soll, darauf anwenden, ist die Idee von unverrückbaren Kastenpflichten effektiv untergraben. Bei anderen Themen wie der Wahrheitsfrage finden wir eine kontinuierliche Entwicklung, in der die Konturen seiner spezifischen Sicht klarer hervortreten, als daß sie radikal geändert würden. Wer die Widersprüche in Gandhis Denken kleinlich aufrechnet, geht am Wesentlichen vorbei, denn Gandhi läßt diese Widersprüche bewußt zu, gibt uns aber auch Mittel, aus dem Labyrinth herauszufinden. Gandhi blieb zeitlebens ein Suchender. Er ging immer weiter auf der Suche von Dunkelheit zu mehr Licht. Obwohl der Begriff »Pilgerschaft« für das Denken eines Mannes, der einer Kultur angehört, die Zeit zyklisch erfährt, unangemessen erscheinen mag, ist es dennoch sinnvoll, Gandhi als Pilger zu bezeichnen. Er hatte Bunyans *Pilgrim's Progress* gelesen und oft daraus zitiert. Ferner begegnet das Wort Pilgerschaft auch im Tagebuch seines frühen geistlichen Mentors Raychandbhai. Im Gegensatz zu vielen Größen der indischen Tradition und Gegenwart hat Gandhi nie von sich behauptet, das Ziel spirituellen Lebens schon erreicht zu haben. Er war sich des approximativen Charakters allen menschlichen Strebens nach dem Höchsten wohl bewußt und sprach mit größter Demut, wenn er sich mit Persönlichkeiten wie Sri Ramakrishna Paramahamsa verglich.

In Südafrika hatte er bei den evangelikalen Christen vom »Weg hinauf nach Zion« gehört, doch für Gandhi war es ein mühsamer täglicher Gang, der nicht vertikal, sondern horizontal verlief, wobei indische Kosmologie ohnehin komplexer ist als die von John Robinson kritisierte. Damit grenzt er sich nicht nur von den »Kandidaten des Jenseits« in vielen anderen Traditionen ab, sondern auch von einem dominierenden Modell im Hinduismus, der Vorstellung einer Reise ins Innere, zur »Höhle des Herzens«. Wesentliche Unterschiede in den Anschauungen von Gandhi und Tagore, die in dem berühmten Gedankenaustausch zwischen beiden reflektiert werden, lassen sich erklären, wenn man Gandhis Verständnis der Idee des Pilgers berücksichtigt. Der traditionelle *parivrajaka* oder Wanderer der indischen Tradition sammelt zwar Staub an seinen Füßen, aber sein höchstes Ziel ist die Höhle des Herzens. Die Abenddämmerung, von indischen Poeten innig besungen, ist Schönheit. Sie zeigt das Ende der Tageshitze an, ein Heimkommen. Der Staub legt sich und der Segen der Nacht senkt sich herab. Für Gandhi gab es kein Ende des staubigen Weges, der täglichen Pilgerschaft. Solange der Mensch in seinem Körper ist, kann er Gott nicht von Angesicht zu Angesicht schauen. Aber jeder Lebensweg soll Vertiefung der Einsicht bringen. Dies ist der Schlüssel, den uns Gandhi selbst überreicht, um die Differenzen zwischen dem Denken seiner Jugend und den gereiften Einsichten des Alters einordnen zu können.

Zunächst sollten wir beachten, daß Gandhi als religiöser Denker keinen Kampf gegen den Vormarsch des Säkularismus geführt hat, wie es heute viele Theologen tun, sondern ihm ging es immer auch um sehr säkulare Ziele; zunächst in Südafrika um die Bürgerrechte indischer Siedler und ab 1915 um die nationale Unabhängigkeit Indiens. In Übereinstimmung mit indischem Denken war ihm die Unterscheidung von »heilig« und »profan« gänzlich fremd. Die Hindu-Kultur stellt Normen auf, die sowohl den religiösen Festkalender als auch den Tagesablauf wie Baden, Essen und Kleidung bestimmen. Die Küche, die Badestelle und der *puja*-Raum sind je in eigener Weise heilig. Und dennoch wußten Gandhi und sein politischer Nachfolger Jawaharlal Nehru, daß der freie indische *Staat* paradoxerweise *säkular* sein mußte, damit er das friedliche Zusammenleben der unterschiedlichen Religionen Indiens (kommunale Harmonie) garantieren könne. Was die indische *Gesellschaft* sein würde, war eine andere Sache. Säkularismus bedeutet also im indischen Kontext, der vom wenig institutionalisierten Hinduismus dominiert wird, etwas anderes als im westlichen Sprachgebrauch. Gandhi hat sich nicht gegen Säkularismus und Säkularisierung gewandt, selbst gegen den Atheismus hat er nicht polemisiert. Denn er fand bei vielen Atheisten ein echtes Suchen nach Wahrheit, das, davon war er überzeugt, identisch war mit einem religiösen Impuls. Was er aber ablehnte, war Materialismus, Irreligiosität und Unwahrheit. Und hier gab es Unterschiede. Er sah sich gegen Fürstentümer und Gewalten und auch gegen den Feind im eigenen Lager antreten, jene Mächte im Menschen nämlich, die ihn in die Tiefe ziehen. Eine gefährlichere Bedrohung sah er in der um sich greifenden Gewinnsucht der industriellen Zivilisation, deren negativste Auswirkungen er in Südafrika selbst erlebt hatte. Es war eine skrupellos konkurrierende Gesellschaft, die ihm als »satanisch« erschien, ähnlich wie William Blake und William Cobbett ein Jahrhundert zuvor das frühe industrielle England empfunden hatten. Wie Gustavo Gutierrez glaubte er, daß der »technologische Geist« den Menschen einzwängt und zum Gefangenen seiner eigenen Schöpfungen macht. Und doch war der Geist, der die materiellen Lebensbedingungen des Menschen zu verbessern suchte, um das Existenzminimum für alle zu sichern, an sich nicht schlecht. Wenn sich Gandhi in seiner berühmten Abhandlung *Hind Swaraj* gegen alles Moderne ausspricht, reagiert er damit auf die Ausbeutung in Südafrika, die fehlende Resonanz auf seine Kampagne in hohen Londoner Kreisen und die wachsende Überzeugung, daß die Industrialisierung die Lebensbedingungen der Ärmsten der Armen nicht verbessern würde. Dies alles machte ihn nicht zum Anti-Säkularisten, sondern ließ ihn erkennen, daß nur Menschen mit einer transformierten ethisch-religiösen Lebenshaltung gemeinsam das »Reich Gottes auf Erden« errichten konnten.

Diese offenkundig einfache Schlußfolgerung hat weitreichende Implikationen. Gandhi wollte nicht nur an ein transformiertes *Bewußtsein* appellieren. Generationen von »heiligen Männern« hatten genau dies getan, und die Auswirkungen auf die Welt waren minimal, wenn nicht gleich Null. Er glaubte nicht an den allmählichen Aufbau einer neuen Gesellschaft durch sukzessive Transformierung der Individuen wie die Quäker; das Individuum und die Gesellschaft müssen vielmehr *pari passu* transformiert werden, und dies unterscheidet ihn von den Quäkern wie auch von den Marxisten. Dies könne hier und jetzt in bescheidenem Umfang geschehen durch einfache Menschen, die sich nicht durch besondere Heiligkeit auszeichnen, sondern die durch gemeinsame Disziplin gewaltlosen Widerstandes gegen Ausbeutungsstrukturen und durch schöpferische Arbeit Schritt für Schritt lernen würden, was das Reich Gottes bedeuten könne, nicht indem sie darüber belehrt würden, sondern wenn sie es durch ihre eigenen Anstrengungen entstehen sehen. Auf den ersten Blick scheint der Rahmen rein politisch zu sein. Aber ein wichtiger Aspekt in Gandhis Denken zeigt sich hier, daß nämlich die notwendigen Kämpfe gegen Ungerechtigkeit human gestaltet werden können durch die schöpferische Kraft, die frei wird, wenn Menschen gemeinsam arbeiten, um das eigene Leben und das ihrer Mitmenschen zu verbessern. Dies sind einige der Gesichtspunkte, die Gandhis Denken von dem unterscheiden, was gemeinhin mit »Säkularisierung« verbunden wird.

Ein anderer Einwand zielt in ähnliche Richtung. Wir werden in Gandhis religiösem Denken vergebens nach den hermeneutischen Fragestellungen suchen, wie sie mit dem historischen Kritizismus einsetzen, der zum Bestandteil der westlichen theologischen Forschung geworden ist. Seine Suche ist nicht auf die historischen Ereignisse im Detail ausgerichtet. Westliche Wissenschaftler neigen dazu, den Mangel an historischem Bewußtsein in den indischen Geisteswissenschaften zu beklagen. Gandhi schockiert seine westlichen Leser, indem er immer wieder auf die *Irrelevanz* von Geschichte hinweist und eine sehr charakteristische Geschichtsauffassung vorträgt.[1] Er betrachtete Geschichte als Sammlung der Abweichungen vom regulären Verlauf der Ereignisse. Das ergibt eine seltsame Parallele zu jenen, für die Geschichte mehr ist als nur politische Geschichte. Während letztere aber das Politische durch soziale und ökonomische Geschichte ersetzen wollten, schien für Gandhi Geschichte die Wiedergabe der Torheiten der Menschheit zu sein, der Abweichungen von der Wahrheit, wie er sagen würde. Wenn alles gemäß dem *sanatana dharma*, dem ewigen Gesetz der Gerechtigkeit, fortschreiten würde, gäbe es logischerweise nichts zu überliefern. Eine solche Grundorientierung erklärt, warum die Frage nach der Historizität von Krishna für ihn ohne Belang ist, und warum, wie er selbst sagt, es keine Rolle spielt, ob die Historizität Jesu Fiktion sei oder nicht, da in jedem Fall die Bergpredigt als leuchtendes Zeugnis Bestand haben würde. Die Frage nach der *Urheberschaft* des Zeugnisses steht gegenüber der Frage nach der *Zielbestimmung* desselben im Hintergrund.

Und doch gibt es bei Gandhi eine Art von Hermeneutik, die aus seiner unorthodoxen Interpretation der *Bhagavad Gita* abgeleitet werden kann, welche nicht von der in historischer Fragestellung begründeten Suche nach dem *Urtext* ausgeht, sondern eine Neuinterpretation in Übereinstimmung mit seinem unbeirrbaren Gewaltlosigkeitsideal darstellt.

Weit davon entfernt, ein Entmythologisierer zu sein (einige Denker der indischen Renaissance wie Raja Rammohan Roy könnten als solche gelten), schöpfte Gandhi aus der Mythologie und übernahm deren Bilder, wenn sie mit den ethischen Werten für die Massen, deren Sprecher er war, übereinstimmten. Gandhi wollte aber nicht remythologisieren, wie man es von Bankim Chandra Chatterjee sagen kann, sondern die mythische Welt des einfachen Menschen wurde für ihn zur Fundgrube von Symbolen, die neu interpretiert werden konnten. Dies entspricht seiner unorthodoxen Interpretation der *Gita*, wie wir noch sehen werden. So würde man wohl nicht fehlgehen, in der Tiefe seines Denkens die vielarmigen Gottheiten des volkstümlichen Hinduismus auftauchen zu sehen, die er auf die Erde zurückholt und in die zahllosen Menschenarme des Volkes verwandelt, die sich nach der schweren Aufgabe ausstrecken sollen, die Gesellschaft zu verändern. Die neue Gestalt, die er dem modernen Hinduismus gab, war im Gegensatz zu der Umgestaltung des Christentums durch moderne Theologen frei von Mißtrauen gegenüber der Volksreligiosität. Obwohl er selbst nicht in den Tempel ging, betrachtete er den schlichten Kultus der einfachen Dörfler – sei es das Wasseropfer an den Baum oder die Verehrung der Sonne – nicht als korrekturbedürftig im Lichte höherer Vernunfterkenntnis, sondern als Ausdruck der Anerkennung des Geheimnisses im Universum und der ihm innewohnenden heiligen Kräfte, mit denen der Mensch harmonieren muß, wenn sein Leben vom heilenden Einfluß der Gnade berührt werden soll.

Gandhi wird mißverstanden, wenn man ihn mit einer »Zivilisation des Ochsenkarrens« assoziiert und als Anti-Intellektuellen einstuft, der den Anspruch der Vernunft absichtlich ignoriere. Tatsächlich nämlich war Vernunftgemäßheit für Gandhi immer ein wesentliches Kriterium. Jeder Lehrsatz, falls man diesen Begriff überhaupt mit Gandhi verbinden darf, wurde im Licht der Vernunft geprüft und verworfen, wenn es die Vernunft forderte. Die Notwendigkeit der Auseinandersetzung zwischen Vernunft und Glaube bzw. ritueller Praxis war ihm durchaus bewußt. Allerdings stellte er fest, daß instinktive Gewohnheiten und Bräuche einfacher Menschen oft gute Gründe hatten; dann wurde er zum Vermittler und versuchte, Kritikern den Sinn hinter volkstümlicher Religion und Praxis zu erläutern. Wo aber ein Brauch der Vernunft und dem moralischen Empfinden des Menschen widersprach, brandmarkte er dies deutlich, wie z.B. bei seiner Verurteilung der Unberührbarkeit. Es lohnt, nicht nur Mythen und Bräuche, sondern auch Begriffe daraufhin zu durchleuchten, wie Gandhi »Geheimlehren« altindischen Denkens aufnahm, sie gründlich entstaubte und abschliff, um sie in einer kaum wiedererkennbaren Gestalt zu präsentieren. Die Erforschung von Gandhis religiösem Denken verlangt gelegentlich den Spürsinn eines Detektivs, um die Herkunft von Ideen zu bestimmen, die er neu aufpoliert zur Debatte stellt, damit sie für die Probleme des 20. Jahrhunderts Relevanz gewinnen.

Der religiöse Pluralismus stellte Gandhi nicht vor das philosophische Problem rivalisierender Wahrheitsansprüche, weil er in dem alten hinduistischen und jainistischen Glauben an die Fragmentiertheit aller Wahrheitserkenntnis verwurzelt war, sondern er ist für Gandhi ein Problem des praktischen Zusammenlebens. Das Leben in der multikulturellen Gesellschaft des indischen Subkontinents ließ religiöse Wahrheit nicht als rein theoretische Frage erscheinen, sondern lehrte, mit Glaubens- und Wahrheitsdifferenzen *umzugehen*, damit Menschen unterschiedlicher Überzeugung harmonisch zusammen *leben* können. Solche Probleme treten heute in jeder Gesellschaft ähnlich auf, wo Konflikte zwischen Religionsgemeinschaften zu explosiven Situationen führen. Gandhi macht darauf aufmerksam, daß hinter dem, was als Glaubensauseinandersetzung erscheint, andere Ursachen der Konflikte erkannt werden müssen, nämlich ökonomische Ungleichheit, rassische Vorurteile oder Fragen der kulturellen Standards wie Speisegewohnheiten usw. Als Gandhi im November 1946 nach Noakhali ging, um sich ein Bild von der gespannten kommunalen Lage zu machen, ließ er zuerst die ökonomische Situation untersuchen. Es stellte sich heraus, daß in diesem Distrikt Bengalens (heute Bangladesh) 18 Prozent Hindus und 82 Prozent Muslime lebten. Das Grundeigentum aber gehörte überwiegend den Hindus, die zusammen etwa 75 Prozent des Landes besaßen. Gandhi kommentierte: »Dies ist nicht ein kommunales, sondern ein ökonomisches Problem.«

Der Begriff »Eklektizismus« wird Gandhis Einsicht in die soziale, politische und ökonomische Komplexität der multireligiösen Gesellschaft, die seine eigene war, nicht gerecht. Mit diesem Begriff ist hinduistisches Denken, nicht nur von Außenstehenden, charakterisiert worden – Brajendranath Seal, einer der großen Gelehrten Bengalens, sprach vom synthetischen Geist der alten Hindus. Aber der Begriff hat hier nicht den pejorativen Beigeschmack, der ihm bei H.Kraemer und seitdem, parallel zum Begriff Synkretismus, inzwischen anhaftet. Die indische Kultur hat außergewöhnliche assimilative Fähigkeiten entwickelt. Das Ergebnis ist komplex, und wie in anderen Gesellschaften der heutigen Welt auch, gibt es empfindliche Stellen, wo das Gewebe dünn sein mag oder unerträglich strapaziert worden ist. Doch Gandhi war nicht eklektisch, wenn Eklektizismus ein Gewirr von Ideen bezeichnet, die aus der Laune des Augenblicks zusammengewürfelt worden sind. Natürlich haben ihn die jahrzehntelangen Auseinandersetzungen mit Menschen verschiedenster Prägung beeinflußt – vom englischen Vegetarier und Naturheilkunde-Begeisterten über Theosophen, fundamentalistische Christen, muslimische Händler, politische Führer wie Gokhale, enge Freunde wie C.F.Andrews und Rabindranath Tagore bis hin zur Dorfbevölkerung. Aber Persönlichkeit und Denken Gandhis zeugen von weit mehr als bloßem Eklektizismus, nämlich von einer Authentizität, die eigentümlich berührt. Ich möchte es so ausdrücken: In einer Zeit, da Konsistenz oft Dinge verlangt, von denen wir *wissen*, daß sie den Bedürfnissen der menschlichen Seele nicht entsprechen, zeigen Gandhis nervenaufreibende Inkonsistenzen und Widersprüche etwas, das wir, wenn nicht als stimmige Dissonanz in seiner Persönlichkeit, so doch als kontrapunktische Stimme bezeichnen können, die neues Hinhören provoziert.

Gandhis religiöses Denken trägt den Stempel seiner eigenen Pilgerschaft und hat somit Bekenntnischarakter. Gleichzeitig ist es durchdrungen von einer großartigen Vision, die, so glaubte er, Signalfeuer oder Leitstern für alle Menschen sein sollte. Die von seinem Gewissen geforderten »Experimente mit der Wahrheit«, wie er es nannte, belegen die Schwierigkeiten und Möglichkeiten seiner leidenschaftlichen Suche nach einer neuen Gesellschaft ohne Ausbeutung. Er war kein Theoretiker, der eine Utopie für morgen entwerfen wollte, sondern seine Sorge galt dem Indien heute. Doch hat dies etwas mit religiösem Denken zu tun? Für Gandhi durchaus. Religion war für ihn nicht im luftleeren Raum weitab von den Kämpfen des täglichen Lebens angesiedelt. Hier steht er den religiösen Denkern Lateinamerikas nahe, die den Kampf für die Befreiung der Menschen als Teil und Aufgabe des Strebens nach Erlösung sehen, oder auch Dietrich Bonhoeffer, der das Kerygma (Verkündigung) auf die verfolgten Menschen bezieht.

Gandhis religiöses Denken zeigt, daß »östliches Denken« nicht identisch ist mit Techniken der Meditation, dem Rückzug von der Welt, Yoga-Übungen usw. Er vertraute rückhaltlos auf die spirituelle Kraft. Wir werden später erläutern, was das heißt. Meditation, das kontemplative Leben als solches, hatte

14

für ihn den Beigeschmack von »spirituellem Luxus« und war ebensoweit entfernt von der Realität wie die Beton- und Marmorpaläste direkt neben den Slums der Armen. Gandhi führte durchaus ein intensives spirituelles Leben, aber die Suche nach Wahrheit war nicht losgelöst vom gesellschaftlichen Kontext. Wenn die entfalteten Schwingen des Glaubens zum Jenseits hin streben, so ist unser Leben doch nicht weniger getragen von den Banden zwischen Mensch und Mensch, denn sie sind die Basis für höheres Streben. Wenn es in spirituellen Dingen um Wahrheit geht, die unser Verstand nicht vollständig begreifen kann, so verweist Gandhi hier auf die Weisheit des Herzens, daß sich spirituelles Wachstum nicht isoliert in der Seele vollzieht, sondern im Vertiefen des Mitgefühls, das im Dienen seinen natürlichen Ausdruck findet.

Für Gandhi ist die kognitive Substanz des Glaubens ebenso auf die Vertiefung der Wahrnehmung gerichtet wie auf eine engere Beziehung zu Gott. Er gehörte nicht zu denen, die im Mystischen einen Ausweg aus dem Dilemma des modernen Menschen sahen. Sondern, wie Menschen mit Glauben und Gewissen in anderen Teilen der Welt heute auch, sah er die Lösung im Dienst an der Welt, wobei man gleichzeitig in jenem Wirkungskreis des Geistes bleibt, der uns noch immer ruft. Aus Gandhis Sicht kann der kontemplative Mensch, der sich der Arbeit entzieht, nicht als Vorbild gelten. Die Trappisten-Mönche in Südafrika aber, die auch in der Landwirtschaft tätig waren, bewunderte er; eine Kombination aus Schweigen und praktischem Handeln gefiel ihm. So äußerte er einmal, daß Meditation und Gottesdienst nichts Exklusives wären und nicht vom übrigen Leben getrennt werden dürften; sie sollten in jeder unserer Handlungen sichtbar sein.[2] Die Modetrends neuer Kulte im Westen, die sich aus dem Interesse für meditative Techniken speisen, sind in mehrfacher Hinsicht ungandhianisch. Gandhi würde mit seinem untrüglichen Sinn für Humor kommentieren, daß es ihn nicht überrasche, wenn sich die Übersättigten schmerzhaften Übungen unterzögen, um ihre Fehlhaltungen zu korrigieren. Es hätte ihn nicht verwundert, daß viele junge Menschen der Herzlosigkeit der industriellen Zivilisation entfliehen möchten, denn der Mensch ist stets auf der Suche nach neuen Möglichkeiten zur Gemeinschaft, da keiner für sich allein leben könne. Eine Gesellschaft könne nicht reformiert werden, indem man ihr davonlaufe. Man müsse den Versuch wagen, das bessere Lebensmodell der Einfachheit zu praktizieren. Diese Gedanken sind bereits in der alten indischen Ashram-Idee vorgezeichnet. Einkehr bedeutete für Gandhi Rückkehr zu konstruktiver Arbeit, d.h. das Leben der Dörfler neu zu gestalten, die Hindu-Muslim-Einheit zu verwirklichen und die Situation von Frauen und Kindern zu verbessern. Von Menschen, die sich ohne weiteres konvertieren ließen, hielt er nicht viel. Der Hindu soll ein besserer Hindu, der Muslim ein besserer Muslim, der Christ ein besserer Christ sein.

Gandhi stand nicht im kontemplativen Strom der indischen Tradition, er war ein *karma-yogi*, ein Mann des Handelns. Seine spirituellen Übungen bestanden aus einer seltsam anmutenden Mischung von Tätigkeiten, zu denen das Säubern von Toiletten, das Versorgen kranker Kinder mit Klistieren, das Anhören der Klagen und Beraten eines endlosen Besucherstromes und die Erledigung einer umfangreichen Korrespondenz mit den unterschiedlichsten Partnern gehörte – Scharlatanen, echten Wahrheitssuchern, empörten Gegnern, geistesverwandten Freunden usw. Die von ihm praktizierte Übung, die eigentlicher Meditation am nächsten kommt, ist *Ramnam*, das unablässige Wiederholen des Gottesnamens. Darin liegt für ihn mantrische Kraft. Dieses Mantra wurde aber nicht von einem Guru gegeben und konnte sowohl vom ungebildeten Dörfler als auch vom gelehrten Pandit geübt werden; es ist, wenn man so will, der Inbegriff eines demokratischen Gebets. Gandhi war am glücklichsten, wenn er das Gebet gemeinsam mit anderen rezitieren konnte. 1927 schrieb er, daß er natürlich auch allein beten würde, sich aber ohne Mitbetende sehr einsam fühle.[3] Das ist nicht die Sprache des einsamen Suchers, der in die »Höhle des Herzens« unterwegs ist. Gebet, wie Gandhi es sah und praktizierte, war ein Mittel, sich in Seelenkraft zu üben, die Aufmerksamkeit nach innen zu lenken, ein Sehnen des Herzens. Wir kommen immer wieder darauf zurück, daß das Herz für Gandhi ganz wesentliche Bedeutung hatte. Als Pädagoge sah er, daß der moderne Mensch im Herzen verarmte. Die Vaishnava-Tradition in Gujarat und Maharashtra preist nicht den Gelehrten oder den in vollkommener Versenkung Meditierenden, sondern den, dessen Herz sich dem Leid des anderen öffnet und der hingeht, etwas für ihn zu tun. In Anbetracht des heutigen Interesses an Techniken der Meditation muß dies in einer Einführung zu Gandhis religiösem Denken unbedingt berücksichtigt werden. Gandhi hat seine eigene Technik der Disziplin, der inneren Läuterung bzw. Selbstreinigung, wie er es nennt, aber dies darf nicht mit den Techniken verwechselt werden, die kontemplative Menschen verschiedener Traditionen jahrhundertelang geübt haben, oder mit modischen kultischen Praktiken, von denen sich der heutige Mensch angezogen fühlt. Gandhi war nicht auf der Suche nach neuen Erfahrungen. Ihm ging es darum, im Dienen immer vollkommener zu werden.

Im 20. Jahrhundert ist das Problem des Gottesgedankens wiederholt neu durchdacht worden. Schon das Wort »Gott« empfinden viele als Hindernis. Und dann gibt es Traditionen wie den Buddhismus, wo dieser Begriff gänzlich zu fehlen scheint. In Gandhis religiösem Denken deutet sich ein Weg aus diesem Dilemma an. Er erreicht in seiner spirituellen Entwicklung einen Punkt, wo er die Idee der Wahrheit für fundamentaler hält als die Idee Gottes, und zu erklären, was er damit meint, ist in der Tat schwierig.

Wenn wir bei Gandhi nach einem neuen theologischen Durchbruch suchen, werden wir enttäuscht. Für ihn war Religion weniger eine Sache, über die man *reden* sollte, sondern etwas, das es zu *tun* galt. In der Sprache einer anderen Tradition ausgedrückt: das Wesen von Religion ist das Tun des Guten.

Gandhis religiöse Sprache schöpfte aus vielen Quellen und war reich an Metaphern und Parabeln. Bei seinen Hörern, die nicht nur in den Schriften, sondern auch in der Tradition des Volkes, wie sie bei den Dichter-Heiligen des mittelalterlichen Indien lebendig ist, verwurzelt waren, erzeugte Gandhis Sprache tiefe Resonanz. Aufzuzeigen, wie diese vertrauten Metaphern in seine Suche nach Wahrheit einflossen, eröffnet uns einen besseren Zugang zu Gandhi als die Beschränkung auf das Reden über Gott. Dies wird eines der Themen sein, mit denen wir uns im folgenden beschäftigen werden.

Gandhis religiöses Denken
und die indischen Traditionen

Das traditionelle indische Denken in seiner ganzen Vielfalt kennt genau genommen weder eine Religionsphilosophie noch eine Theologie im herkömmlichen Sinn. Einige indische Denker wie S. Radhakrishnan vertreten die Ansicht, daß Hinduismus in erster Linie eine bestimmte Lebenshaltung meint, doch Vertreter anderer Traditionen haben zu Recht darauf hingewiesen, daß dies auf andere Religionen ebenso zutrifft. Woran Hindus denken, wenn sie hier von Lebenshaltung sprechen, ist, daß der Hinduismus nicht bekenntnismäßig orientiert ist, sondern es mit Normen des Lebens zu tun hat bis hin zu Ritualen und anderen Formen der Praxis, wie wir sie z.B. in bestimmten jahreszeitlich bedingten Festen finden, die nicht eindeutig rituellen Charakter haben. So kann man Hindu sein, sich selbst also als Hindu verstehen und auch von anderen als solcher angesehen werden, ohne im Sinne religiös-ritueller Übungspraxis Hindu zu sein. »Religiöses Denken« ist somit ein Begriff, der im indischen Kontext eine gewisse Berechtigung hat, da er sowohl die komplexen Strukturen des Bewußtseins als auch ihre Konkretisierung im Verhalten umfaßt, was wir analysieren wollen, indem wir Ghandhis Antwort auf die vieldimensionalen religiösen Traditionen Indiens zu verstehen suchen. Die Philosophen sind bei der Frage nach diesen Strukturen nicht besonders richtungsweisend gewesen, und in Gandhi begegnen wir einem Mann, dessen religiöses Leben nicht vorrangig durch philosophische Texte, auch nicht durch Autoritäten der Schrift geformt worden ist, sondern durch eine Unmenge von Faktoren, deren wichtigster uns in diesem Kapitel beschäftigen wird.

Im indischen Kontext ist der Grundbegriff der Religion nicht notwendigerweise der Gottesgedanke, und es gibt bedeutende philosophische Richtungen, in denen er gänzlich fehlt. Das indische religiöse Leben hat dem Urteil aus individueller Erfahrung immer besonderen Wert beigemessen, einer Erfahrung, die naturgemäß durch die Tradition, in der sie sich ereignet, geformt wird. Wo diese Tradition nicht durch intellektuelle Konstruktionen einengend wirkt, ist der religiös Suchende frei, seinen eigenen Weg zu finden.

Die besondere Verbindung von Verwurzeltsein und spiritueller Suche wird in dem heiligen Mann, der in einer Höhle im Himalaya lebt, ebenso symbolisiert wie in dem Sadhu-Typ, der von Ort zu Ort wandert und nicht nur Wallfahrtsorte besucht, sondern die reiche Tapisserie des indischen Subkontinents mit seinen Gebirgen, Tälern und Flüssen erkundet und im Gewimmel der Millionen mit der Vielgestalt des täglichen Lebens fortschreitet – was für Christen den Beigeschmack spirituellen Nomadentums haben mag, nicht aber für den Hindu: Die Pilger auf dem Weg nach Canterbury hatten ihre Augen auf ein festes Ziel gerichtet. Der indische *parivrajaka* (Wanderer) erforscht die horizontale Mannigfaltigkeit der Welt, und er wird mißverstanden, wenn man ihn als Weltflüchtigen abstempelte. Indienreisenden fällt auf, in welch hohem Maße sich die Menschen fortwährend in Bewegung befinden. Zweifelsohne hängt dies zu einem großen Teil mit Festen zusammen, die bestimmte Ereignisse in der Familie rituell vergegenwärtigen. Aber der Hindu ist, wie jeder andere auch, mit dem täglichen Leben beschäftigt. Hier wird ihm unaufhörlich vor Augen geführt, daß es Menschen gibt, die völlig anders als er selbst leben.

Gandhis Familienhintergrund bietet eine gute Illustration zu dem bisher Gesagten. Gandhi wurde am 2. Oktober 1869 an der Westküste Indiens in eine Vaishnava-Familie der Vallabhacharya-Tradition geboren. Seine Mutter, Putali Bai, gehörte der Pranami-Sekte an, die von Mehraj Thakore, gebürtig aus Saurashtra, gegründet worden war, und der später von seinen Anhängern »Prananath« (Herr des Lebens) genannt wurde. Gujarat, wo viele Religionen beheimatet sind, war für den Versuch, Hinduismus, Islam und andere Religionen zu verbinden, ein besonders geeigneter Ort. Gandhi, später dann von seiner jungen Frau begleitet, ging nicht nur zum Vaishnava-Tempel, um den Segen zu empfangen, sondern auch zu den Tempeln der Pranamis. Seine Mutter stammte aus einem Dorf bei Junagadh, wo im 15. Jahrhundert Narsinh Mehta lebte. Dieser heilige Poet, den Gandhi sein ganzes Leben hindurch besonders liebte, war ein Brahmane, der jedoch die unberührbaren Freunde in ihren Unterkünften besuchte und *bhajans* (Hymnen) zum Lobe Vishnus sang. Jains und Muslime waren regelmäßige Besucher in Gandhis Elternhaus, und so konnte der junge Mohan ganz selbstverständlich die Tatsache akzeptieren, daß das Höchste in einer großen Vielfalt von Wegen gesucht werden kann. Der einzige Mißklang dieser Zeit kam von den fundamentalistischen christlichen Missionaren, die an den Straßenecken predigten und jeden verurteilten, der etwas anderes glaubte als sie selbst. Außerdem wurden sie in der öffentlichen Meinung mit der ausländischen imperialen Macht in Zusammenhang gebracht und mit fremden Sitten wie Rindfleischessen und Alkoholgenuß. Gandhis erste Begegnung mit Christen war sicher höchst unglücklich. Die tiefe Kluft zwischen Bekenntnis und Praxis, die Art und Weise, wie konvertiert wurde, und die Tatsache, daß die Konvertierten danach zu trachten schienen, ihre ausländischen Mentoren in bezug auf Kleidung und Nahrung als wesentlichem Bestandteil ihrer Konversion nachzuäffen, dies alles schmerzte ihn zutiefst, zumal seine Sensibilität diesbezüglich bereits durch andere Erfahrungen geweckt worden war. Der Geist der Güte, der es einem Menschen erlaubt, seinem eigenen Glauben (*svadharma*) nachzugehen und dabei den Glauben der anderen zu respektieren, war im jungen Gandhi fest verwurzelt, und die Militanz der Missionare mit ihrer Rede vom »Retten der Seelen«, als ob alle anderen in Finsternis leben würden, hinterließen einen negativen Eindruck bei ihm, der erst in den Jahren von London und Südafrika modifiziert wurde.

Gandhi übernahm in dieser frühen Phase seines Lebens eine Frömmigkeits-praxis, die er lebenslang beibehielt: die Wiederholung von »*Ramnam*«, dem Namen Gottes. *Japa* oder das Wiederholen eines heiligen Wortes oder manch-mal auch eines *shloka* (Vers) ist eine weitverbreitete religiöse Übung in Indien und findet sich sogar in einer relativ modernen Religionsgestalt wie dem Sik-hismus. Während der Krankheit seines Vaters in den Tagen von 1885, die Gan-dhis Biographen detailliert beschrieben haben und die eine traumatische Er-fahrung seines Lebens bedeutete, besuchte ein Freund seines Vaters, Ladha Maharaj, regelmäßig das Haus und rezitierte für ihn das *Ramayana* in Tulsi-das' Version. Das Epos erzählt die Geschichte von einem Schwur, den Ramas Vater ablegte und als dessen Resultat Rama verbannt wurde. Gandhi war bei diesen Rezitationen anwesend und beschrieb das *Ramayana* später als »das bedeutendste Buch aller devotionalen Literatur«. Er betrachtete es als Verkör-perung der Idee, daß »Wahrheit die Basis aller Verdienste und Tugend ist«, als Geschichte der vollkommenen Treue zu seinen Gelübden. Als er bei einer Ansprache vor Schulkindern in Bhithiharva 1918 ein Thema auswählte, zi-tierte er bestimmte Verse aus Tulsidas' *Ramayana*[1],

wie Bharata ...
»die Gelübde von Yama,
Niyama, Shama, Dama genau eingehalten hat,
machte er es unserem Geschlecht leicht,
Ram von Angesicht zu Angesicht zu sehen.«

In einer Rede in Patna 1925[2] zitierte er Tulsidas' Ausspruch: »Die Wurzel der Religion ist Erbarmen«, und fügte hinzu: »Es ist notwendig, diese Religion des Erbarmens oder des Mitgefühls in Indien wiederzubeleben.« Daß ihn nicht ein abstrakter Gottesbegriff bewegte, wird im folgenden deutlich: »An Gott als ›Gott‹ zu denken, entflammt mich nicht so, wie es der Name ›Rama‹ tut... Darum weise ich aus ganzer Seele die Lehre von mir, daß Rama nicht mein Gott sei.«[3] Mit »mein Gott« bezieht er sich auf die *istadevata*-Idee, auf die Vorstellung einer »gewählten Gottheit«.

Die epische Literatur hat für den einfachen Menschen in Indien den Status heiliger Schriften. *Ramnam* ermöglicht einen Zugang zur Frömmigkeit ohne Rücksicht auf Kastenzugehörigkeit sogar für diejenigen, die ein hierarchisches soziales System auf den niedrigsten Platz verwiesen hat. Gandhi schrieb: »*Ramnam* ist eine Tür zur Reinigung, sogar für die Ungebildeten.«[4] Rama als Idealtypus des Menschen mit den Eigenschaften eines Helden wird als gott-gleich angesehen. Für den Gläubigen *ist* Rama Gott. Dies, so denke ich, unter-streicht die Funktion religiöser Imagination, die den Gottesbegriff ausfüllt. Eine Idee ist kein bloßer Gedanke. Wieder stoßen wir auf die Idee des religiö-sen Denkens, wenn es um die Strukturen des Bewußtseins geht, wo Denken,

Fühlen und Imaginieren eng miteinander verbunden sind. Tulsidas selbst ist ein Brennpunkt der Verehrung »als der große Geist, der einer leidenden Welt das ganz-heilende Mantra *Ramanama* gegeben hat.«[5] Ein Mantra muß nicht durch einen Guru gegeben werden, auch muß es kein Satz sein. »*Ramnam*« und die mystische Silbe »*Om*« sind dafür Beispiele. Ein Mantra dient als Mittel der Konzentration, das bedeutet, es hilft dem Suchenden, Ablenkungen zu vermeiden. Es ruft Kräfte herbei, d.h. wenn Rama angerufen wird, beschwört man die Hilfe Ramas und bewirkt damit eine Konzentration spiritueller Kräfte. Das Mantra ist, was in dem christlichen Buch *Die Wolke des Nichtwissens* als »bloßes Zielen direkt auf Gott, ohne jede andere Ursache als Ihn selbst« beschrieben wird. Und weiter: »Hefte dieses Wort fest in deinem Herzen an, so daß es niemals mehr herausfällt... Mit diesem Wort sollst du auf die Wolke (des Nichtwissens) und die Dunkelheit über dir schlagen.«[6]

Aber Gandhis Interpretation von *Ramnam* hat noch eine weitere Dimension. Hierzu ein längeres Zitat:[7]

»Hanuman riß sein Herz auf und zeigte, daß dort nichts außer *Ramanama* war. Ich besitze nicht die Fähigkeit eines Hanuman, mein Herz aufzureißen, aber sollte einer von Euch geneigt sein, es zu tun, so versichere ich Euch, daß Ihr dort außer der Liebe zu Rama, den ich in den Gesichtern von Millionen Notleidender in Indien erblicke, nichts finden werdet.«

Wenn Gandhi das Indien seiner Träume beschreibt, verwendet er oft das Bild von *Rama Rajya*, wo die »Rechte von Prinzen und Armen gleich sein würden«, wo »die Souveränität des Volkes in der reinen moralischen Autorität begründet ist«, wo »Selbstbestimmung und das Königreich der Gerechtigkeit auf Erden« herrschen würden. Der letzte Gedanke ist bezeichnend, steht doch der Himmel nicht für die oberste Stufe menschlichen Strebens in den indischen Traditionen. Der Gerechtigkeit, dem *dharma* Geltung zu verschaffen, ist das Höchste, was wir uns als Ziel menschlichen Strebens auf Erden vorstellen können.

Gandhi hat viel über *dharma* geschrieben, und seine Vorstellungen haben im Laufe der Jahre erhebliche Wandlungen durchgemacht. Genau genommen kennen die indischen Sprachen kein Wort für »Religion«. Dort, wo man in anderen Sprachen das Wort »Religion« verwenden würde, steht der Begriff *dharma*. Es ist im Grunde ein ethisch-religiöser Begriff, der, so problematisch dies auch sein mag, am ehesten mit der jüdischen Vorstellung von Gerechtigkeit verglichen werden kann, womit man dem Tenor dieser Idee vielleicht am nächsten kommt. Begrifflich gibt es auch Übereinstimmungen mit dem Begriff des Naturgesetzes, jedoch mehr im stoischen als im christlichen Sinne. Etymologisch betrachtet ist *dharma* das, was hält, eine tragende Ordnung, die das Individuum und die Gesellschaft aufrecht erhält und umgekehrt durch sie aufrecht erhalten wird. Er ist ein verbindendes Element und insofern deckt sich seine Bedeutung mit zumindest einer der vielschich-

21

tigen Bedeutungen von »Religion«. Indisches Denken betrachtet das Moral-
gesetz im Universum traditionell als Teil von *rita*, dem »kosmischen Gesetz«, das durch rein begriffliche Erklärungen (über Sein und Sollen), wie es
heute getan wird, nicht ausgelotet werden kann. Eine Analogie, die uns dem
Sinn von *dharma* näherbringt, finden wir in der platonischen Idee des Guten, die sowohl Ursache als auch Ziel des Strebens ist. Das Universum ist in
der hinduistischen Tradition ein Universum von Göttern und Menschen, die
nicht von widerstrebenden, sondern von helfenden Kräften in der Natur
umgeben sind. Der Gedanke, daß Mensch und Natur durch einen Abgrund
voneinander getrennt seien, wie in einigen anderen philosophischen Systemen, ist der indischen Tradition fremd. Die Vorstellung vom *dharma* hat sich
über die Jahrhunderte hinweg entwickelt, erstarrte in gewissen Perioden auch,
um dann wieder ihre dynamische Kraft zu erneuern. *Dharma* ist einer der
vier Werte oder *purusharthas* neben *artha* (Reichtum), *kama* (Glück) und
moksha (Befreiung). Soweit wir wissen, fühlte sich der Hindu des Altertums
hinsichtlich der ersten beiden in keiner Weise eingeschränkt. Staatskunst, der
Erwerb von Reichtum und der Wunsch nach Glück galten als Aktivitäten, die
prinzipiell nicht im Widerspruch zum *dharma* standen. Aber die »Seele« des
Hindu – soweit man davon sprechen darf – tendierte dazu, zwischen der Neigung nach Vergnügen und Entsagung zu pendeln, und die Philosophen begannen, *dharma* als Mittel zu einem jenseits der sinnlichen Erfahrung liegen-
den Bereich zu interpretieren, nämlich zur Befreiung im metaphysischen Sinne. Leider versuchen einige Historiker uns einzureden, daß gewisse soziale
Klassen ein Interesse daran gehabt hätten, das Gewicht auf die Vorstellung
von *moksha* zu verlagern. Wenn wir *dharma* als einem Schlüsselbegriff indischen religiösen Denkens jedoch gerecht werden wollen, müssen auch andere
Überlegungen berücksichtigt werden.

   Dharma zu betonen heißt immer auch, die Bedeutsamkeit der *Stabilität* der
Gesellschaft zu unterstreichen. Ein Vorbild für dieses Gleichgewicht fand der
Mensch in der Natur selbst – ein Gedanke übrigens, der sich auch in der Astro-
nomie der Griechen wiederfindet. *Dharma* stand also für ein Gesellschaftsideal
ohne Konkurrenzkampf, wo jeder die ihm gemäße Arbeit tut. Dieses Ideal konzentriert sich auf Pflichten und nicht auf Rechte. Sollte dies für manche Zeitgenossen überholt klingen, so sei daran erinnert, daß die Rechtfertigung von *dharma* mit der Wiedergutmachung von Ungerechtigkeiten verbunden war, mit der
Wiederherstellung eines Gleichgewichtes also, das die Menschen in ihrer Unwissenheit oder aus selbstsüchtigen Leidenschaften zerstört hatten. Den *dharma* als Weg zum *moksha* zu begreifen, meinte schließlich auch die Unverzicht-
barkeit sozialer Werte für den, der nach der letzten metaphysischen Wirklichkeit suchte. Es gibt einen interessanten Aspekt in dieser Idee, der vielleicht mehr
als ein Zirkelschluß ist: Nur der dem *dharma* gemäß lebende Mensch vermag
den *dharma* zu verstehen. Im Streben nach *dharma* wird er zunehmend *dhar-*

misch. Selbst im gewöhnlichen Sprachgebrauch ist es üblich, auf dieses oder jenes zustimmend als »dharmisch« hinzuweisen. Dies mag sich im konkreten Fall auf die Ehrfurcht in rituellen Handlungen, die Rechtschaffenheit des Charakters, Freigebigkeit usw. beziehen.

Neben der Vorstellung vom *dharma* im Singular wurden *dharmas* im Plural traditionell in verschiedene Wege *untergliedert.* Zusammengefaßt waren dies: *varnadharma* (die Pflichten, die sich auf die vier Kasten beziehen – Brahmana, Kshatriya, Vaishya und Shudra); *ashramadharma* (die Pflichten in bezug auf die vier Lebensalter, nämlich *brahmacarya, grihasthya, vanaprastha* und *sannyasa*); *naimittikadharma* (verbindlich bei besonderen Gelegenheiten) und schließlich *gunadharma* (z.B. die Pflicht eines Königs, seine Untertanen zu beschützen). In diesem Zusammenhang sollte vielleicht erwähnt werden, daß das Kastenwesen eine spätere Entwicklung darstellte, die sich aus historischen Gründen ergab und die zahlreiche Reformdenker über die Jahrhunderte hinweg als Abweichung vom ursprünglichen *varna*-Ideal – der Unterscheidung von Pflichten entsprechend persönlicher Fähigkeiten – kritisiert haben.

Ein Grundgedanke Gandhis war, daß das Kastenwesen mit Religion nichts zu tun hat, sondern als später Auswuchs dessen, was ursprünglich im Prinzip der Arbeits- und Pflichtenteilung gründete, verstanden werden muß. Es blieb ein rückständiger Grundzug des hinduistischen Sozialsystems, der aber nicht mit Religion oder *dharma* verwechselt werden dürfe. Denn *dharma* bedeutet die Lebensführung nach guten und vernünftigen Prinzipien.

Die Vorstellung von *svadharma,* daß jeder die ihm gemäße Aufgabe zu übernehmen hätte, setzt dem Ehrgeiz Grenzen und befähigt den Menschen, seine inneren Möglichkeiten zu entwickeln. Die Erkenntnis des eigenen *svadharma* aber verlangt Unterscheidungsvermögen und Intelligenz. Gandhi sprach in seiner frühen Indienzeit, direkt nach den Erfahrungen in Südafrika, gerne davon, daß der Mensch seinem ererbten Beruf folgen müsse. Dahinter stand, so glaube ich, die Beobachtung der unbestreitbaren Tatsache, daß die Industrialisierung das Netzwerk traditioneller Berufe, das den Dorfbewohnern jahrhunderterlang den Lebensunterhalt garantiert hatte, Schritt für Schritt zerstören würde. In der Tat können wir uns fragen, wo in den modernen Industriegesellschaften heute der Schmied und der Schuhmacher, der die Schuhe noch in Handarbeit anfertigt oder die Handwerksberufe, die ein landwirtschaftlich orientiertes System begleiten, geblieben sind. Die industrielle Zivilisation könnte den wimmelnden Millionen Indiens nie den Lebensunterhalt garantieren, denen – mit Gandhis eigenen Worten – Gott nur in Gestalt von Arbeit erscheinen könnte.

Gandhi formulierte Swami Vivekanandas Satz, daß alle Menschen Brahmanen sein sollten, dahingehend um, daß alle Shudras werden sollten. Shudras sind die Dienenden, und was braucht die indische wie jede andere Gesellschaft mehr als Dienst? Gandhi sah zwei praktische Möglichkeiten, wie eine auf dem Prinzip der Gleichberechtigung beruhende Gesellschaft verwirklicht werden könnte. Die Pflichten des Straßenkehrens und der lebensnotwendigen Arbeiten sollten Teil des *dharma*, die Pflicht eines jeden Inders sein. Er entwickelte diese Ideen in einer Gesellschaft, wo die schmutzige Arbeit das Los der Unberührbaren, der Kastenlosen der Hindugesellschaft war, wo Handarbeit gegenüber der Arbeit von Gelehrten, Juristen und Lehrern als minderwertig eingestuft wurde. Das Konzept der »Brotarbeit«, das er von Bondareff übernommen hatte, besagt, daß sich jeder Mensch zusätzlich zu seiner eigentlichen Arbeit täglich auch produktiven Tätigkeiten wie dem Spinnen oder der Landwirtschaft widmen solle. Den Glauben an den therapeutischen Wert der manuellen Arbeit teilte Gandhi mit dem ihm geistesverwandten Tolstoi. Dies war heilsam in einer Kultur, wo Religion von den meisten Menschen mit dem Mann mit der Bettelschale assoziiert wurde (angeblich die Gelegenheit für den Almosen Gebenden, Verdienste zu sammeln) oder mit aufwendigen und prächtigen Ritualen und mit *sannyasins*, die ausgestiegen und zu Parasiten der Gesellschaft geworden waren.

Ruskins Anschauungen, daß die unterschiedlichen Arbeiten für eine Gesellschaft letztlich den gleichen Wert haben, und das Gleichnis von den Talenten im Neuen Testament bestärkten Gandhi in dem Glauben, daß jeder seine Talente treuhänderisch zum Wohle der Gesellschaft einsetzen müsse. Dabei verknüpfte er den *dharma* des Individuums mit *lokasamgraha*, dem Wohlergehen der Gemeinschaft, wie es in der Gita verankert ist. Um die Gesellschaft zu verändern, kann man sich also auf den *dharma* berufen. Gandhi sah im *dharma* nicht ein zu schützendes museales Gut, sondern ein mächtiges Druckmittel für soziale Veränderungen, das der Mensch nur als solches erkennen müsse. Als 1918 die Fabrikarbeiter in Ahmedabad gegen ihre Arbeitgeber aufstanden, sagte er: Wenn die Arbeitgeber nur den geringsten Respekt vor *dharma* hätten, würden sie sich zuvor zweimal überlegen, ob sie gegen die Arbeiter vorgehen sollten, denn im alten Indien wäre ein Arbeitgeber nie auf die Idee gekommen, notleidende Arbeiter auszubeuten.

Gandhis Verständnis von *dharma* wird aus seinem Lebenswerk erkennbar. Es gibt ein beinahe Kantisches Element in seinem Glauben, daß nämlich ein Mensch unbedingt wissen könne, wie er zwischen *dharma* und dessen Gegenteil zu unterscheiden habe.[8] Den Schwestern im Ashram, die sich seiner Führung anvertraut hatten, schrieb er, *dharma* bedeute selbstloser Dienst an anderen, das Meistern der Leidenschaften, Furchtlosigkeit und – wichtiger als alles andere – Frömmigkeit. Aber das Konzept von *dharma* hat ein deutlich kontextuelles Element; es handelt sich nicht um ein formalistisches Prinzip. *Dharma* wird geformt durch die besonderen individuellen Begabungen und durch die Disziplin, die ein Mensch aus freiem Entschluß einhält (denn ohne Disziplin kann keine Rede von *dharma* sein). Das aber erfordert eine moralische Reife, die weit über die übliche Ausübung von Pflichten hinausführt.

24

Hier ist die Gandhische Entsprechung zur neutestamentlichen Mahnung von der »zweiten Meile«. Gandhi persönlich fühlte sich von Ereignissen und Situationen *angesprochen* und zu einer aktiven Antwort herausgefordert, wo andere resigniert zusahen. In diesem Punkt läßt sein Verständnis von *dharma* den Grundsatz »Meine Stellung und ihre Pflichten« weit hinter sich. In der indischen Folklore werden eine Fülle von moralisierenden Geschichten erzählt über Menschen, die sich in Dinge einmischen, die sie nichts angehen. Der Affe, der aus Neugierde versucht, eine im gefällten Baum eingeklemmte Axt zu entfernen, wird bestraft, indem sein Schwanz in der Spalte festgeklemmt wird als die Axt freikommt. Ein Tier, das sich als etwas anderes ausgibt, wird schließlich ausgestoßen und gedemütigt durch den Rest des Tiervolkes. Die wesentliche Moral solcher Geschichten ist, den Leser oder Hörer zu ermahnen, sich um seine eigenen Angelegenheiten zu kümmern. Aber wie soll man beurteilen, welches die eigenen Angelegenheiten sind? Wir unterlassen beängstigend viel und könnten eigentlich immer mehr tun, wenn wir nur mutiger oder weitherziger wären. Hier rät Gandhi, auf die Bedürfnisse unseres Nächsten zu achten. Dieser sinnvolle und einsichtige Grundsatz hat im hinduistischen Kontext einen besonderen Beigeschmack: Mein Nächster gehört nicht zu meiner Familie (der gegenüber ich spezielle Verpflichtungen habe), sondern er kann einer anderen Kaste oder Religion angehören. Mein *dharma* aber erstreckt sich im Rahmen meiner begrenzten Möglichkeiten auch auf die Bedürfnisse meines Nächsten.

Gandhi selbst hatte zwei Fixpunkte in diesem Zusammenhang, *ahimsa* und *satya*, die er als »den königlichen Weg des *dharma*, der sowohl zur irdischen als auch zur spirituellen Glückseligkeit führt«, bezeichnet.[9] Der traditionelle Gedanke des Festhaltens wird auch im folgenden deutlich:[10]

»Somit ist *dharma* eine schwierige und komplexe Sache. Der Gläubige mag überzeugt sein, daß da eine Macht existiert. Nenne Sie Gott oder gib Ihr einen anderen Namen, aber erkenne Sie und sei fest gegründet in Ihrem Erkennen. Unser Herz und Sinn müssen auf eins gerichtet sein: Wahrheit und *ahimsa*.«

In jeder Generation müssen die Inhalte von *dharma* neu überdacht werden. So versteht Gandhi das Spinnen als *yuga-dharma* (*dharma* für die gegenwärtige Epoche). Unter Bedingungen akuter Armut ist *khadi* (handgesponnenes Tuch) *Annapurna* (die nahrungsspendende Göttin), und er geht soweit, es den universalen und *höchsten dharma* zu nennen. Zu den Beispielen für *adharma* (Irreligiosität kommt der Bedeutung am nächsten) zählen das Verurteilen eines Menschen zur Unberührbarkeit und das Nichttragen von *khadi*. Aber wie sollen innere Disziplin und die neuen Regeln, die für Gandhi nahezu rituellen und auch symbolischen Charakter bekommen, aufeinander bezogen werden? Im Mai 1925 berichtet Mahadev Desai, sein Sekretär, der ihm spirituell sehr nahe stand, auf einer Frauenversammlung in Bengalen, Gandhi habe gesagt, die *dharmas* von Mitgefühl, Wahrheit und dem Bewahren eines edlen Charakters bildeten die innere Reinheit, das Spinnen und Tragen von *khadi* hingegen die äußere.[11] Es gibt eine Entsprechung bei Tulsidas, der gesagt hat: »Mitgefühl (das Wort ist hier *daya*) ist der Weg des *dharma*.«[12] Wir finden andere interessante Anlehnungen an die indischen Klassiker in Gandhis sukzessiver Erarbeitung der aktuellen Bedeutungsinhalte von *dharma*. Er schreibt:[13] »Es ist mein *dharma*, emotionale Wallungen zu unterdrücken. Ich würde daher immer versuchen, den Bewegungen des Bewußtseins zu widerstehen.« Das erinnert an Patanjalis Yoga-Aphorismen, in denen Yoga als Nachlassen der schwankenden Bewußtseinsbewegungen definiert wird. Gandhi nimmt hier auf die störenden Elemente des Bewußtseins Bezug. Andererseits glaubt er fest an das, was er »Herz-rühren« nannte: das Aufwühlen des Herzens als Zeichen eines erwachten Gewissens, was für ihn, das ist meine Überzeugung, die innere Entsprechung zum klassichen Mythos vom Quirlen des Ozeans durch Götter und Dämonen war. In beiden Fällen war das Ergebnis etwas Kreatives, denn für Gandhi stehen unsere tiefsten Ambitionen im Einklang mit dem Urplan des Universums, und im menschlichen Streben ist trotz aller Unmenschlichkeit des Menschen ein geheimnisvolles Einverständnis von Kräften am Werk.

Da religiöses Denken und Handeln eng miteinander verbunden sind, ist es interessant, Gandhis Haltung zum Tempelbesuch zu betrachten. Ausmaß und Charakter des Tempelbesuchs weichen in den verschiedenen Regionen Indiens und in den unterschiedlichen Schichten und Klassen der Bevölkerung stark voneinander ab. Eine statistische Umfrage, würde eine solche erfolgen, hätte nicht dieselbe Aussagekraft über religiöse Zugehörigkeit, wie sie es in westlichen Ländern bei einer Befragung der Kirchgänger hätte. Während der Kirchgang zum praktizierten Christsein gehört, ist das Besuchen des Tempels keine conditio sine qua non für einen praktizierenden Hindu. Gandhis zum Teil abweichendes Verhalten in dieser Frage gibt uns Aufschluß über sein Verhältnis zur Hauptströmung des Hinduismus, falls dieser fragwürdige Begriff zulässig ist. Als Kind, so wissen wir aus seiner Autobiographie,[14] ging er oft mit seiner Mutter, die sehr fromm war, zum Haveli im Vaishnava-Tempel. Aber er bekennt: »Er sagte mir nie zu. Ich mochte seinen Prunk und Pomp nicht.« Ebenso besuchte er Tempel von Shiva und Rama. Als Erwachsener ließ er in den Ashrams, die er in Südafrika und in Indien gründete, keine Tempel errichten. Auf seine puritanische Geistesart wirkte der überladene Glitter vieler Hindutempel abstoßend, und da er die Stille liebte, fand er den Lärm der Tempel »beklemmend«. Durch die tiefe Verehrung für seine Mutter entwickelte er jedoch ein Verständnis dafür, daß andere zur Anbetung brauchten, was für ihn entbehrliches Beiwerk war. Romain Rolland erinnert sich in seinem Tagebuch an eine Diskussion zwischen Gandhi und Tagore, wo Gandhi Idole rechtfertigte, »da er die Massen für unfähig hielt, sich unmittelbar zu abstrakten Vorstellungen zu erheben«. Dies war Teil der berühmten Diskussion, in deren

Verlauf Tagore gegen das »symbolische« Verbrennen ausländischer Textilien und Gandhis Art und Weise, diese als unrein abzustempeln, protestierte. Als Gandhi den Tempel von Kanyakumari, ein berühmtes Pilgerzentrum an der Südspitze Indiens, besuchte, wurde ihm bewußt, daß der einfache Mensch ein konkretes Objekt als Hilfe zur Konzentration braucht. Im Gegensatz zu Bischof Hebers Meinung betet der Hindu nicht einfach Holz oder Steine an, sondern »der Mensch schafft ein Bildnis aus Stein oder Holz, bittet Gott, darin gegenwärtig zu sein, wird mit hineingenommen und läutert sich selbst«.[15] Im Fanatismus hingegen sah Gandhi eine Form von Götzenanbetung, die überwunden werden müsse. Da Gott uns in der Form erscheint, unter der wir ihn anbeten, müssen wir akzeptieren, daß er anderen Menschen in anderen Formen erscheint. Das Anbeten von Gottesbildern ist keine Sünde, aber das Unvermögen, keine andere Form der Gottesverehrung als die eigene gelten zu lassen, ist eine Form von Irreligiosität oder Unwahrheit. Etwas boshaft bezeichnet er sich selbst als Götzenanbeter und auch als Bilderstürmer und bezieht sich auf »den Geist, der hinter dem Anbeten von Gottesbildern verborgen ist«. Doch hat er nicht letztlich selbst die Massen zum Idol gemacht, wenn er in ihnen das Symbol von Gottes Angesicht sah? So mußte er sich die Frage gefallen lassen, ob es nicht inkonsequent sei, so intensiv für die Öffnung der Tempel auch für Harijans einzutreten, wo er persönlich nicht in den Tempel ging, aber dieser Tatsache keine besondere Bedeutung beimessen wollte. Obwohl Orte der Anbetung »nur ein Schatten der Realität« seien, war er sich ziemlich sicher, daß »das Leugnen der Notwendigkeit von Tempeln gleichbedeutend sei mit dem Leugnen der Notwendigkeit von Gott, Religion und irdischer Existenz«. Den Harijans, die als Teil der Hindugesellschaft jahrhundertelang von hochkastigen Hindus unterdrückt worden waren, dürften ihre ererbten Rechte nicht vorenthalten werden. So wundert es nicht, daß seine Frau Kasturba von ihrem Ehemann streng ins Gebet genommen wurde, als sie einen Tempel besucht hatte, in dem Harijans nicht zugelassen waren.

Gandhi bezeichnete das Yeravda Gefängnis, wo er 1930 inhaftiert war, als Yeravda Mandir (Tempel) und gab dies als Adresse an, wenn er jede Woche an die Ashramiten in Sabarmati schrieb. Gerechtfertigt wird dies, so könnte man sagen, in der *Bhagavat*, denn dort heißt es: »Wo immer Menschen zusammenkommen und Seinen Namen von Herzen aussprechen, da wohnt Gott, da ist Sein Tempel.«[16] Im Refrain eines *bhajans*, der auf Gandhis Gebetsversammlungen gesungen wurde, wird »der Geist eines Jüngers mit einem Gebetstempel, wo ständig reine Liebe wohnt und das Herz erleuchtet«[17], verglichen. Hier scheint sich Gandhi in seiner spirituellen Suche von den Bedürfnissen der von ihm geliebten ungebildeten Landbevölkerung entfernt zu haben. Aber er entdeckt andere Symbole für sich – Symbole der Observanz und inneren Suche, die an diese Stelle treten und uns über sein religiöses Leben Aufschluß geben können.

Die Annahme von Karma und Wiedergeburt ist ein wesentlicher Bestandteil der hinduistischen Weltanschauung. Die verschiedenen philosophischen Schulen unterscheiden sich in bezug auf den mit Karma verbundenen Determinismus, und daraus resultieren wichtige Differenzen bei der Interpretation der damit verbundenen Begriffe wie Selbst, Seele, Person usw. Gandhis Gedanken zu diesen Fragen, das muß betont werden, rühren nicht aus einem intellektuellen Ringen mit diesem Themenkreis her. Mehr unbewußt hat ihn sein eigenes Erbe geformt, so daß die vielfältigen Vorstellungen eine bekannte und vertraute Gestalt annehmen.

Wenn die traditionelle Interpretation von Karma zuweilen so verstanden worden ist, als diene Karma der Rechtfertigung, nicht in das Lebensgefüge anderer einzugreifen (man vergleiche etwa die Reaktionen einiger Hardliner des frühen 19. Jahrhunderts in Europa, die glaubten, die Not der Armen sei selbstverschuldet), so stellt Gandhi dies folgendermaßen richtig: Die Karma-Theorie und der Dienst am Niedrigsten sind miteinander vereinbar, »denn die ererbten Eigenschaften, ob physischer oder moralischer Art, können und müssen abgelegt und verändert werden«.[18] Wie schon erwähnt, ließ sich Gandhi in seinem Verhalten gegenüber denen, die ihm nahe standen, von pädagogischen Gesichtspunkten leiten. Und ein begabter Pädagoge kann die im Schüler angelegten Fähigkeiten wecken und Möglichkeiten der Entwicklung fördern. Die Karma-Lehre, so warnte Gandhi, dürfe nicht der Verteidigung von Mißständen wie der Unberührbarkeit dienen. Ebenso weicht er von der streng kausalen Gedankenführung des Karma-Konzeptes ab, wenn er auf der Verantwortung auch für Handlungen besteht, die man nur selten auf die eigene unmittelbare Wirksamkeit zurückführen würde. Sein 5-Tage Fasten als Buße für den Ausbruch von Gewalt im Februar 1922 in Chauri Chaura und seine Reaktion auf das Erdbeben von Bihar 1934 sind solche Beispiele.

Seine Erläuterungen zur Reinkarnation folgen mehr dem orthodoxen Denken. Eine frühe Bemerkung vom Mai 1918 hat uns Mahadev Desai überliefert:[19]

»Ich für meinen Teil würde niemanden als Hindu bezeichnen, der nicht an Inkarnation glaubt... Siehst Du nicht, daß jeden Augenblick Millionen von Lebewesen geboren werden und auch sterben? Diese Tatsache allein deutet darauf hin, daß es Reinkarnation gibt... Wer nicht daran glaubt, kann nicht wirklich an die Erneuerung gefallener Seelen glauben.«

Der Philosoph wird darin zwei Formen des *non sequitur* finden. Eine Alternative (abgesehen von der Möglichkeit eines Erlöschens im Tod), ist zumindest, daß die Lebewesen von Stufe zu Stufe fortschreiten, ohne in unsere Welt zurückzukehren. Ebenso wäre es vorstellbar, daß die »Wiedergeburt gefallener Seelen« in anderen Bereichen, anderen als dieser Welt von Raum und Zeit, stattfinden könnte, wo sich die Frage einer Rückkehr in diese Welt – ob in menschlicher oder nichtmenschlicher Form – erübrigt. Gandhis Denken folgt an diesem Punkt wohlbekannten Spuren. 1926 äußerte er sich so:[20] »Es ist unmöglich, mit *einer* Geburt die Folgen unseres vergangenen Tuns völlig aufzuheben...« In einem Gespräch mit C.F. Andrews sagte er, das menschliche Leben in dieser gegenwärtigen Geburt sei Teil einer Folge von Geburten. In der jetzigen Existenz könne ein bestimmter Aspekt durchlebt werden, während in künftigen Geburten andere Erfahrungen durchlebt werden müßten. Schon in der Jugend hat dieses Thema seine Phantasie stark beschäftigt, und er fragte seinen jainistischen Mentor Raychandbhai in einem Brief, ob jemand sich an seine vergangenen Leben erinnern oder eine Vorstellung seines zukünftigen Lebens haben könnte. Über die Beziehung zwischen Ehemann und Ehefrau schrieb er:[21] »Sie werden Freunde in einem besonderen Sinne, nämlich niemals getrennt zu werden in diesem oder in kommenden Leben.«

In Gandhis Korrespondenz mit Tolstoi[22] gibt es eine interessante Bemerkung zur Reinkarnation. Sie steht im Zusammenhang mit Tolstois berühmtem »Brief an einen Hindu« (eine Antwort auf einen Brief von C.R. Das, dem Herausgeber von »Free Hindustan«) vom 14.12.1908, in dem Tolstoi von »der unbezweifelbaren, ewigen Wahrheit im Menschen, die ein und dieselbe in allen großen Religionen der Welt ist«, spricht. Gandhi hatte diesen Brief gelesen mit dem Gefühl, in Tolstoi einen Gleichgesinnten gefunden zu haben, und während er in London war, berichtete er Tolstoi in einem Brief vom 1. Oktober 1909 über die Situation in Transvaal. Er ersucht Tolstoi: »Bitte trennen Sie das Wort »Reinkarnation« von dem, wovor Sie Ihre Leser gewarnt haben«, denn Reinkarnation sei ein von Millionen hochgehaltener Glaube, der »auf vernünftige Weise die vielen Geheimnisse des Lebens erklärt« und der den Menschen, die in den Gefängnissen von Transvaal passiven Widerstand geleistet haben, ein Trost gewesen sei. Tolstoi antwortet am 7. Oktober 1909:

»Wie mir scheint, wird der Glaube an eine Wiedergeburt nie fähig sein, solch tiefe Wurzeln zu schlagen und die Menschheit zu zügeln wie der Glaube an die Unsterblichkeit der Seele und das Vertrauen auf göttliche Wahrheit und Liebe.«

Zwischen den beiden großen Menschen bestand ein tiefes Einverständnis in bezug auf die »unendlichen Möglichkeiten universaler Liebe«, wie es Gandhi ausdrückt. Aber Gandhi, der Jain-Tradition folgend, blieb nicht beim Menschen stehen, sondern schloß alle Lebewesen ein. Tolstois Überlegung, bis zu welchem Grad der Glaube an Wiedergeburt die »Menschheit zügeln« oder nicht zügeln könne, führt einen neuen Gesichtspunkt ein. Hier ist der eigene Glaube gefragt. Die Idee der Wiedergeburt könnte – schonungslos interpretiert – als Entschuldigung für Ungerechtigkeiten dienen, die in der augenblicklichen Geburt begangen werden, und zwar mit der Begründung, daß diese Dinge im kommenden Leben ausgeglichen werden sollen. Für Tolstoi lag die Betonung auf dem Gesetz der Liebe. In einem Brief an Gandhi vom 7. September 1910 spricht er sich aus für »die Disziplin der Liebe unverformt durch falsche Interpretation. Liebe ist die Sehnsucht nach Gemeinschaft und Solidarität mit anderen Seelen, und diese Sehnsucht deckt immer den Ursprung aller edler Handlungen auf«.

Es gibt eine faszinierende kontrapunktische Beziehung zwischen beiden Vorstellungen, die einige »trösten« mag und vielleicht alle zügeln könnte. Die Aussicht auf fortlaufende Geburten wurde traditionell als Entmutigung verstanden, und *moksha* galt als Befreiung vom Kreislauf der Geburten und Tode. Da menschliche Existenz Leiden unvermeidlich miteinschließt (die Philosophen betonen dabei den Leidensaspekt, die Künstler hingegen den Glücksaspekt), und Leiden traditionell so verstanden wird, daß alle Menschen natürlicherweise davon befreit werden möchten, müßte logisch daraus folgen, daß die Aussicht auf zukünftige Geburten mehr im Sinne eines Anwachsens der Leiden bewertet wurde. Eines der Gebete[23] aus der *Ashram-Bhajanavali* gibt Aufschluß über Gandhis Gedanken zu diesem Thema : »Ich möchte weder ein irdisches Königreich noch ein Paradies, nein, nicht einmal die Befreiung von Geburt und Tod. Ich möchte nur die Befreiung des geplagten Lebens vom Leiden.« Hier klingen zweifelsohne buddhistische Gedanken an. Ziel des Gläubigen ist es, die Menschheit vom Leiden zu erlösen und nicht die eigene Befreiung aus dem Gefangensein zu suchen. Dies ist dem *Bodhisattva*-Gedanken viel näher als dem *Arhat*-Ideal. Schließlich hat Gandhi mehr als einmal geäußert, daß er als Unberührbarer wiedergeboren werden möchte, um vollständig mit den Unberührbaren identisch zu sein und ihnen zu dienen. Die Äußerung eines solchen Wunsches nach Wiedergeburt ist ziemlich innovativ in der Hindutradition.

Gandhi gehörte zu den Menschen, für die der Tod nicht mit Ängsten verbunden ist. C.F. Andrews berichtet[24], daß er »intellektuell die Behauptung unterstützte, daß der Tod lediglich eine große Wandlung im Leben sei und sonst nichts, und als solcher, wann immer er uns trifft, angenommen werden sollte«. In einem Brief an Tagores Sekretär Amiya Chakravarty schrieb er:[25] »Wenn sich die einzelnen Tropfen auflösen, haben sie Teil an der Majestät des Ozeans, zu dem sie gehören. In Vereinzelung sterben sie, um wieder mit dem Ozean vereint zu sein.« Fassen wir die verschiedenen Aspekte zusammen, so erhalten wir das Bild eines Menschen, für den das Handeln nicht ein Mittel war, um vergangenes Karma auszugleichen und Verdienste zu sammeln (wie es die simpelste Version der Karma- Vorstellung von einer ausgleichenden Aufrechnung lehrt), die ihm in einem zukünftigen Leben angerechnet würden, sondern eine Herausforderung in *diesem* Leben, in dem die grundlegende Pflicht darin besteht, die Leiden der anderen zu lindern, damit sie ihr eigenes Schicksal erfüllen können.

Wenn Gandhi versuchte, auf die Frage nach dem Wesen der Hindu-Tradition zu antworten, zog er immer wieder die Hymnen der Heiligen des Mittelalters heran. So zitierte er z.B. in einer Rede vor Missionaren in Calcutta am 18.

August 1925 einen Vers von Surdas, dem blinden Dichter-Heiligen des Mittelalters, der sagt, daß »der Kern unserer religiösen Bücher in dem einfachen Sprichwort zusammengefaßt werden kann: ›Nirbala ka bala Ram‹ (Gott ist die Stärke der Hilflosen und Schwachen)«. Gandhi besaß die besondere Begabung, sich so auszudrücken, daß seine Zuhörer ihn unmittelbar verstehen konnten. Seine Lieblingshymne war Narsinh Mehtas »Der wahre Vaishnava«, die so beginnt: »Der ist ein wahrer Vaishnava, der die Leiden der anderen als seine eigenen Leiden empfindet.« Die häufige Bezugnahme auf die Schriften der Heiligen unterstreicht seine Überzeugung, daß »religiöse Inhalte geschaut und diskutiert werden müssen mit den Augen des Herzens und nicht des Verstandes«.[26] Die Volksreligion hat die Autorität der Schriften und Priester oft in Frage gestellt und erklärt, daß der Tempelbesuch nicht das Herzstück der Religion sei. Gandhi scheint den Hymnus oder *bhajan* als Mittel betrachtet zu haben, »um ständig mit der Wahrheit in Einklang« zu bleiben. In demselben Jahr, als er diesen Ausdruck gebrauchte, sagte er in einer seiner Gebetsversammlungen, daß »die verschiedenen Hymnen auf unterschiedliche Weise, die das Gemüt erfreut, nur von Einem reden – der Vision Gottes – , um unseren verstreuten Geist in IHM punktförmig zu konzentrieren«.[27] Eine ähnliche Vorstellung von der Bedeutung des *bhajans* als Mittel, den Geist auf Gott zu konzentrieren, finden wir in einem anderen Bild wieder: »Diese Hymnen gleichen einer Armee, die den Geist daran hindert hinauszugehen, um Gras zu essen (die Speise der Armee), und ihn dazu bringt, nur Nektar (der Trank der Götter) zu trinken.«[28] Insgesamt weisen diese drei Bilder nicht in verschiedene Richtungen. Für den Spieler eines Musikinstrumentes, besonders eines Streichinstrumentes (und Gandhi bezieht sich oft auf die Saiten des Herzens), ist das Stimmen wesentlich, wenn die Tonhöhe gehalten werden soll, die Klarheit der Vision, das Nichtabschweifen – in allem ist der Gedanke der Konzentration auf einen zentralen Punkt enthalten. Das Bild vom Nektar fügt ein weiteres Element hinzu – das der Glückseligkeit. Nektar zu trinken bedeutet, an dem teilzuhaben, was den Göttern vertraut ist. Aber der *bhajan*-Sänger ist noch immer ein *abhyasin*, ein unvollkommenes Wesen, das Yoga übt. Eine suggestive Verschmelzung des Mythischen und des Philosophischen spricht von »Deinem Wort« (das offenbar ist in dem *bhajan* eines Dichter-Heiligen), das den Gläubigen vor dem Dämon des Nebels (konkret der Unwissenheit) schützt. Ein anderer Hymnus bittet um das Entfernen des Schleiers, der die Seele verdunkelt. Gandhi folgt dieser Tradition. Es wäre unangebracht, denke ich, dies dem Singen von Hymnen als Teil der Anbetung gegenüberzustellen. Beides darf nicht getrennt oder als verschieden empfunden werden. Wir werden auf dieses Thema zurückkommen, wenn wir uns mit Gandhis Antwort auf das Christentum beschäftigen.

In seinem Respekt vor der Volksreligion unterscheidet sich Gandhi von einigen Reformern der Hindu-Renaissance wie Raja Rammohan Roy, der Religion stärker vom intellektuellen Standpunkt betrachtete als Gandhi. Wenn aber die Volksreligion seiner Meinung in die Irre ging, zögerte er auch nicht, dies deutlich auszusprechen. Als der Kongreß 1901 in Calcutta tagte, besuchte er den Kali-Tempel und war entsetzt bei dem Anblick des Schlachtens von Ziegen und sagte, daß er dies als die »absolute Irreligion« und »nicht als Bestandteil des Hinduismus« betrachte. Bei einem Besuch in Rishikesh erörterte er die Bedeutung der heiligen Schnur und der *shikha* (Haartracht der orthodoxen Brahmanen) und bemerkte, daß das Recht, die heilige Schnur zu tragen, erst dann bestünde, wenn der Hinduismus die Unberührbarkeit überwunden hätte. Wenn Symbole zu Fetischen würden, müßten sie aufgegeben werden. Er selbst trennte sich von der *shikha* am Vorabend seiner Reise nach England, als er später aber gewahr wurde, daß »Feigheit der Grund gewesen war, sie abzuschneiden«, ließ er sie wieder wachsen. Die legendären Darstellungen der Schöpfung in der *Manusmriti* beeindruckten ihn nicht. Auch von dem Brauch, »Pilgerplätze im Streben nach Frömmigkeit regelmäßig aufzusuchen«, hielt er nicht viel. Mit dem *Bhagavata Purana*, das die Volksreligion stark inspiriert hat, kam er zu Beginn seines Studiums der religiösen Literatur noch nicht in Berührung, sondern erst viel später.

Hinter dieser Diskussion steht die entscheidende Frage nach dem Stellenwert der Vernunft im religiösen Denken. Zwei Fehleinschätzungen kann der Unachtsame leicht erliegen. Zum einen wird oft behauptet, daß Gandhi antiintellektuell gewesen wäre, wie beispielsweise marxistische Kritiker sagen, die die Wirklichkeit gern in das vorgefaßte intellektuelle Modell der dialektischen Entwicklung pressen möchten. Gandhis Respekt vor der Wirklichkeit macht aus ihm jedoch keinen Anti-Intellektuellen. Eine andere Fehleinschätzung, die oft mit der eben genannten verbunden wird, daß Gandhis Denken voller Widersprüche sei, wird immer wieder als typisch für das Denken der Hindus überhaupt geltend gemacht; und so sei es auch nicht erstaunlich, daß ein moderner Hindu, selbst ein Reformer wie Gandhi, sich bei jeder Gelegenheit selbst zu widersprechen scheine. Meine eigenen Überlegungen gehen in folgende Richtung: Die Suche nach der »Logik der religiösen Sprache« mag ein interessanter intellektueller Versuch sein, der sich aber in bezug auf die Strukturen der religiösen Erfahrung als ungenügend erweist. Diese Untersuchung konzentriert sich auf Gandhis religiöses Denken – und religiöses Denken in Indien, insbesondere in der Hindu-Tradition und den Traditionen, die daraus hervorgegangen sind, hat immer einen starken Zug zum Intuitiven gehabt, was nicht bedeutet, daß der Intellekt in der Hindu-Tradition keine Rolle gespielt hätte. Intellektuelle Meisterschaft äußerte sich z.B. in der Verteidigung von Positionen, die nicht bloß auf einem intuitiven Gefühl beruhen, sondern auf dem Urteil, das hervorragende religiöse Persönlichkeiten, die nicht selten aus den unteren Schichten kamen, auf Grund ihrer Erfahrung formuliert hatten. Auf diesen Aspekt der Hindu-Tradition bezieht sich Gandhi weithingehend. Gandhi ist für Argumente der Vernunft durchaus offen. Er spricht vom »scharfen Test der Vernunft« und fügt hinzu: [29]

»Ein Irrtum, wie uralt er auch immer sein mag, kann keine Heiligkeit begründen, und selbst ein vedischer Text muß fallengelassen werden, wenn er mit der Moral und der Gerechtigkeit unvereinbar ist.«

Gandhi hat eine spezifische Vorstellung vom Irrtum, wie wir später im Zusammenhang mit dem Begriff der Wahrheit noch sehen werden. Zum Irrtum rechnet Gandhi alles, was unter *adharma* oder *Irreligion* eingeordnet werden kann bis hin zu dem seiner Meinung nach vielleicht gravierendsten Irrtum, der darin besteht, den Unendlichen Geist mit dem Körper aus Fleisch und Blut gleichzusetzen. Daß der Prüfung der Vernunft dasselbe Gewicht zukommt wie der Prüfung des Gewissens, behauptet er in einem Beitrag zu einem von Radhakrishnan herausgegebenen Festschriftband, wo er es ablehnt, sich auf irgendeine Interpretation festlegen zu lassen, wie gelehrt sie auch sein möge, wenn sie der Vernunft oder dem moralischen Anspruch widerspreche.[30] Gandhi fühlte sich durch Ereignisse *angesprochen* und er antwortete darauf in Einklang mit dem Gebot seiner inneren Stimme; aber dieser Stimme lag eine rationale Beurteilung der Situation zugrunde. Oder, um eine andere Metapher zu gebrauchen: Vernunft war für ihn ein scharf geschliffenes Instrument, das durch strenge Disziplin geläutert werden mußte. Wenn es ihn drängte zu handeln, so waren seine Aktionen für jedermann sichtbar, und er begrüßte jede Kritik, die ihm ein Abweichen von der Wahrheit bewußt machen könnte. Gandhi war in einzigartiger Weise frei von Zweifeln und Skepsis, die gewöhnlich eine rationale Sichtweise begleiten. Dies hatte, so glaube ich, zwei wesentliche Ursachen: seinen Glauben an Gott und sein Vertrauen in die unendlichen Möglichkeiten, die in jedem Menschen angelegt sind, und die besonders aktiviert werden, wenn sich der Mensch mit seinem Mitmenschen zusammenschließt. So ließ ihn sein Eintreten für die Forderungen der Welt (z.B. für eine gerechte Verteilung von *artha*, Reichtum) nicht taub werden gegenüber dem Ruf des Heiligen. Solch ein Mensch kann wahrlich nicht als Anti-Intellektueller oder Verteidiger von Inkonsequenzen hingestellt werden!

In diesem Zusammenhang wollen wir einen Blick werfen auf einige Beispiele, wie Gandhi alte Mythen und Lehrsätze auf dem Hintergrund der Herausforderungen des 20. Jahrhunderts und des Indiens seiner Zeit neu formuliert hat. In dem berühmten Artikel »Die Großen Wächter« von 1921 weist er auf die Armut der Mutter Indien folgendermaßen hin: »Ihre Füße und Beine sind beinahe abgestorben.«[31] Wie kann die »Gesundheit« Indiens verbessert werden, wenn die unteren Kasten total verarmt sind? In einer Gebetsabhandlung über Vishnu fünf Jahre später (Vishnu trägt in der geläufigen Ikonographie eine Muschel, eine Keule, einen Diskus und einen Lotus) sagte er:[32]

»Das Symbol des Lotus weist daraufhin, wie sanft der Herr zu Seinen Gläubigen ist. Aber für jene, die Ihm nicht glauben und ihre Gesichter von Ihm

abgewandt haben, ist die Keule da. Es scheint, als habe die Regierung in Lahore dies zum Teil nachgeahmt. Der Status des Herrn Lawrence gibt ihm einen
Federhalter in die eine und ein Schwert in die andere Hand.«

Hier gewinnen wir ein Bild von Gandhi, dem Mann, der das Idiom der
Massen bis in die Fingerspitzen und ins Herz verinnerlicht hat, dem Pädagogen, der Religion und Politik nicht voneinander trennt, und vor allem eine
treffliche Skizze von Gandhi, dem Humoristen. Er verwies immer wieder auf
die Buße von legendären Königen, Heiligen und Sehern, deren Buße nicht
nur eine innere Läuterung zur Folge hatte, sonderen auch sichtbare Vorteile
in der Form von *lokasamgraha*, dem Wohlergehen aller, mit sich brachte. Die
Gleichsetzung von *ramarajya* und *svaraj* (welche für Selbstbestimmung sowohl im Individuellen als auch im nationalen Bereich stehen) hat vielschichti-
ge Bedeutungen, die hier nicht weiter erläutert werden können. Aber wir
müssen vielleicht hinzufügen, daß Valmiki zufolge *ramarajya* nicht nur in
Denkkategorien verstanden wurde, die an einer bäuerlichen Kultur orientiert
waren. Ayodhya war wohl kaum ein Dorf. Zu dem Indien, von dem Gandhi
träumte, würden Dörfer in einem transformierten Sinne gehören: nicht die
mit Dunghaufen, wie sie es zu seinen Lebzeiten waren.

Gandhis Kenntnis der Hindu-Traditionen zeigt sich auch in seinen Anspie-
lungen auf philosophische Fragen:[33]

»Ihr Hindus glaubt an *abheda* (das Fehlen von wesentlichen Unterschieden
zwischen der einen und der anderen Kreatur). Wie könnt ihr ein menschliches
Wesen als unberührbar betrachten, schämt Ihr Euch dieser Ächtung nicht?«

Er war beherzt genug, um hochkastige Besucher seiner Audienzen scharf
zu kritisieren, die sich manchmal hinter angeblichen Vollmachten der Schriften versteckten, um unmenschliche Praktiken zu rechtfertigen, und er warnte
sie: »Selbst unseren *shastras* (Schriften) gegenüber sollten wir *neerksheer viveka* haben.«[34] Der Gedanke von *seva* (Dienst), der traditionell in vielen Zusammenhängen auftaucht – der Dienst für das Land, das Vieh, die Familie
(insbesondere für die Älteren), die Sippe, die Gurus, die Götter – wurde von
Gandhi mit Blick auf den Dienst an den Unberührbaren, den Niedrigsten der
Niedrigen, neu formuliert.[35] Das ist zweifellos ein Echo auf Swami Vivekanandas Vorstellung von *Daridranarayan* oder »Mein Gott, der Arme«. Die gesamte *prasada*-Vorstellung, so scheint mir, erfährt in Gandhis religiösem Denken eine neue Wendung. *Prasada* ist die materielle Form der »Gnade« einer
Gottheit oder eines heiligen Menschen. Doch muß man wirklich in den Tempel gehen, um *prasada* zu empfangen? Die Nahrung ist gesegnet, wenn sie
geteilt wird. Keine Zeremonie, weder im Tempel noch in der Kirche, kann der
Nahrung eine Qualität verleihen, die nicht schon in ihr ist, *vorausgesetzt*, und
dies ist die Grundbedingung, wir teilen sie mit den Hungrigen.

Ich habe den Hauptteil dieses Kapitels der Hindu-Tradition gewidmet, und
zwar weitgehend Fragen, die normalerweise nicht zu spezifisch philosophi-

schen Problemkreisen gerechnet werden. Dies habe ich bewußt getan. Gandhi hat sich niemals in akademischen Wortspielereien verloren. Er war ein Mann des Volkes, kein professioneller Philosoph. Es wäre lächerlich, wollten wir von dem, was er sagte und tat, irgendein philosophisches System oder eine Theologie ableiten oder gar auf modisch analytische Art eine »Logik« und »religiöse Sprache« herausdestillieren. Der Mensch und sein Denken sind eins. Er war vorsichtig genug, künstliche Unterscheidungen, wie sie Philosophen zwischen verschiedenen Konzepten machen, wie z.B. die Unterscheidung von rationalen und vermeintlich irrationalen Aspekten der menschlichen Psyche, zu vermeiden.[36] Wir müssen den Menschen sehen, wie er ist.

Bisher habe ich Gandhis »Hindusein« betont, und wir werden darauf zurückkommen. Aber es ist auch notwendig, die Elemente aus dem Jainismus in seiner geistigen Struktur zu berücksichtigen. Diese waren so offensichtlich, daß selbst ein Bal Gangadhar Tilak es zeitweise als selbstverständlich voraussetzte, daß Gandhi ein Jain und nicht ein Hindu sei. Mit Rücksicht auf die Begrenzung dieses Buches habe ich mich darauf zu beschränken, diese Elemente nur andeutungsweise zu skizzieren. Die Jain-Einflüsse im Gujarat zur Zeit Gandhis waren in der Tat außerordentlich stark. Raychandbhai, der Heilige Jain-Juwelier, war für Gandhi am ehesten das, was man einen Guru nennen könnte. Er ging geduldig auf eine lange Reihe von Fragen ein, die Gandhi ihm aus Südafrika gestellt hatte. Die Fragen spiegeln Gandhis Suche nach Erleuchtung in bezug auf Themen wie Seele, Gott und *moksha* wider, ob eine bestimmte Religion als »die beste« bezeichnet werden und wie die Idee der (Re)Inkarnation verstanden werden könne. Die Hilfe, die Gandhi in diesen schwierigen Fragen empfing, veranlaßte ihn zu der Aussage, daß Raychandbhai »die äußeren Bereiche des Landes von *mukti* (Befreiung)« erreicht habe. Ein interessanter Kommentar, der damit verbunden ist, erläutert, daß Raychandbhai in Wirklichkeit weder ein Jain noch ein Vaishnava gewesen sei. »Er war einer, der all solche Begrenzungen hinter sich gelassen hatte, und dem es gelungen war, sich vollständig mit jedem Lebewesen zu identifizieren... Er war frei von Widerspruch zwischen Rede und Verhalten.«[37] Das, was eine religiöse Tradition von einer anderen abgrenzt, hinter sich zu lassen, bedeutet nicht, alles in einer simplifizierenden metaphysischen Weise zu vereinheitlichen, sondern fähig zu sein, sich selbst mit allem Lebendigen zu identifizieren. Dies stimmt mit dem Vaishnava-Gebot überein, die Leiden anderer zu teilen. Die Widersprüche, um die es geht, betreffen nicht das Verhältnis zwischen einer Aussage und einer anderen, sondern zwischen Bekenntnis und Praxis.

Gandhi fand die jainistische Theorie von *anekantavada*, der Vielfalt der Wirklichkeit, sehr anziehend, und leitete daraus eine seiner grundlegenden Glaubensüberzeugungen ab, nämlich die von der Gebrochenheit unseres Vertändnisses der Wahrheit. Sie stellt die metaphysische Basis seines Konzeptes von *ahimsa* und Demokratie dar, einschließlich der Demokratie der Religio-

35

nen. Da der Mensch lediglich zu einer fragmentarischen Sicht der Dinge fähig ist, habe er kein Recht, sein Fragment anderen überzustülpen. Jede Anschauung hat ihren eigenen Wert, was jedoch nicht mit philosophischem Relativismus verwechselt werden darf. Ebenfalls aus dem Jainismus leitet Gandhi den Begriff einer »Disziplin spiritueller Selbstvervollkommnung« ab, die u.a. Gelübde und Fasten einschließt. Die Jains glauben, daß jede Seele ein unermeßliches Reservoir von Energie hat, das vergrößert und freigesetzt wird, wenn man dem Pfad der Disziplin folgt, der von Mahavira festgelegt worden ist. Der Jainismus vertritt eine pluralistische Metaphysik und bringt die Position, die in Albert Schweitzers bekanntem Wort von der »Ehrfurcht vor dem Leben« ausgedrückt wird, zu ihrem Extrem. Daraus läßt sich eine ökologische Botschaft ableiten, gleichzeitig aber auch eine Haltung gegenüber Insekten begründen, die jeden Versuch moderner Methoden des Ackerbaus und der Schädlingsbekämpfung verneinen würde. So ist es nicht verwunderlich, daß sich die Jains im Geschäftsleben und weniger in der Landwirtschaft etabliert haben. »Nastik« (unorthodox) wie der Jainismus ist, sah Gandhi ihn zu Recht als eine Frucht der gesamten hinduistischen Tradition. Wir finden hier die gleiche Art der Vermischung von diesseitigen und jenseitigen Belangen. Während die Askese der Jains jedoch auf die spirituelle Vollkommenheit des *Individuums* gerichtet ist, wich Gandhis Anschauung davon ab, und er begründete seine Askese mit Argumenten, die nicht aus der Jain-Tradition kommen. In einem Land (oder einer Welt), in dem andere arm sind, sollte man leben wie sie. Einfachheit und Mäßigung sind gesund, d.h. wirksam. Die Hingabe an eine große Sache verlangt sorgfältigen Umgang mit Zeit und Energie. Man muß denen, die äußeren Reichtum anhäufen, ein Vorbild sein, indem man sich z.B. einfach kleidet und bescheiden ißt. Gandhis Interpretation von *ahimsa* war positiver und weniger extrem als in der Jain-Tradition üblich. Wenn wir »atmen oder blinzeln oder das Land bebauen« können wir gar nicht anders als eine große Zahl von Lebewesen zu töten. Die Ethik der Jains betrachtet den Idealzustand als *samyaktva*, d.h. anderen Wesen kein Leiden zuzufügen und Böses durch Gutes oder Liebe zu beantworten. Gandhi begreift Reinigung nicht nur im Zusammenhang mit der Befreiung der Seele von karmischen Verunreinigungen, sondern als Aktivität, um zu einem besseren Instrument im Dienst am Nächsten zu werden. Das Ziel des Jain ist *kevalajnana* (vollkommene Erkenntnis). Gandhi jedoch sieht dieses Ziel nicht in individueller Vollkommenheit verwirklicht, sondern im Zusammenhang mit der Befreiung aller.

Er scheint von den Jains eine beinahe paulinische Haltung gegenüber dem »Fleisch« übernommen zu haben. Und auch seine Freude am Schweigen ist durch die Kenntnis der betreffenden Praxis der Jains (ein *muni* ist ein Mensch, der Schweigen einhält) bestärkt worden. Aber er sagt offen, daß seine Version von *syadvada* nicht die der Gelehrten ist, sondern seiner ureigensten Erfahrung entspringt:[38]

»Es ist diese Lehre, die mich schulte, einen Muslim von seinem eigenen Standpunkt und einen Christen von seinem her zu beurteilen... Ich habe die Gabe, mich selbst mit den Augen anderer zu sehen und umgekehrt.«

Darüberhinaus wird spirituelle Kraft nicht nur durch persönliche Askese, sondern auch durch kollektives Handeln gestärkt – die gewaltfreie Stärke der Gemeinschaft. So hatte Tagore alles in allem Recht, wenn er spürte, daß Gandhis Askese nicht mit der Askese von »spirituellen Athleten« verglichen werden könne, ein Begriff, der nicht zu Unrecht auf Jainmönche angewendet werden kann.

Als junger Jurastudent in London las Gandhi Edwin Arnolds »The Light of Asia«, und in dem Geist der Entsagung und Barmherzigkeit des Buddha fand er eine Verteidigung der Selbstbescheidung und die Ablehnung von Tieropfern, die seiner innersten Überzeugung entsprachen. Auch hier interpretierte er die verschiedenen religiösen Lehren in seinem eigenen Licht. Die Vorstellung von *nirvana* war für ihn eine andere Weise anzuerkennen, daß es »notwendig ist, die Basis in uns auszulöschen«, sich selbst auf Null zu reduzieren. Das Mahayana-Prinzip »alle oder keiner« harmonierte mit seiner eigenen Einsicht, daß alle Lebewesen in einer großen Existenzkette zusammengebunden sind und die Befreiung des einzelnen mit der Befreiung aller aufs engste verknüpft ist. Sowohl im Buddha als auch in Christus fand er Vorbilder einer aktiven Spiritualität, die »müßige Meditation«[39] vermeidet und durch die Dynamik von Sanftmut und Liebe ausgezeichnet ist.

In bezug auf die indischen Traditionen und religiösen Schriften ist seine eigene Version vielleicht in keinem anderen Fall so unorthodox und neu wie in seinem Verständnis der *Bhagavad Gita*. Es überrascht, daß Gandhi mit diesem wohl beliebtesten Text der Hindu-Tradition erst vertraut wurde, nachdem er als Student in London Sir Edwin Arnolds »The Song Celestial« gelesen hatte. Die *Bhagavad Gita* wurde zeit seines Lebens sein liebstes Werk devotionaler Literatur, und allmählich erarbeitete er eine Interpretation, die so ungewöhnlich war, daß seine Freunde vorschlugen, er solle eine eigene Übersetzung des Textes anfertigen. Diese Übersetzung, sagte er, sei in erster Linie nicht für Gelehrte gedacht, sondern für Frauen, Geschäftsleute, Shudras und andere, die keine oder nur wenig literarische Bildung besäßen. Mit anderen Worten, es war eine Übersetzung für jedermann. Der Text in Gujarati wurde am 12. März 1930 – einem besonderen Tag – veröffentlicht, denn damals begann der Marsch von Sabarmati nach Dandi. Gandhi liebte besonders den ersten Vers der *Isha-Upanishad*, der von der alldurchdringenden Natur Gottes, des Schöpfers und Meisters des Universums spricht, Entsagung predigt und verheißt, daß Gott seine Gläubigen mit allem Notwendigen versehen wird. 1946 erfuhr Gandhi, daß dieser Vers Inspiration und Wendepunkt im Leben des Maharishi Devendranath (Rabindranath Tagores Vater) gewesen war. Jedenfalls war er davon überzeugt, daß die *Gita* ein Kommentar zu diesem Vers sei. Daß er der *Gita* »eine total neue Bedeutung, die von der üblichen abweicht«,[40] gibt, ist Gandhi durchaus bewußt. Er beansprucht für seine neue Interpretation, der er den Namen *anashakti yoga* gibt, keinerlei theologischen Innovationswert (d.h. einen neuen Interpretationsrahmen geschaffen zu haben), sondern er versteht sie als Resultat von »betendem Studium und Erfahrung«.[41]

Bei einem Leser, der sich der *Gita* mehr aus philosophischer Perspektive zuwendet und dabei auch ein spirituell Suchender ist -eine Haltung übrigens, die Gandhi immer empfohlen hat – stellen sich gewisse Fragen ein, von denen ich hier nur einige aufzugreifen vermag. Genügt die Ausübung spezieller Pflichten, um *lokasamgraha*, das Wohlergehen aller, voranzubringen, und schadet es dem Gefüge einer Gesellschaft tatsächlich, wenn ein Mensch die Pflichten eines anderen übernimmt (Kap. III, 35)? Ist Liebe zu allen Kreaturen, Barmherzigkeit für die Leidenden und Vergebung gegenüber den Schuldigen (Kap. V,25; XVI,2-4) vereinbar mit innerer Loslösung? Kann es einen gerechten Krieg geben? In welchem Verhältnis steht *nishkamakarma* zur gläubigen Verehrung des Herrn? Es besteht hier die Gefahr, sich in eine Diskussion um Mittel und Ziele zu verstricken. Etwas Dynamischeres als *sthitaprajna* scheint hier gefordert zu sein, und die Loslösung vom Egoismus ist als Idee zu negativ, als daß sie eine Basis für *lokasamgraha* und die Wärme des Herzens, die ein Gläubiger vermutlich braucht, abgeben könnte.

Es gibt eine Reihe reformerischer Denker, die den aktivistischen Zug der Gita hervorgehoben haben, der in der *Gita* gewiß auch zu finden ist. Es wird auch allgemein anerkannt, daß die *Gita* das religiöse Denken der Hindus in wichtigen Fragen positiv beeinflußt hat, z.B. indem Befreiung nun als ein integrierter Weg verstanden wird, der Erkenntnis, Hingabe und Handeln vereint, wobei Ehrfurcht und Unterwerfung in gläubiger Hingabe münden, und indem *sakama-karma* der Trägheit und Indifferenz vorgezogen wird.

Das Neue an Gandhis Sichtweise ist dies: Er versteht das *Mahabharata* und die *Gita* allegorisch; die *Gita* lehre *ahimsa* (denn Entsagung sei ohne die Praxis von *ahimsa* unmöglich) und daher sei die Haltung von *anashakti* (der Geist der Entsagung oder Selbstlosigkeit) die Basis von *karman* (Pflicht, Handeln). Die *avatara*-Idee beweise eher den Wunsch des Menschen, wie Gott zu werden, als daß sie die Herabkunft Gottes zum Menschen anzeige. Jeder Mensch könne vollkommen werden wie Gott, er müsse sich nur auf dieses Ziel hin ausrichten. Ein »Evangeliums«-Element in der *Gita* sei dieses:[42] »Die Gita umfaßt das Evangelium des Handelns, das Evangelium von *bhakti* oder Hingabe, das Evangelium von *jnana* oder Erkenntnis. Das Leben sollte ein harmonisches Ganzes aus diesen dreien sein.« Aber der eigentliche Schlüssel sei »die Lehre von *anashakti*« (Selbstlosigkeit).

Wenn nun aber jedes Handeln mit Anhaften verbunden ist und darüber hinaus »die Seele von Geburt zu Tod und von Tod zu Geburt treibt«, dann muß ein Handeln, das zur Befreiung führt, von besonderer Art sein, wenn anders es nicht zu weiterer Bindung führen solle. Gandhi durchschaut die verstrickende Bindung des Handelns und weiß, daß wir die Konsequenzen aus unseren Handlungen nicht völlig kontrollieren können. So scheint er eine *Gesinnungsethik* zu befürworten. Seine eigene persönliche Einsicht sagt ihm, daß die Botschaft der Entsagung in der *Gita* »vollkommene Beachtung von *ahimsa* in jeder Gestalt und Form« enthält. Er geht soweit zu behaupten, daß *ahimsa* eine viel ältere Lehre ist, die von der *Gita* bereits vorausgesetzt worden sei. Gandhi sieht seine eigene Erfahrung in der Tatsache bestätigt, daß es keine »Trennungslinie zwischen Erlösung und weltlichen Belangen« in der *Gita* gibt. Für Gandhi hat Erlösung ebenso mit der Politik, der Ökonomie und der Gesundheit einer Gesellschaft zu tun wie mit der Gesundheit der Seele. Gandhi hat seine eigene Lesart für das Bedeutungsspektrum von Opfer und Dienst (Gita Kap. III). Für ihn ist Opfer Brotarbeit, wie wir früher schon gesehen haben; sich von den Früchten des Handelns zu lösen, heißt nicht, darauf zu verzichten. Gerade weil die vorher bedachte Handlung anders verlaufen und nicht beabsichtigte Folgen haben kann, müssen wir ständig auf der Hut sein. Sein Festhalten an sukzessiven *satyagraha*-Kampagnen belegt dies zur Genüge.

Im menschlichen Leben ist die Suche nach Vollkommenheit ein endloser Prozeß, wie nicht nur Gandhi erfahren hat. Die Diskussion darüber, was Vollkommenheit bedeutet (jenseits der drei *gunas* zu gehen und den Zustand von *gunatita* zu erreichen), bringt ihn zu einer merkwürdigen Argumentationskette mit dem Resultat, daß Krishna für uns nicht Beispiel sein könne:[43]

»Wenn wir glauben, daß Krishna Gott ist, müssen wir ihm die Eigenschaften von Allwissenheit und Allmacht zuerkennen. Damit ist sicher, daß er zerstören kann. Wir aber sind kleine Sterbliche, immer im Irrtum und dabei, unsere Anschauungen und Meinungen zu ändern. Wir können nicht, ohne dabei zu verzweifeln, Krishna, den Inspirator der *Gita*, nachahmen. «

An diesen Punkt müssen wir uns erinnern, wenn wir später Gandhis theologische Differenzen mit Christen, für die Christus ein Beispiel *ist*, abhandeln.

Die Erörterung der Internalisierung des Kampfes zwischen Gut und Böse, der im menschlichen Herzen stattfindet – eines gewaltfreien Kampfes –, die »Nicht-Kooperation zwischen den Kräften der Dunkelheit und des Lichtes«, eines Kampfes, den Gandhi allegorisch im Schlachtfeld von Kurukshetra vorgezeichnet findet, verlangt eine kurze Darstellung der Beziehung von Gut und Böse, wie sie in der Hindu-Tradition gesehen wird. Nicht das Böse, sondern das Leiden stellt in der Hindu-Philosophie das metaphysische Problem dar. Weil der Mensch ein unvollkommenes Wesen ist, trägt er den Keim zur Schwäche wie auch zur Größe in sich. Gandhi benutzt verschiedene Begriffe für das Böse – nämlich *adharma*, das Satanische und manchmal auch *napak* oder unheilig. Und dann stoßen wir bei ihm auf schwierige Sätze wie den folgenden:[44]

»Wenn überhaupt jemand in der Lage ist, Satan zu überwinden, dann ist es Gott. Er ist es, der Satan geschaffen hat, Er kann ihn auch überwinden. Satan kann nicht mit menschlicher Kraft besiegt werden. Es ist Gott allein, der diesen Sieg ermöglicht durch eine Person, die Seinem Gebot wie ein gebundener Sklave folgt.«

Bei genauerem Hinsehen ist diese Aussage nicht so überraschend, wie es zunächst erscheint. Satan ist nicht ein mythisches Wesen, sondern ein Name für bestimmte Kräfte im Menschen selbst. Ein Übel, wie die Unberührbarkeit, kann nur durch menschliche Anstrengung überwunden werden, und zwar von spirituellen Helden (*satyagrahis*), die Gottes Geboten folgen und so durch seine Gnade gestärkt werden. Er gebraucht eine wunderbar einfache Analogie, die seine Zuhörer in Chhinwada am 1. Januar 1921 sofort verstanden haben müssen: »Satan kriecht immer in uns hinein durch die Öffnungen unserer Schwachheiten. Es ist unsere Aufgabe, diese Löcher zu stopfen.« Das traditionelle indische Haus hat im Erdgeschoßraum wenigstens ein Loch, um die Säuberung des Bodens zu ermöglichen. Dieses muß in den Jahreszeiten, wenn die Schlangen hervorkriechen, verstopft werden. In einem einzigen Bild kombiniert Gandhi geschickt die Sprache des Buches *Genesis* mit allgemein indischen Erfahrungen. C.F. Andrews bemerkt jedoch, daß Gandhi versäumt habe, eine rationale *Erklärung* für die Existenz des Bösen zu finden, wenn er sehr eindrücklich von Gott als dem »lange Leidenden und Geduldigen spricht, weil er das Böse in der Welt zuläßt«. Indem der Mensch mit dem Bösen ringt, wie z.B. mit bösen Systemen, die er selbst geschaffen hat – ausbeuterische Wirtschaftssysteme und ungerechte soziale Praktiken –, und den althergebrachten Feinden innerhalb des Hauses – Ärger, Lust usw. –, gelangt er näher zu Gott.

In seinem öffentlichen Handeln war Gandhi äußerst sensitiv gegenüber der Polarität von Schöpfung und Zerstörung. Der Gott Krishna ist »Herr des Universums, Schöpfer, Erhalter und Zerstörer von uns allen. Er kann zerstören, denn er schafft.«[45] Wir können uns nicht mit Ihm vergleichen, denn der Mensch ist nur ein *samsarin*, dem viele Geburten bevorstehen. Hinzu kommt, daß Gottes zerstörerische Macht (seine Kapazität, die mythisch in Shiva personifiziert ist), durch seine schöpferische Macht ausgeglichen wird. Der Mensch hingegen ist oft nur destruktiv. Aus diesem Grunde muß selbst die Nicht-Kooperation, eine durchaus gewaltfreie Strategie, von etwas *Positivem* aufgewogen werden, das Gandhi das *konstruktive Handeln* nannte (wie z.B. die Hindu-Muslim-Einheit, das Arbeiten mit den Unberührbaren und verschiedene Programme der ländlichen Entwicklung), damit des Menschen schöpferische Energien voll zum Zuge kämen und in neue soziale Strukturen eingebettet werden könnten als Modell für die Zukunft.

Gandhis Interpretation der *Gita* ist originell und steht in gewissem Widerspruch zu früheren Kommentatoren. Shankara verstand die *Gita* als ein Werk über spirituelle Vollkommenheit des *sannyasin*. Ramanuja und Vallabha fanden in ihr die Verherrlichung von *bhakti* und *saguna upasana*. Tilak betonte den *karma-yoga* und Aurobindo die Kultivierung eines göttlichen Bewußtseins (was immer das bedeuten mag). Nicht weniger interessant ist die Art und Weise, wie Gandhi sich in seinen öffentlichen Reden auf die *Gita* bezieht, insbesondere in bezug auf die Kastenpflichten und in Zusammenhängen, die man normalerweise außerhalb des »religiösen Denkens« ansiedeln würde. Für Kalidasa ist ein Kshatriya einer, »der die Wunden anderer heilt, nicht einer, der sie ihnen zufügt«. Zu Bürgern von Sojitra sagte Gandhi, indem er auf die schlechte Behandlung der Harijans anspielte: »Wenn Ihr Kshatriyas sein wollt, dann könnt Ihr sie nicht mißhandeln und der diabolischen Praxis folgen, für zu viel Arbeit zu wenig Lohn zu zahlen.«[46] An anderer Stelle erinnerte er an die Kshatriya-Tugenden wie *apalayana* (nicht vom Schlachtfeld fliehen), den Schutz der Frauen und Armen und die Einhaltung eines Gelübdes, das einmal abgelegt ist. Und gegenüber einer Versammlung in Maharashtra nimmt seine Lehre von *abheda-buddhi* (nicht zwischen sich selbst und anderen unterscheiden) die Form des Appelles an, die Schändung von Jallianwalabagh (die Erschießung von indischen Bürgern durch die britische Armee in Amritsar 1919) als ihre eigene nachzuvollziehen. Gandhi leitete aus der *Gita* nicht nur die Botschaft der Gewaltlosigkeit ab (die für ihn im Gesamtkonzept der Entsagung enthalten war), sondern eine Werke-Ethik. Der ideale Mensch wird in dieser neuen Interpretation als ein Yogi beschrieben, der sich vom traditionellen Verständnis total unterscheidet: Er ist ein Mensch, dessen Kampf gegen seine Selbstsucht im praktischen Nutzen für alle resultiert, insbesondere für jene außerhalb der vier *varnas*, die auch als Verwandte und Nächste betrachtet werden müssen. Seine Gelassenheit hindert ihn nicht daran, sich in den drückenden Problemen des Tages zu engagieren. *Jnana* ist nötig, um *Situationen* zu verstehen und Möglichkeiten des Handelns auszuloten; *bhakti* handelt vom Gesetz der Liebe, die uns befähigt, Menschen in Not zu erreichen; *karman* ist nicht nur der Pfad des Handelns, sondern des Dienens, eines konstruktiven Handelns nicht für den Erhalt einer bestehenden ungerechten Gesellschaft, sondern für ihre Transformation in Übereinstimmung mit der Vision einer neuen Gesellschaft, die man Himmelreich auf Erden oder, wenn man so will, *Rama Rajya* nennen kann. Dies sei aber nur möglich, so Gandhi, wenn menschliche Anstrengung und göttliche Gnade zusammenwirken.

Gandhi geht auf die Fragen, die wir oben gestellt hatten, etwa so ein: Die Erfüllung spezifischer Pflichten reicht nicht aus, bildet aber einen Ausgangspunkt. Jeder ist berufen, den suchenden Geist eines Brahmanen zu entwickeln (als Typus der Liebe zum Lernen), den Mut eines Kshatriya, die Fähigkeit, für den Lebensunterhalt zu sorgen (Gandhi wies hier oft lachend auf die Tugenden der Banias hin, der Kaste, zu der er selbst gehörte) und ein Leben des Dienens, das traditionellerweise von den Shudras erwartet wurde, nun aber von allen anzustreben sei. Mit den Pflichten des Straßenkehrens und der Brotarbeit, die für jedermann gelten sollten, könne sich ein neues Bewußtsein entwickeln, wodurch die Schranken zwischen den Kasten fallen würden. Die Idee, daß jeder seinem *svadharma* (seiner inneren Bestimmung) folgen solle, hielt Gandhi insofern für hilfreich, als sie jedem Menschen die Notwendigkeit vermittelte, die Reise der Selbstentdeckung zu unternehmen und dem einmal gewählten Pfad zu folgen. Ökonomische Schranken, die eine solche Reise blokkieren, und innere Zwänge, die den Geist des Menschen hemmen, müßten beseitigt werden. Nur in diesem Sinne könne es einen gerechten Krieg geben, und für Gandhi würde ein solcher gewaltfrei sein und trotzdem revolutionär, da er gleichzeitig eine Revolution im Herzen der Menschen und in der Gesellschaft als Ganzer herbeiführen werde. Die Idee von *anashakti yoga* deutet Gandhi im Gegensatz zu Freud als ein nicht-gewaltsames Reservoir an Kraft, die zum Nutzen aller kanalisiert werden könne. *Lokasamgraha* könne es nicht geben, solange die Ärmsten der Armen ausgebeutet werden oder, um die Idee auf die Gegenwart zu beziehen, solange es Armut und Elend irgendwo in der Welt gibt.

Die Loslösung, die gefordert wird, ist nichts anderes als der Geist der Selbstentsagung, der dazu befähigt, das Eigeninteresse zurückzustellen. Dies bedeutet nicht, daß wir unsere Tätigkeiten nicht sorgsam ausüben oder uns vor der Verantwortung für die Konsequenzen unseres Handelns drücken sollten. Liebe zu allen Kreaturen ist in sich selbst Gottesdienst, denn Selbstlosigkeit ist das Merkmal des Gläubigen. Was den heutigen Menschen dazu bewegt, die Lebensumstände seiner Mitmenschen zu verbessern, ist nicht einfach das Gefühl von Pflicht, sondern die Wärme des Herzens, die wiederum Ausdruck der menschlichen Liebe zu Gott ist. Das »und« in dem prägnanten Satz »Liebe Gott und deinen Nächsten wie dich selbst« aus der christlichen Tradition, verschwindet hier. Seinen Nächsten zu lieben *ist* Gottesliebe. Ein solcher Mensch ist fest wie ein Fels, ein *sthitaprajna*. Sein Glaube wird durch nichts erschüttert. Die Botschaft der *Gita* lautet nicht, Gott zu werden, sondern *gottähnlich* zu werden. Daß Gandhi im Zentrum der *Gita* die Botschaft von *ahimsa* finden konnte, überraschte Gandhis Zeitgenossen ebenso wie die Menschen im Westen die Rede vom »Mythos der Inkarnation«. Beides läßt sich natürlich nicht ganz miteinander vergleichen, da letzteres aufs engste mit historischen Überlegungen und der ganzen Tradition kritischer Wissenschaft verbunden war, was in der Geschichte des Hinduismus keine Entsprechung hat. Die großen Schriften der Welt sind offen in dem Sinne, daß jede Generation neue Bedeutungen findet und alte verwirft und die Menschheit zu neuen Wegen des Dienens herausfordert. Gandhi gehört zu den Menschen, die ihre Tradition im Licht der eigenen Erfahrung neu durchdacht haben. Dieses Wagnis zeugt nicht nur von seiner Gelehrsamkeit, sondern von seiner ungewöhnlichen Fähigkeit, Verwurzelung mit Offenheit des Herzens zu verbinden.

Einflüsse des Christentums
auf Gandhi

Wir haben bereits festgestellt, daß Gandhis erster Eindruck vom Christentum in jungen Jahren durch den aggressiven Stil evangelikaler Missionare in seiner Heimatstadt geprägt worden war. Mehrere Jahrzehnte sollten vergehen, bis dieser Stil durch eine freundlichere, weniger arrogante und selbstgerechte Art ersetzt wurde. Während seiner Studienzeit in London beschäftigte sich Gandhi mit dem Neuen Testament und traf auf eine Reihe vorzüglicher Menschen unter den Quäkern und anderswo, und so begann er bald, zwischen Christentum, Christen und Christus zu unterscheiden. Der Einfluß, den die Bergpredigt auf ihn hatte, sollte das ganze Leben anhalten. Das Ausmaß, in dem für Hindus und Muslime der Generation Gandhis in den Tagen vor der Unabhängigkeit das Christentum mit der imperialen Herrschaft und einem fremden Lebensstil (einschließlich Nahrung und Kleidung) verbunden war, muß der einfühlsame heutige Leser unbedingt berücksichtigen. Erste Eindrücke hinterlassen bleibende Spuren. In London war Gandhi sehr unterschiedlichen Einflüssen ausgesetzt, die im späteren Leben nachwirkten – der Vegetarismus, die freidenkerische Haltung (beide waren oft miteinander verbunden) und eine hausbackene, echte Frömmigkeit, die weniger aggressiv war als die, der er vorher begegnet war, weil sie hier ihre Heimat hatte und von der politischen Problematik losgelöst war. Seine Freunde in London besaßen eine moralische Ernsthaftigkeit, die er verstehen und schätzen lernte. Etwa zur selben Zeit wurde er mit den Lehren des Buddha bekannt und entdeckte dabei viel Gemeinsames zwischen dem Geist der Entsagung und Barmherzigkeit im Leben von Buddha und Christus. Gandhi war auf der Suche und begeisterte sich für religiöse Fragen und, eifrig wie er war, fielen die neuen Ideen auf fruchtbaren Boden. Von theologischen Problemen wurde er in diesem Lebensabschnitt nicht weiter umgetrieben.

In Südafrika kam er einmal mehr in engen Kontakt mit dem evangelikalen Zweig des Christentums. Zahlreiche Freunde nahmen ihn zu Gebetstreffen mit und versuchten, sicher aus ehrlichen Motiven, seine Seele zu »retten«. Der Briefwechsel aus Südafrika mit Raychandbhai, seinem jainistischen Mentor, enthält Fragen über die Natur Gottes, die ziemlich merkwürdig sind, wenn man bedenkt, daß sie an einen Jain gerichtet sind; sie scheinen Probleme zu reflektieren, die von seinen Freunden in Gottesdiensten und Gebetstreffen aufgeworfen worden sein könnten. Obwohl er ihren Glaubensernst respektierte und mit Männern wie Reverend Joseph Doke, der ihm große Sympathie entgegengebracht hatte, eng befreundet war, fühlte er sich von der dogmatisch-theologischen Haltung abgestoßen und in seiner früheren Überzeugung bestätigt, daß jeder Mensch das Heil in der Tradition, in welcher er verwurzelt war, suchen sollte. Der Hinduismus ist seinem Wesen nach nicht dogmatisch, und Gandhi konnte nicht einsehen, warum die Erlösung eines Menschen davon abhängen sollte, daß er »Christus als seinen ›persönlichen Heiland‹ akzeptiere«, und formell Mitglied in einer christlichen Kirche sein müßte usw. Gandhi ließ sich zu keiner Zeit in seinem Denken und Fühlen in eine formale Zwangsjacke pressen, und wie wir bereits gesehen haben, nahm er auch gegenüber seiner eigenen Tradition die Haltung eines Menschen ein, in dessen Wohnung alle Fenster und Türen weit geöffnet sind. Im tropischen Klima einer multireligiösen Gesellschaft ergibt diese Metapher durchaus Sinn! Gandhi gehörte nicht umsonst einer Familie an, in der Menschen unterschiedlichen Glaubens ständig ein und aus gingen.

Wir wollen uns nun der Frage nach den theologischen Problemen Gandhis zuwenden, da es in einigen Punkten Parallelen zu den Problemen gibt, die viele Menschen in der heutigen westlichen Welt bewegen. Die Stolpersteine stellten sich seinem Intellekt nicht plötzlich, sondern nach und nach in den Weg, wie in Gesprächsnotizen und gedruckten Zeugnissen berichtet wird. Wenn wir alles zusammennehmen, erhalten wir das Bild eines Menschen, der religiöse Fragen tiefsinnig reflektierte und eine bewußt rationale Haltung einnahm, obwohl ihm klar war, daß religiöse Überzeugungen in der letzten Instanz Glaubenssache sind. Ich werde die Probleme in der Form präsentieren, wie sie Gandhi aus seiner Perspektive erschienen sind.

Christen (Evangelikale, denen Gandhi begegnete) sprechen vom »Gerettetwerden« als einem einmaligen und höchst personalen Ereignis. Für einen Hindu hingegen ist Befreiung nicht Errettung von Sünde, sondern vom Kreislauf der Geburten. Gandhi vertrat nicht die orthodoxe Position, aber Befreiung war für ihn eine Angelegenheit beständigen *Strebens*, nicht eine »Krisiserfahrung« im Kierkegaardschen Sinn, noch weniger eine emotionale Konversion auf der Bußbank. So wie das christliche Sündenbewußtsein die Einsicht in die Kontingenz der Vernunft übersteigt, so greift Gandhis Verständnis der menschlichen Unvollkommenheit über die Erkenntnis des Ausmaßes der menschlichen Unwissenheit hinaus. Für ihn sind es die im Buddhismus und Jainismus benannten menschlichen Schwächen – Haß, Ärger, Feigheit u.a. –, die mit innerer Disziplin und auch vermittels göttlicher Gnade unter Kontrolle gebracht werden müssen. Außerdem stimmte Gandhi dem Mahayana-Buddhismus insofern zu, daß individuelle Befreiung nicht ohne die Befreiung aller denkbar ist. In Gandhis eigener religiöser Erfahrung scheinen Ekstaseerlebnisse keine Rolle gespielt zu haben, wie das bei einigen seiner Freunde der Fall war, die meinten, daß ihm dadurch Wesentliches fehlen würde. Gandhi war von dem feierlichen Stil non-konformistischer Predigtweise abgestoßen (in der der Ruf nach dem »Gerettetwerden« das zentrale Anliegen war), denn für ihn war Religion nicht eine Angelegenheit des Redens, sondern des Tuns. Auch das Bittgebet, das in den christlichen Gottesdiensten dominierte, konnte er persönlich so nicht nachvollziehen; es drückte für Gandhi, wenn man es so formulieren darf, eine Form der Spiritualität aus, die sich auf der untersten Stufe des Weges befand.

Als nächstes Problem stellt sich die Frage nach der Gottessohnschaft Jesu Christi. Der Begriff des *avatara* im Hinduismus darf nicht gleichgesetzt werden mit dem Begriff der Inkarnation im Christentum. Die Zahl der *avataras* ist beliebig groß, da sich Gott auf verschiedene Weise offenbart, um den Bedürfnissen des Menschen besonders auch in Krisenzeiten weltweit zu entsprechen, wo Er seinen Gläubigen als Herr erscheinen kann (daß ich nicht sicher bin, ob ich in diesem Fall »E« gebrauchen soll, ist vielleicht bezeichnend). Zusätzlich und in Übereinstimmung mit der dem Hindu selbstverständlichen Akzeptanz der Pluralität von Offenbarungen vertrat Gandhi auch den Standpunkt der Jains, daß jede besondere Sicht der Wahrheit, die wir haben können, notwendigerweise partiell und unvollständig ist. Sie ist falsch nur, wenn sie Exklusivität für sich beansprucht. Im Zusammenhang mit Gandhis eigener Interpretation der *Gita* haben wir bereits bemerkt, daß nach seiner Auffassung die *avatara*-Idee vom *menschlichen* Verlangen zeugt, Gott gleich sein zu sein wollen. Dieser Hintergrund macht es unmöglich, für die Person Christi eine exklusive Einzigartigkeit zu akzeptieren. Die indische Tradition (einschließlich des Jainismus und des Buddhismus) läßt Raum für eine Pluralität großer Seelen wie auch für eine Pluralität heiliger Menschen.

Die Vorstellung vom stellvertretenden Leiden eines einzigen Wesens, das für die Sünden aller büßt, einschließlich der Vor- und Nachgeborenen, ergibt aus der Perspektive eines Hindu keinen Sinn. Wenn wir uns sozusagen auf getrennten karmischen Bahnen befinden, so kann kein Mensch einen anderen von der Last befreien, die aus seinen besonderen karmischen Verunreinigungen entsteht. Diese strikte Anschauung gehört zum jainistischen Erbe und nicht zu dem der Vaishnavas. Die Aufgabe der Buße ist endlos. Ein anderer kann den Pfad der Selbstreinigung für mich nicht stellvertretend gehen. Wenn Gandhi sich z.B. ein Bußfasten auferlegt, tut er es nicht, um stellvertretend zu sühnen, was andere getan haben, sondern weil er glaubt, daß *in ihm selbst* eine Schwäche ist, die ein unglückliches Ereignis (z.B.Bruch der Ashramdisziplin, Ausbruch von Gewalt, kommunale Unruhe) provoziert hat. Da wir alle Kinder Gottes sind, ist es nichts Besonderes, daß ein bestimmter Mensch in einem gewissen überirdischen Sinn als Sohn Gottes bezeichnet wird. Der Hindu sieht das Hindernis zu einem befreiten Leben nicht in der Sünde (die er als etwas Spezifisches begreift, und nicht als generalisierte Kondition, die alle Menschen ererbt hätten), sondern in einer *Bindung,* die der Mensch auf einer Vielzahl von Wegen überwinden kann, wie z.B. *japa* (die Wiederholung des Gottesnamens), Pilgerschaften, das Singen von *bhajans*, Gelübde, rituelle Praktiken, Fasten, unterscheidende Erkenntnis (in der Lage zu sein, zwischen Selbst und dem empirischen Ich zu unterscheiden) usw. Für einige philosophische Schulen spielt dabei die göttliche Gnade eine wesentliche Rolle. Aber in jedem Fall ist die Vorstellung, daß Heil durch ein einmaliges Bekenntnis des Glaubens an einen persönlichen Heiland geschehen kann, dem Hinduismus völlig fremd.

Eine Erläuterung zum Begriff »Sohnschaft« und anderer damit verbundener Vorstellungen dürfte hier nützlich sein. Obwohl es in den Hindu-Schriften Hinweise auf eine ursprüngliche Zeugung gibt, z.B. in der *Gita*, spielt der Begriff der Vaterschaft Gottes im Hinduismus keine zentrale Rolle. Sohnschaft könnte im Prinzip aus dem Konzept einer Muttergöttin logisch abgeleitet werden, zumal diese Vorstellung verschiedenen Volkstraditionen Indiens geläufig ist. Tatsächlich ist dies aber niemals geschehen. Wenn Gandhi von allen Menschen als Brüdern spricht, so meint er damit nicht, wie es in den jüdisch-semitischen Traditionen selbstverständlich ist, daß Gott der Vater sei. Das Bild der Bruderschaft an sich ist nicht frei von einem bestimmten Beigeschmack, wenn man etwa an Kain und Abel denkt. Wir müssen den Ursprung der Bruderschaftsidee andernorts suchen. In der Gujarati-Sprache werden die Worte für »Bruder« und »Schwester« ganz selbstverständlich dem Namen derer beigefügt, die man im alltäglichen Umgang anspricht, und überall in Indien gibt es parallele Ehrenbezeichnungen, die eine Beziehung ausdrücken wollen und in den gewöhnlichen Sprachgebrauch eingedrungen sind, ohne daß eine theologische Bedeutung damit verbunden wäre. Daß Gott in verschiedenen Formen erscheinen kann, ist für den Hindu selbstverständlich. Die Frage, die der Hindu stellt, ist: »Was ist an *diesem* spezifischen Menschen besonders?« Wenn wir das Wort »Sohnschaft« streichen und den Begriff »göttlich« beibehalten, so ist dies ein Attribut, das, potentiell zumindest, keinem Menschen genommen werden kann. Hindus würden sagen, und Gandhi spricht hier für sie, daß wir alle durch gemeinsame Menschlichkeit verbunden sind und daher am Göttlichen Teil haben, was aber noch erkannt, bewußt gemacht oder »realisiert« werden muß. Dies kann nur im Prozeß der Selbstreinigung geschehen. Für Gandhi ist es einfacher, in Christus den Menschensohn als den Gottessohn zu sehen. Es ist Christus, der Menschensohn, dem er in den Seligpreisungen begegnet und vor dem er sein Haupt beugt. Während seines langen geistlichen Pilgerweges unterscheidet Gandhi stets zwischen Christus und dem, was Theologen aus dem Christentum gemacht haben, eine Unterscheidung, die meiner Meinung nach berechtigt ist.

Wir wollen uns nun weiteren theologischen Problemen zuwenden. Gandhis Reaktion auf das »Vorbildkonzept« haben wir bereits in der Diskussion über die *Gita* berührt. Ein göttliches Wesen kann nicht Vorbild für den Menschen sein. Der Mensch schreitet durch *marga* (Pfad) und nicht durch die Imitation Gottes oder der Götter zur Vollkommenheit. Dieser Gedanke hat merkwürdigerweise Parallelen im frühen griechischen Denken, aber aus anderen Gründen. Die Bewohner des Olymp spiegeln in ihrem eigenen Verhalten die Torheiten der Menschen. Epische Gestalten werden oft mehr als Mahner und nicht so sehr als Beispiele verstanden. In der hinduistischen Tradition sind sowohl Götter als auch Menschen einem kosmischen Gesetz unterworfen, das beide transzendiert. Die Frage spitzt sich für Gandhi in der Idee des vollkommensten Menschen zu. Daß Gott oder das Letztgültige (Gandhi legt in seiner weisen Art kein so großes Gewicht auf das hier angemessene Wort) vollkommen ist, setzt er voraus. In seinem Denken gibt es sogar ein Anselmianisches Element, wie wir im Zusammenhang mit der Erörterung des Wahrheitsbegriffs sehen werden, das die höchste Existenz mit der Natur des Letztgültigen identifiziert. Aber was bedeutet das für den Begriff des »vollkommenen Menschen«? Solch ein Satz ist für Gandhi selbst-widersprüchlich. Von dem »vollkommensten Menschen, der jemals geboren wurde«, zu sprechen, fordert nicht nur unmögliche Vergleiche heraus – und wer könnte schon einen Menschen mit allen vergangenen und zukünftigen Menschen vergleichen? –, sondern ignoriert die für Gandhi fundamentale Wahrheit, daß es die Natur des Menschen ist, nach Vollkommenheit zu *streben*. Kein einziges Wesen kann beanspruchen, *der* Weg, *die* Wahrheit und *das* Leben zu sein. Die Wahrheit ist das Leben, und da jeder eine gebrochene Sichtweise der Wahrheit hat, kann es nicht *ein* Leben geben, das in paradigmatischer Form überlegen wäre. Das folgende Zitat ist aufschlußreich:[1] »Zu sagen, daß er vollkommen war, bedeutet, Gottes Superiorität über den Menschen zu leugnen... Da wir unvermeidlich durch die Fesseln des Fleisches begrenzt sind, können wir Vollkommenheit nur nach der Auflösung des Leibes erlangen. Aus diesem Grund ist Gott allein absolut vollkommen. Wenn er auf die Erde hinabsteigt, begrenzt er sich aus eigenem Willen selbst.«

In der hinduistischen und jainistischen Tradition spricht man gewöhnlich von außerordentlichen Individuen in Begriffen der »Gottrealisierung« oder auch »Selbstrealisierung« und nicht von Vollkommenheit. Dahinter verbirgt sich möglicherweise eine bestimmte Rationalität. Die Sprache der Attribute (die das Attribut der Vollkommenheit einschließt) kann *ad infinitum* ausgeweitet werden. Spinoza hat darauf hingewiesen, daß unsere Erkenntnis von Attributen strikt begrenzt ist, und daß es keine unendliche Proliferation von Attributen in bezug auf das höchste Wesen geben kann (Leibniz würde hinzufügen: positive, zusammensetzbare Attribute). Anders als der Muslim spricht der Hindu nicht vom »Namen« Gottes. Gott ist par excellence das, was namenlos, formlos, ist, was, wenn man so will, jenseits unserer konzeptuellen Netze existiert. Der »realisierte« Mensch (der einen bestimmten Grad der Bewußtheit und vielleicht auch der Güte erreicht hat, der das Gewöhnliche übersteigt) wird als *gunatita* bezeichnet. Er ist »befreit vom Paar der Gegensätze«. Gandhis Kommentar zum 14. Kapitel der *Gita*, das die drei *gunas* behandelt, ist in diesem Zusammenhang aufschlußreich: Wir befinden uns auf einer Pilgerreise der Seele und schreiten ständig fort zu einem Zustand, in dem wir vorwiegend vom *sattva*-Prinzip bestimmt werden. Ein *sattvika* zeichnet sich dadurch aus, daß er Einheit in der Verschiedenheit schaut. Sich über die drei *gunas* zu erheben heißt, »ein vollkommener Mensch« zu werden. Gandhi gebraucht dafür eine Analogie:[2]

»Wasser in seinem festen Aggregatzustand bleibt auf der Erde; es kann nur aufsteigen, wenn es sich in Dampf verflüchtigt. Aber wenn es sich einmal verflüchtigt hat, steigt es auf in den Himmel, wo es die Gestalt von Wolken annimmt und schließlich als Regen auf die Erde fällt und diese fruchtbar macht und segnet. Wir gleichen dem Wasser. Wir haben danach zu streben, uns selbst zu vergeistigen, so daß das Ich in uns ausgelöscht wird und wir im Unendlichen aufgehen zum ewigen Nutzen aller.«

Gandhis religiöses Leben war nicht so pelagianisch oder advaitisch (eine besondere und zweifellos unmögliche Kombination!), wie dieses Zitat nahelegen könnte. Selbstrealisierung bedeutet »Gott-ähnlich-werden«.[3] Gott ähnlich zu werden heißt aber nicht, Gott zu *sein*.

Es gibt einen weiteren Schlüssel zum Verständnis der indischen Tradition. Die *Große Seele* wird nicht als ein inkarniertes göttliches Wesen oder als Mittler betrachtet, sondern oft als *bandhu* oder Freund. Krishna kommt Arjuna in schweren Zeiten als Freund zu Hilfe. Die Vaishnava-Tradition beschreibt detailliert die Grade von Freundschaft oder Liebe, die hier als Symbole eine größere Strahlkraft haben als die Symbole der Sohnschaft, Bruderschaft usw. Ein Christ wird hier unschwer Parallelen finden können.

Obwohl einige Enthusiasten behaupten, Gandhi hätte den *brahma*-Zustand erreicht, so hielt er sich selbst für einen Sucher nach *sthitaprajna*, für einen demütigen Wahrheitssucher. In diesem Kontext ist festzuhalten, daß nach Gandhis Überzeugung menschlich zu sein gleichbedeutend ist mit Unvollkommensein. Darum wird Christus mit der Betonung seiner Menschlichkeit auf unsere Ebene gebracht, und nicht, wie Canon Quick einmal sagte, durch »eine geheimnisvolle Selbstbegrenzung« seitens des Schöpfers; er ist also wirklich hier auf der Erde in der Welt menschlicher Begrenztheit. Gandhi kannte das Alte Testament nicht gut genug, um die Idee des Messias wirklich erfassen zu können. Er scheint wiederum, fast wie Zaehner, das Judentum begrenzt zu haben auf die frühesten Vorstellungen von Jahwe, indem er das Alte Testament mit der Lehre von »Auge um Auge und Zahn um Zahn« identifizierte, von der er glaubte, daß ihr die Buren ohne Skrupel folgten. Dabei entging ihm die Schönheit der Psalmen, ihre zum Teil vedische Lyrik, und die unendliche Barmherzigkeit eines Hosea.

Ich habe bereits erwähnt, daß Gandhi, wie die Hindus überhaupt, der Historizität keinerlei Bedeutung beimaß. Die Tatsache, ob Krishna oder Rama wirklich gelebt haben, ist ohne Einfluß auf das Urteil über eine religiöse Imagination, die Figuren mit derartig sublimen Charakterzügen projizieren konnte. Nicht die Frage ist interesssant, ob die Brahmanen in alten Zeiten tatsächlich dies oder jenes getan haben und ob es in den *shastras* niedergelegt ist, sondern was *jetzt* ihre

Aufgabe sei. Der historische Hinduismus schloß »Unberührbarkeit, abergläubische Anbetung von Bäumen, Steinen, Tieropfer usw.« ein. So äußerte er sich gegenüber Hindus, als er sie liebevoll zurechtwies, daß es ihre Aufgabe sei, die Notwendigkeit einer grundlegenden Reformation der Tradition anzuerkennen.

Gegenüber Missionaren in Bangalore gebrauchte er eine andere Sprache:[4] »Ich darf sagen, daß Gott das Kreuz nicht nur vor 1900 Jahren getragen hat, sondern daß Er es heute trägt... Predigt deshalb nicht den Gott der Geschichte, sondern zeigt Ihn, wie Er heute durch euch lebt... Wir sollten unser Leben für uns sprechen lassen und nicht nur unsere Worte.«

Dies könnte der heutige Christ, ob in Indien oder anderswo, ebenso ausdrücken. Das nun Folgende aber würde ihn zum Schweigen bringen:[5] Selbst wenn »der Mensch, der Jesus genannt wird, niemals gelebt hätte..., wäre die Bergpredigt für mich dennoch wahr«. Gott erschien Gandhi im *Handeln*, nicht als Person. Dies war der Kern seiner ureigensten Erfahrung. »Wie sonst«, sagte er einmal zu dem Missionar Dr. Mott, »könnte ein Mensch sich in seiner dunkelsten Stunde auf die Befreiung verlassen?« Die innere Stimme, die in der Einsamkeit seines gewaltfreien Kampfes oder wenn die Welt seine Kraft überforderte, zu ihm sprach, war innere Geisteskraft und nicht eine Person (oder die Person), der man begegnet.

Seine Widerwille gegenüber dem Gedanken der Konversion, wie er von Missionaren vertreten wurde, die ihre Herde vergrößern wollten, wird in seinen persönlichen Briefen z.B. an Mirabehn und in seinen Reden erkennbar. Einer Baptistengemeinde in Cuttack sagte er:[6]

»Wenn ein Mensch sein Land, seine Lebensgewohnheiten und seine alten Verbindungen und Sitten ablegt, wenn er seine Religion wechselt, dann wird er letztlich unfähig dazu, Gott zu erkennen. Denn ein Wechsel der Religion bedeutet im wahrsten Sinne eine Konversion des Herzens. Wenn eine wirkliche Konversion stattfindet, dann wächst das Herz des Menschen... Meiner Meinung nach sollte es ihr Ziel bei dem Wechsel ihrer Religion sein, das Wohlergehen ihres Landes im Auge zu haben.«

Der Wendepunkt in Gandhis Leben war nicht eigentlich eine Erfahrung religiöser Art, sondern das traumatische Erlebnis in Maritzburg, der Hauptstadt Natals, als er nachts aus dem Zug in die strenge Kälte des südafrikanischen Winters gestoßen wurde. Sein ganzes Leben hindurch betrachtete er Südafrika als »den gottverlassenen Kontinent, wo ich meinen Gott gefunden habe«. Wenn ein Mensch durch Konversion engherzig würde und er anfinge zu glauben, daß alle, die nicht seiner Überzeugung seien, »nicht gerettet« oder schlimmer, in äußerste Dunkelheit geworfen wären, so könne von Bekehrung keine Rede sein. Die *metabasis eis allo genos* verlangte, ich formuliere hier Gandhis Denken in einer etwas philosophischeren Sprache, nach der Abwendung von Selbstsucht und Selbstgerechtigkeit hin zu »einem Geist des Dienens«. Damit haben wir einen der wichtigsten Beiträge Gandhis zum

Verstehen spirituellen Wachstums benannt – den Sinn für Expansion. Diese Idee hat er für sich selbst gefunden. Sie ist, so scheint mir, auch mit der Idee des ozeanischen Zirkels verbunden, die er in seiner Sozialphilosophie gebraucht und über die wir später mehr sagen werden: eine graduelle Ausdehnung der Partizipation mit dem Individuum im Zentrum. Die Jains sprechen von spirituellem Fortschritt und die Hindus von der Beseitigung von *kosas* (Schichten) vom Ich, die die Seele verdecken. Dem Bild des Wachstums würde H.W.B. Joseph, ein Philosoph, der heute fast vergessen ist, zugestimmt haben, insofern er niemals müde wurde zu betonen, daß biologische Analogien für den Metaphysiker hilfreich sein können.

Die Hindu-Tradition zeugt von dem eigentümlichen Zusammenspiel der Sehnsucht nach dem Unendlichen und einer Domestizierung der Götter. Gandhi war in seiner Tradition beheimatet. So verstand er Konversion nicht im Sinne bekenntnismäßiger Treue, sondern als Wurzelschlagen, Hinauswachsen und Schattenspenden für die Bedürftigen, und, um die Metapher weiterzuführen, als Ausströmen eines Duftes, der vom Außenstehenden wahrgenommen wird, dessen sich der Baum aber selbst nicht bewußt ist. Gandhi hatte keinen Sinn für eine Frömmigkeit, die sich ihrer selbst als solche bewußt ist, und es nahm ihm manchmal fast den Atem (aber nicht wirklich, denn seine Weitherzigkeit und sein Humor hätten ihn gerettet), wenn er der Arroganz der evangelikalen Wiedergeborenen begegnete. Er spürte hier dieselbe brahmanische, starre Haltung wie in den oberen Kasten seiner eigenen Religionsgemeinschaft. Kurz, Gandhi war mit ganzer Seele für einen Wandel des Herzens – schließlich war seine Technik von *satyagraha* darauf begründet –, und er glaubte, daß der einfachste Bauer vielleicht fähiger dazu wäre als der Intellektuelle oder ein Angehöriger der von ihm sogenannten »Klassen«. Für Gandhi äußert sich der Wandel des Herzens in veränderten Beziehungen, z.B. zwischen Arbeitgeber und Arbeitnehmer, Hindu und Muslim, zwischen Kasten-Hindu und den sogenannten Unberührbaren. Dies war etwas anderes als die bloße Änderung eines Etiketts – der Tradition der eigenen Ahnen den Rücken zu kehren und verschiedenen fremden Konzepten intellektuell zuzustimmen, die aber keinen Resonanzboden in den Herzen derer finden konnten, deren traditionelle Symbole davon völlig verschieden waren. Es ist ein Beweis für Gandhis positive Antwort auf das Neue Testament und seine zentrale Gestalt, daß er sich nicht bei Dingen aufgehalten hat, die jedem, der in der indischen Tradition verwurzelt ist, einschließlich der Jains und der Buddhisten, als fremd erscheinen mußten (was z.B. für die Episode von dem Besessenen von Gerasa und den Schweinen zutrifft). So grenzt er als unannehmbar aus: die ein für allemal geschehene Sühne, das stellvertretende Leiden, die Konversion (angesichts der Wahrnehmung des eigenen *svadharma*), einen einzigen Gottmenschen und den Glauben, daß es »keinen anderen Namen« geben solle, durch den der Mensch gerettet werden könne.

Christliche Freunde mit theologischen Schwierigkeiten fanden bei ihm Verständnis, wie C.F. Andrews, ein Verwandter im Geist, den Zweifel an einigen der neununddreißig Artikel quälten, oder Verrier Elwin, der mit der kirchlichen Autorität Schwierigkeiten bekam und dem er tröstend schrieb: »Deine Kirche ist in deinem Herzen. Deine Kanzel ist die ganze Erde. Der blaue Himmel ist das Dach deiner Kirche.« Könnte es sein, daß er als Reaktion auf die donnernden evangelikalen Schläge (»im Blut ist Macht !«), die er in seinen südafrikanischen Tagen geduldig ertrug – was für jeden Phantasiebegabten und noch mehr für einen, der in der jainistischen Tradition verwurzelt ist, abstoßend sein muß, zumal, wenn er auch die blutigen Opfer für Kali abgelehnt hatte –, daß er also aufgrund dieser Erfahrungen zu einer eigenen Antwort gefunden hat – die Macht der Seelenkraft, der inneren Stärke, die durch Disziplin wachsen, durch Gemeinschaft genährt und durch Gnade gestärkt werden sollte? Sein letztes Wort an die Theologen ist in seinem Rat an einen Korrespondenten zusammengefaßt, daß Gott nicht »in einem Safe verschlossen ist und nur durch ein kleines hineingebohrtes Loch erreicht werden könne«, sondern daß Er »durch Millionen von Öffnungen von jedem, der demütig und reinen Herzens ist«, erreicht werden kann. Gott dürfe nicht in theologische Netze gesperrt werden. Gandhi meint, daß Ihm jene am nächsten sind, von denen die Bergpredigt spricht.

Hier sind wir bei Gandhis positiver Reaktion auf das Neue Testament. Er berichtet in seiner Autobiographie, daß ihm ein Verständnis des Christentums »in seiner echten Perspektive« nicht möglich gewesen wäre ohne die genaue Kenntnis seiner eigenen Religion. Er studierte das Neue Testament und die *Gita* nicht nur in London sondern auch in Südafrika und zeit seines Lebens gleichzeitig nebeneinander. Er scheint mit der Lektüre des Alten Testaments begonnen zu haben, gelangte aber nicht weiter als bis zum Buch Exodus! Gandhi hörte in London berühmte Prediger und besuchte donnerstags Dr. Parkers' Mittags-Vorlesungen im City Temple. Joseph Doke, der erste Biograph Gandhis[7] (ihre Zahl ist jetzt Legion), der seinen Freund gut kannte, bemerkt, daß Gandhi, als er zur Lektüre der Bergpredigt kam, diese nicht als etwas Neues empfand, sondern daß er hier überhaupt keinen Unterschied zwischen dem Hinduismus, wie er in der *Bhagavad Gita* erscheint, und der »Offenbarung Christi« sah und daraus schloß, daß »beide vom selben Ursprung her kommen müssen«. In beiden entdeckte er die Botschaft der Entsagung und des lebendigen Dienens. Ein Gedicht in Gujarati, das er in der Schule gelernt hatte, lautet etwa so:[8] »Wenn dir jemand ein Glas Wasser reicht und du gibst ihm ein Glas zurück, so ist dies nichts; wirkliche Schönheit besteht darin, Gutes zu tun, wenn man Böses empfangen hat.« Doke war es auch, der eine der einfühlsamsten Bemerkungen über Gandhis Reaktion auf das Christentum machte:[9]

»Ich zweifle, ob irgendein Religionssystem ihm vollständig gerecht werden kann. Seine Ansichten sind zu eng verwandt mit dem Christentum, um ganz und gar hinduistisch zu sein, und zu tief durchdrungen vom Hinduismus, um christlich genannt zu werden, während seine Sympathien so weit und katholisch sind, daß man sich vorstellen kann, er habe einen Punkt erreicht, wo die Formulierungen von Sekten bedeutungslos sind.«

Die Jahre 1909-1910 bringen eine bemerkenswerte Korrespondenz zwischen Gandhi und Tolstoi. Gandhis Verständnis des Neuen Testaments vertiefte sich durch die Lektüre von Tolstois »Das Reich Gottes ist in euch« und dessen Interpretation dieses Reiches als eines Reiches »innerer Vollkommenheit, Wahrheit und Liebe«. Sowohl Tolstoi als auch Gandhi erwarteten eine neue Ordnung, in der ein transformiertes inneres Leben seinen natürlichen Ausdruck in einer transformierten Gemeinschaft finden würde. Beide großen Männer sahen in der Botschaft »widerstehe nicht dem Bösen« kein passives Prinzip, sondern eine positive Macht der Seelenkraft, »die unendlichen Möglichkeiten universaler Liebe«.

Einem anderen großen und verwandten Geist sollte er einige Jahre später begegnen. Gandhi traf C.F. Andrews zum ersten Mal am Quai von Durban am 1.Januar 1914, und letzterer beugte sich, um seine Füße zu berühren. Damit begann ein gegenseitiger Austausch. Basis ihrer Freundschaft war der gemeinsame Glaube an die Macht der Liebe und die Sorge um die Entrechteten und Armen der Erde. Im frühen März schrieb C.F. Andrews an Rabindranath Tagore einen Brief, in dem er bekannte:

»Wir können in den höheren Weltreligionen einen sich verzweigenden Familienstammbaum sehen... Für mich bedeutet dies eine einsame Pilgerschaft, denn ich muß Ansprüche christlicher Positionen aufgeben, was jeder im Westen, den ich kenne und liebe, sich nicht vorstellen könnte zu tun.«

Nicht nur C.F. Andrews und Romain Rolland, sondern auch Sir George Rainy, ein Mitglied der Ermittlungskommission von Champaran, verglich Gandhi wegen seiner Leidenschaft für Selbstdisziplin mit dem heiligen Paulus. Andrews verglich ihn auch mit Franz von Assisi. Im Vergleich mit Paulus liegt eine gewisse Ironie, denn Gandhi fühlte sich nicht besonders zu Paulus hingezogen. Er schrieb 1928:[10] »Ich fand einen großen Unterschied zwischen der Bergpredigt und den Briefen des Paulus. Sie sind der Lehre Christi aufgepfropft, seine eigene Deutung, die mit der Erfahrung Christi nichts zu tun hat.« Und doch schickte er, als er anläßlich der Kampagne von Chamaparan in Mutihari weilte, seinem Neffen Maganlalbhai als »Geschenk« das berühmte Wort des Paulus aus 1.Kor.13: »Und ob ich wohl mit Menschen- und mit Engelszungen redete.... aber die Liebe ist die größte unter ihnen.«

Bei seinen Gebetstreffen hielt Gandhi gelegentlich Vorlesungen über die Bibel, und diese Praxis stieß auf einigen Widerstand. Im November 1926 schrieb er eine Reihe von Artikeln über die Bergpredigt im *Young India* und urteilte, »daß Jesus in diesen Versen eine Definition des vollkommenen *dharma* gegeben hat«. Aber der Vers Matth. 5,22 störte ihn: »Wer mit seinem Bruder zürnt, der ist des Gerichts schuldig«, und er kommentiert: »Diese Worte widersprechen dem *ahimsa*-Prinzip Jesu.«[11] Der Leser möge bedenken, daß all dies in einem Artikel verhandelt wurde, in dem es um das praktische Problem ging, wie man mit verrückten und umherstreunenden Hunden zu verfahren habe, was für die Jains von großem Interesse war. Im Jahr 1926 zog sich Gandhi vom öffentlichen Leben in den Ashram von Sabarmati zurück. Im selben Jahr hielt er Vorträge speziell zur Bibel, die aber unvollständig blieben, da er am 3. Dezember 1926 nach Wardha aufbrach. Er hatte jedoch bereits festgestellt, daß die Bergpredigt *yamas* enthalte (die wichtigsten spirituellen Übungen), und daß im Herrengebet »alles enthalten ist, was die wenigen Buchstaben des *Gayatri Mantra* bedeuten... nämlich Ideen, die in der Sprache einer jeden Religion wiedergegeben werden könnten.«[12] Damit nimmt er die Kritik an jenen vorweg, die später vom »unbekannten Christus im Hinduismus« sprechen sollten. In einem signifikanten Satz soll er gegen Ende seines Lebens folgendes gesagt haben:[13] »Er fügte hinzu, daß Jesus Christus zwar als nur den Christen gehörend betrachtet werden könne, daß er tatsächlich aber keiner Gemeinschaft oder Gruppe gehöre, insofern die Lehren, die Christus gegeben hat, der ganzen Welt gehören.« Darin spiegelt sich wider, was er Jahrzehnte zuvor Mrs. Polak gegenüber bemerkt hatte, daß nämlich ein guter Hindu der wäre, der ein guter Christ sei, und daß es darum nicht nötig wäre, »Christ zu werden, um an die Schönheit der Lehren Jesu zu glauben oder seinem Beispiel zu folgen«. Das orthodoxe Christentum, so schrieb er einem Schweizer Freund im Jahre 1936, habe die Botschaft Jesu verdreht. Er war sich mit einigen Führern der bengalischen Rennaissance einig, daß Jesus ein Asiate war. Eine Folge von Weltreichen, von den Römern bis hin zu den Briten, habe die ursprüngliche Botschaft so überlagert (abgesehen von theologischen Gedankengebäuden), daß sie beinahe unkenntlich geworden sei. Gandhi verweist hier auf ein typisches Merkmal, das den Interpreten des 20. Jahrhunderts in bezug auf ihre eigene Tradition gemeinsam ist, nämlich das Bedürfnis, zur Urbotschaft zurückzugehen und der Anspruch, daß gerade diese Urbotschaft für die gegenwärtige Menschheit relevant ist.

Die vielleicht interessanteste Frage steht aber noch im Raum. Was hielt Gandhi von der Person Christi? Auf den ersten Blick und unter Berücksichtigung dessen, was wir bereits unter dem Stichwort »theologische Probleme« gesagt haben, müßte die Antwort zwangsläufig negativ sein. Das Problem ist jedoch vielschichtiger. Romain Rolland schreibt auf dem Weg von der Round-Table-Konferenz 1931 in sein Tagebuch[14], nachdem Gandhi die vatikanischen Museen besucht hatte: »... er sieht auf dem Altar ein Kruzifix aus dem 14. oder 15. Jahrhundert, sehr steif und harsch, und dieser eine Gegenstand ist es, der ihn innerlich bewegt«. Der Dokumentarfilm über die ganze Reise hat diesen Augenblick aufgezeichnet, und Gandhi erscheint hier tief ergriffen beim Anblick des gekreuzigten Christus. Auf dem Weg in die Heimat, als sich das Schiff Bombay näherte, wurde Gandhi um ein Weihnachtsbotschaft gebeten.

Es war 4 Uhr früh am Weinachtsmorgen und noch dunkel. Eine Gruppe von Katholiken, Protestanten und seine hinduistischen Begleiter waren auf dem Boden um Gandhis eingehüllte Gestalt versammelt. Es war seine übliche Gebetsstunde. Die Botschaft lautete: Erst wenn im individuellen und kollektiven Leben Frieden eingezogen sei, können wir davon sprechen, daß Christus geboren ist. Die Geburt Christi wäre dann ein immerwährendes Ereignis, das das Leben aller Menschen erleuchtet. Das Christentum sei bisher noch nicht verwirklicht worden. Wenn wir einander vollkommen lieben könnten und keine Gedanken der Vergeltung hegten, nur dann würde unser Leben christlich sein. Hatte Gandhi, der Mann des Friedens und der Versöhnung, nicht in das Herz der Lehre des Friedensfürsten geschaut?

Aber es gibt auch andere Äußerungen. Einen Brief von Raj Kumari Kaur, der im *Harijan* 1937 publiziert worden war, kommentiert Gandhi so:[15] »Im Hinduismus gibt es genug Raum für Jesus, wie auch für Mohammed, Zoroaster und Moses. Für mich sind die verschiedenen Religionen wunderbare Blumen aus *einem* Garten oder Zweige *eines* majestätischen Baumes.« Dies kann verschieden interpretiert werden: im Sinne der Gastfreundschaft des Hinduismus, oder in dem Sinne, daß Jesus von Mohammed u.a. *verschieden* ist. Aber wie ist er dann verschieden? Wir müssen diese Frage allgemeiner angehen, da Gandhi keine direkte Antwort gibt. Zu Missionaren in Kalkutta sagt er 1925:[16]

»Durch diesen (historischen) Jesus erlebe ich in meiner spirituellen Erfahrung keine Bereicherung. Aber wenn sie von dem ewigen Jesus sprechen, wenn sie mit Jesus die Religion der universalen Liebe meinen, die im Herzen wohnt, dann kann ich sagen, dieser Jesus lebt in meinem Herzen – in derselben Weise wie Krishna oder Rama darin leben. Würde ich nicht die Gegenwart des lebendigen Gottes angesichts der leidvollen Dinge, die ich in der Welt sehe, spüren, ich müßte ein rasender Wahnsinniger sein und mein Ziel wäre der Hooghli-Fluß. Da jedoch dieser dem Herzen Einwohnende strahlt, bin ich niemals ein Pessimist gewesen, jetzt oder jemals zuvor.«

Der christliche Theologe findet hier vielversprechende Ansätze, wird dann aber auch wieder enttäuscht. Wir wollen uns nun einem anderen Aspekt zuwenden. Gandhi unterscheidet zwischen dem historischen Jesus und dem ewigen Jesus. Der historische Jesus wurde geboren und starb am Kreuz. Ich habe keine explizite Erwähnung der Auferstehung in Gandhis Schriften gefunden, aber das Material ist so weit gefaßt und komplex, daß ich nicht mit Sicherheit sagen kann, daß es nicht etwas dazu gibt. Der einzige Hinweis, den ich finden konnte, hat einen eher komischen Zug. In der Auseinandersetzung mit christlichen Vegetariern, die behaupteten, daß Jesus auch Vegetarier war, erinnert Gandhi sie daran, daß es Berichte gäbe, denen zufolge Jesus nach der Auferstehung gebratenen Fisch gegessen haben solle! Der Hindu jedenfalls bedarf keines besonderen »Ereignisses«, um zu der Überzeugung zu kommen, daß der Tod nicht das Ende ist. Er glaubt an einen Kreislauf von Geburten und

Toden. Wie und ob es auf dem Hintergrund eines solchen Modelles ein Eschaton gibt, werden wir diskutieren, wenn wir uns mit *moksha* befassen. Meint Gandhi schließlich (dies ist nicht eine Stufe in seinem Argumentieren, sondern eine Phase in seinem Bekenntnis), daß der ewige Jesus der ewige Krishna oder der ewige Rama *ist*? Oder meint er, daß *jeder* in seinem Herzen lebt, jeder gleichsam mit seinem eigenen Charakter und Geschmack? Man kann Gandhi hier weder auf das eine noch auf das andere Argument festlegen. Was Gandhi in Jesus findet, ist die Verkörperung der universalen Liebe. Er kann, wenn er über ewige Ereignisse spricht, die »wunderbare Geburt« und »das Kreuz« als solche einbeziehen.

Gandhi hat über die herausragenden Ereignisse im Leben Christi mehr als irgendein anderer moderner Hindu geschrieben. Mit seiner Hindu-Perspektive fügt er dem Verständnis dieser Ereignisse eine Dimension hinzu, die sogar einem Christen bei der Interpretation entsprechender Stellen des Neuen Testamentes Neues eröffnen kann. So schreibt er über die Versuchungen Christi:[17]

»Wenn er (ein Mensch) die erste Versuchung (den Hunger) überwindet, dann meistert er seine Sinne. Dies verleiht ihm Kraft. Genau diese Kraft ist die zweite Versuchung... Wenn ein Mensch diese Kraft meistert, beherrscht er die *siddhis* (die Wunderkräfte). Diese *siddhis* sind die dritte Versuchung.«

Die Taufe Christi durch Johannes interpretiert er aus seinem hinduistischen Verständnis als Initiation durch einen Guru[18], und er sagt, daß Jesus »absichtlich die Taufe von einem empfangen habe, der ihm gegenüber nicht mehr als ein Diener im spirituellen Rang sein konnte«.[19] Die Guru-Idee ist in jüngster Zeit von christlichen Theologen in Indien untersucht worden, aber die Beziehung zu Christus läßt sich so nicht erfolgreich herstellen, da der Guru in der Hindutradition ein Lehrer ist, aber kein Mittler. Die Rollen von Guru und Schüler können sogar vertauscht werden. Gandhi spricht wiederholt von Jesus als »einem Diener der Menschen oder einem spirituell Suchenden«. Nimmt man die Idee der Initiation durch einen Guru auf, so ergibt sich daraus folgerichtig der Begriff des spirituellen Suchers. Mit der Initiation tritt Christus Gandhis Meinung nach in ein neues Leben ein, das die Christen als »Dienst« bezeichnen. Die folgende Passage zeichnet das Bild Christi, wie Gandhi es wahrnimmt, so einleuchtend, daß ich sie ganz zitieren möchte:[20]

»Er war ein Diener der Menschen und ein spirituell Suchender. Die erste Lektion, die er in der Taufe durch Johannes lernte, war die der Demut und Selbstreinigung. Er wollte sich mit den Millionen verbinden, indem er die Taufe und das Bad im Jordan empfing.«

Gandhi setzt den Dienst am Menschen und spirituelle Suche gleich, denn für ihn ist spirituelle Suche gleichbedeutend mit immer größerer Identifikation mit den leidenden Massen. Das Aufeinanderfolgen von Taufe, Fasten und den Versuchungen ist für Gandhi ohne weiteres plausibel. Er erblickt darin eine sukzessive Disziplin, einen fortschreitenden Prozeß der Selbstreinigung, einen Test, welchem sich jeder Mensch unterziehen muß. Der Leser muß jedoch wissen, daß diese ganze Erörterung, die genug Stoff für weitere theologische Untersuchungen bietet, hier mit einer Diskussion über *khadi*, die heimgesponnene Kleidung, die für Gandhi *sein* besonderes Symbol der Identifikation mit den Armen war, verbunden ist.

Gandhi denkt also in Kategorien der »Universalität« Christi, was Verschiedenes bedeuten kann. Gandhi formuliert es so:[21]

»Jesus drückte wie kein anderer den Geist und Willen Gottes aus. In diesem Sinne betrachte ich ihn als den Sohn Gottes. Und weil das Leben Jesu die Bedeutung und Transparenz hat, auf welche ich angespielt habe, glaube ich, daß er nicht allein dem Christentum gehört, sondern der ganzen Welt, allen Rassen und Völkern.«

Das heißt nicht, daß jene, die den Namen Jesu Christi nicht gehört haben, den Willen des Herrn nicht tun könnten.[22] Im folgenden Jahr (1936) nennt er Jesus »einen großen Weltenlehrer unter anderen« und sagt: »Er hat auf mein Leben nicht weniger Einfluß nur weil ich ihn als einen von vielen gezeugten Söhnen Gottes betrachte«,[23] und im Jahr darauf erklärt er: »Jesus predigte nicht eine neue Religion, sondern ein neues Leben.«[24]

In einem Brief an seinen christlichen Freund J.C. Kumarappa schreibt Gandhi:[25] »Für mich war Jesus vor allem ein Mensch von unerschütterlicher Entschlossenheit, z.B. in seinen Gelübden. Sein Ja blieb ein Ja.« Daß Jesus durch seinen Tod und sein Blut die Sünden der Welt gebüßt haben sollte, konnte sein Verstand nicht akzeptieren. Sein Tod am Kreuz war ein Beispiel für die Welt, daß davon aber eine geheimnisvolle oder übernatürliche Wirkung ausgehen sollte, war seinem Herzen fremd. Christus war »der Fürst der *satyagrahis*«, denn seine einzige Waffe war die Waffe der Liebe. War es nicht eine Ironie, daß gerade der Mensch, der die Trennung zwischen Juden und Heiden aufgehoben hatte, zur Kultfigur einer Gemeinschaft werden sollte, die sich als privilegierter Empfänger einer besonderen Offenbarung betrachtete?

Dennoch bildete das beispielhafte Leiden Christi in Gandhis Leben, wie er sagte, »einen Faktor in der Herausbildung meines unsterblichen Glaubens an Gewaltlosigkeit«, und dieser Glaube war es, der all sein Handeln bestimmte. Es ist die Pflicht des Menschen, die Bande der Liebe zwischen Mensch und Mensch zu festigen. Jesus war bereit, am Kreuz zu sterben, und so sollte jeder dazu in gleicher Weise bereit sein. Gandhis Lebensziel war die Begründung einer gewaltfreien Gesellschaft. Damit kommt er der christlichen Vorstellung vom Reich Gottes wesentlich näher als dem *moksha*-Konzept der hinduistischen Tradition. Aber jede Gemeinschaft müsse das eigene Haus in Ordnung bringen, durch den Wechsel des Etiketts wäre nichts gewonnen. Die göttlichen Kräfte seien in jedem Menschen unendlich, doch werden sie in einigen – wie bei Christus und Buddha – in paradigmatischer Form sichtbar. Das neue Jerusalem müsse Stein für Stein von unten erbaut werden, es falle nicht vom

Himmel. Mit der Stadt Gottes meinte Gandhi zweifellos ein »Dorf Gottes«. Gandhis Lebenswerk bestand darin, mit Fürstentümern und Gewalten zu ringen; und hier fühlte er eine tiefe Verwandtschaft mit dem Menschensohn, der mit staubigen Füßen den steinigen Pfad zum Ölberg ging, der Gutes tun wollte und mit den Autoritäten, einschließlich den Führern seiner eigenen Gemeinschaft, in Konflikt geriet. Jesus, der Menschensohn, war Gandhi vertraut wie ein Bruder. Indem Gandhi seine Freunde und Mitstreiter darauf hinwies, daß Christus nicht der exklusive Besitz des Christentums sei, sondern allen Menschen gehöre, erinnerte er die Welt an etwas längst Vergessenes, wie Romain Rolland nicht müde wurde zu betonen. Er schärfte das Gewissen der Menschen guten Willens aller Traditionen und Glaubensrichtungen und wies ihnen den Pfad der Selbsthingabe und Liebe.

Ergänzend möchte ich hinzufügen: Im Jahre 1932 sandte Rabindranath Tagore einen Brief an C. F. Andrews[26] und drückte darin seine hohe Wertschätzung für dessen Schrift »Was ich Christus schulde« aus. Gandhi, Tagore und Andrews verband trotz mancher Unterschiede im Temperament eine innige Freundschaft, eine Bruderschaft verwandter Seelen. In diesem Brief schreibt Tagore:

»Der Selbstausdruck des christlichen Lebens ist die tätige Liebe. Für einen Hindu ist es die kontemplative Liebe, die die spirituelle Emotion als ein Ziel in sich selbst ansteuert... Meine Vorstellung des Göttlichen hat ihren Mittelpunkt im Menschen, dem Ewigen, und dies finde ich in Ihrer eigenen religiösen Erfahrung wieder. Sie haben dieselbe Idee, konzentriert in einer konkreten historischen Persönlichkeit.«

Wie beurteilte Gandhi Tagores Charakterisierung des christlichen und hinduistischen Lebensweges? Gandhi fand in der hinduistischen Tradition, wenn wir das richtig gesehen haben, einen *nicht-kontemplativen* aktivistischen Zug, den er als Leitfaden für das Leben der sich mühenden Millionen seines Landes stärker herausarbeitete. Tagore, Künstler, der er war, beschreibt seine eigene künstlerische Vision von einer Welt, die es zu rühmen gilt, und von einer Ewigkeit, die uns mit gefalteten Schwingen winkt. Eins waren Tagore und Gandhi in ihrem Vertrauen in den Menschen, den Ewigen, der mit potentieller Göttlichkeit begabt ist. Wie das Wort »tätige Liebe« einzigartig gelungen den Selbstausdruck des christlichen Lebens widerspiegelt, so beschreibt es ebenso großartig das, wovon Gandhi glaubte, daß es das menschliche Leben ist.

Aber Gandhi wußte, daß wir in der tätigen Liebe immer Anfänger sind. Gegen Ende seines Lebens schrieb er: »Spirituelle Kraft ist wie jede andere eine Kraft zum Dienst am Menschen.«[27] Dies trifft in gewissem Sinne zu, in anderer Hinsicht nicht. Denn obwohl die Macht der Liebe den Menschen wohl von Anbeginn bekannt gewesen ist, ist das Potential dieser das Individuum und auch die Gesellschaft transformierenden Kraft bisher kaum erforscht worden. Gandhi hielt freiwillige Organisationen und Gruppen von zwei oder drei Menschen am geeignetsten dafür, diese Kraft zu aktivieren. Der Hinduismus ist keine institutionalisierte Religion. Unter dem Oberbegriff des Christentums hat es auch Betrug, Heuchelei und ausbeuterische Strukturen, wie z.B. den Kolonialismus, gegeben, also vieles, wogegen es einst angetreten war. Kann es eine schönere Vision für den Menschen geben als ein Leben, in dem die Liebe die treibende Kraft ist? Tagores tiefsinnige Bemerkung bringt uns Gandhi im innersten Verlangen seines Herzens etwas näher.

Experimente
mit der Wahrheit

An Gandhis Beziehung zum christlichen Denken anknüpfend, wobei wir die von ihm getroffene Unterscheidung zwischen Christus, Christentum und Christen voraussetzen, könnte man vielleicht sagen, daß für ihn »der Weg, die Wahrheit und das Leben« nicht in einer Person oder *Der* Person inkarniert sind, und daß von diesen dreien sein Verständnis der Wahrheit Schlüssel zu den anderen ist. Man könnte Gründe anführen, dieses Problem auf sich beruhen zu lassen, was aber doch nicht wirklich berechtigt wäre, insofern der Begriff »religiöses Denken« selbst, das Thema dieser ganzen Studie, ein Ausdruck ist, über den Gandhi selbst ziemlich unglücklich gewesen wäre.

Mit der Wahrheit zu experimentieren ist in der indischen Tradition nicht neu, wenn wir unter diesen Allgemeinbegriff sowohl hinduistische als auch jainistische und buddhistische Traditionsströme zusammenfassen. Yoga-Praxis und meditative Techniken gehören ebenso in diese Kategorie. Wir müssen Gandhis Experimente auf diesem Hintergrund betrachten, um das Besondere daran zu erkennen. Die Experimente waren Teil seiner persönlichen Askese. Aber anders als, sagen wir Sri Ramakrishnas »Übungen«, waren sie im wesentlichen nicht auf Innerlichkeit ausgerichtet, sondern verbunden mit etwas, das der von den Marxisten sogenannten »Praxis« nahekommt. Gandhi führte seine Experimente in aller Öffentlichkeit durch, und auch wenn er nicht immer erfolgreich war, glaubte er doch an ihren Wert, indem sie auf etwas hinwiesen, das andere, wenn sie nur wollten, für sich selbst entdecken konnten. Vor allem aus diesem Grund fanden seine Experimente oft im gemeinsamen Ashramleben, einem kommunitären Lebensstil, ihre natürliche Verwirklichung und Anwendung. Aber auch unabhängig von den Ashrams waren seine »Experimente« so angelegt, daß sie andere Menschen einbezogen.

Wer sich mit Gandhis Denken beschäftigt hat, weiß, daß er in seinem Leben an einen Punkt kam, wo er die Formulierung »Wahrheit ist Gott« derjenigen vorzog, die sagt: »Gott ist Wahrheit«. Das Wort Wahrheit ersetzt nicht den Begriff Gott, sondern beschreibt, was »Gott« für Gandhi bedeutet. Die neue Formulierung geht zurück auf eine Begegnung mit atheistischen Wehrdienstverweigerern in Lausanne im Jahre 1931, für die zweifelsohne der Gottesbegriff ein Stolperstein war. Als Student in London, so erinnern wir uns, war Gandhi mit einer freidenkerischen Haltung bekannt geworden, die ihm auch in gewissen Zirkeln im Calcutta seiner Tage hätte begegnen können, die aber für einen Jugendlichen aus Porbandar etwas völlig Neues war. Für Gandhi war Atheismus nichts anderes als »eine Sahara«, doch schätzte er die moralische Ernsthaftigkeit von Menschen wie Charles Bradlaugh (dessen Begräbnis er besuchte), die er nur bewundern konnte. Vielleicht waren andere Sucher, auch ohne einen religiösen Glauben, auf dem Weg der Wahrheit, und dieser Begriff stand für die wirkliche Zielrichtung im Streben des Menschen nach etwas Besserem, sei dies nun eine neue soziale Ordnung oder ein neuer individueller Lebensstil? Zur Gemeinschaft der Wahrheitssuchenden gehörten Wissenschaftler, die das Reich der Natur erforschten, Künstler, die Werke der Schönheit schufen, und Dorfbewohner, die ihrem traditionellen Lebensstil mit Demut und unendlicher Geduld folgten. Es war kühn, all das, was für Gandhi zum Wesen des Menschlichen gehörte, daß nämlich der Mensch ein strebendes Geschöpf ist, in dieser einen Idee zusammenzufassen. Gandhi spricht hier für alle, die den Gottesbegriff problematisch finden. In gewissem Sinne erkennt er, daß das Wort »Gott« selbst das größte Hindernis darstellt. Für ihn liegt das Schwergewicht nicht auf dem Reden über Gott. Wir haben bereits erwähnt, daß er mit denen, die bloß »über Religion reden« wollten, sehr ungeduldig sein konnte. Wer lediglich an »religiöser Sprache« interessiert war, befand sich auf dem falschen Weg. Gandhi hat viel gemeinsam mit dem Einen, der Fragenden mit dem kurzen Hinweis antwortete: »Hüte meine Schafe.« Gandhis Wahrheit war eine einzigartige Kombination von persönlichem Lebensstil und einer Methode, Ungerechtigkeiten anzupacken, und damit hob er sich vom Wahrheitsbegriff der Philosophen markant ab.

Und doch schwingen in dem Wort »Wahrheit« metaphysische Anklänge aus der Hindutradition mit, so daß der aufmerksame Zuhörer auf diese Töne genau achtgeben muß, die wie ein wiederkehrendes Motiv in der indischen Musik inmitten einer Arabeske von Klängen immer wieder hörbar werden. Meine Metapher ist mit Bedacht gewählt. Gandhi spricht oft davon, auf die Wahrheit eingestimmt zu sein. Von allen Künsten liebte Gandhi vermutlich die Musik am meisten, und *bhajans* waren ein fester Bestandteil seiner Gebetstreffen. Er erwähnte einmal gegenüber Dilip Kumar Roy, dem Sänger und Musikwissenschaftler, daß er sich »die Evolution des religiösen Lebens Indiens ohne seine Musik nicht denken könne«. Die indische Musik lebt wesentlich von der Wiederholung, sowohl die von Kennern geliebte klassische Musik als auch die religiösen Gesänge des Volkes. Was aber ist das Grundthema? Hier nun stoßen wir nicht auf eine einzige Generalbaßnote, sondern auf einen Raga, der im Rahmen eines festgelegten Musters variiert werden kann. Dieses Muster findet sich in Gandhis Denken, die Variationen sind das Werk eines Meisters.

Gandhi beschreibt in seiner Autobiographie, welch großen Eindruck das Drama *Harishchandra* auf ihn als Jugendlichen gemacht habe. König Harishchandra kann als eine Art hinduistisches Gegenstück zu Hiob hinsichtlich der Prüfungen, denen er unterzogen wird, betrachtet werden: Der Asket Vishvamitra schließt eine Wette ab, daß er König Harishchandra zum Lügen verleiten könne. Nachdem der König in die Falle gegangen war und ein Versprechen geleistet hatte, verliert er seinen gesamten Besitz; doch Vishvamitra bietet ihm an, alles zurückzugeben, wenn Harishchandra einwilligen würde, vorzugeben, das Versprechen niemals geleistet zu haben. Als sich der König weigert, widerfahren ihm eine Reihe von Unglücksfällen. Die tragische Geschichte entwickelt sich, und am Ende muß Vishvamitra eingestehen, daß er geschlagen ist. Die Götter geben Harishchandra und der Königin ihre ursprüngliche Lebenssituation wieder. Hiob sollte Gott verfluchen, Harishchandra sollte die Unwahrheit sagen. Harishchandra ist für Gandhi ein idealer Wahrheitszeuge, ein Mensch, der seine Gelübde hält und alle Arten von Prüfungen erträgt. Wie Rama ist auch er ein idealer König und sorgt sich um sein Volk. Er »folgt der Wahrheit«, wie Gandhi in seiner Autobiographie bemerkt.

In den Upanishaden sind die Verweise auf Wahrheit so dick gesät wie die Blätter in den Wäldern von Aryavarta. In der *Taittiriya-Upanishad* heißt es: »*Brahman* ist ewige Wahrheit, unermeßliche Intelligenz.« Unwahrheit wird durch Wahrheit besiegt, wie Licht die Dunkelheit überwindet. Wahrheit als *sat* ist Raum und Zeit transzendent. Das Morgengebet im Ashram von Wardha schließt folgende berühmte Zeilen ein: » Von Unwahrheit führe mich zur Wahrheit, von Dunkelheit führe mich zum Licht, vom Tod führe mich zur Unsterblichkeit.« Das Ashram-Bhajanavali (Liederbuch) enthält auch diesen Vers:»Früh am Morgen denke ich das Eine, das im Herzen gespürt wird, das ist *sat* (das Ewige), *cit* (Erkenntnis) und *sukha* (ein Zustand, der von vollkommenen Menschen erlangt wird und transzendent ist). Während der Vykom-Kampagne für die Zulassung von Harijans zu den Tempeln im Jahre 1925 zitierte Gandhi einen Vers aus dem *Mahabharata*:»Es gibt kein *dharma* außer (oder höher als) die Wahrheit.« Im *Mahabharata* heißt es auch:[1] »Lege tausend *yajnas* (Opfer) auf die eine Waagschale und Wahrheit auf die andere – Wahrheit wiegt schwerer.« *Rama Rajya* wird oft als *satyayuga*, das goldene Zeitalter der Wahrheit, bezeichnet. Auch Manu erwähnt Wahrheit als »die gemeinsame Pflicht aller vier Kasten«. Der Wahrheit wird Kraft und Sieg zugesprochen. Die Rishis, die Weisen, verkünden *satyameva jayat nanrtam* (Wahrheit allein ist siegreich, niemals die Lüge). Gandhi versteht die ganze Hindutradition als eine »unerbittliche Suche nach Wahrheit«.

Wir haben bisher von Wahrheit immer als *sat* gesprochen, als ontologisches Absolutes oder, in westlicher Terminologie, als Sein. Charakteristisch für den hinduistischen Ansatz ist es, die Suche nach *sat* oder *Sein* nicht vorwiegend als Problem der rationalen Erkenntnis zu betrachten (das unvermeidlich in der klassischen Sackgasse mündet, daß das zu Erkennende transzendent und der Erkennende endlich ist), sondern als Ziel *allen* menschlichen Strebens, das alle Energien des Menschen erfordert. Der Mensch sehnt sich nach *sat* »wie der Hirsch nach den Wasserbächen lechzt«. Die Ähnlichkeit zwischen der Sprache der Psalmen und der Frömmigkeitsliteratur Indiens ist so verblüffend, daß ich es mir nicht versagen kann, auf diese viel zu sehr vernachlässigte Übereinstimmung so unterschiedlicher Traditionen aufmerksam zu machen. Gandhi war kein professioneller Philosoph. Aber er verkörpert sein eigenes Erbe so umfassend, daß ihm der Gedanke, der Mensch sei im Ontologischen verwurzelt, selbstverständlich war. Dies findet er bestätigt in der religiösen Literatur des Volkes, ganz besonders in Gujarat. Er gebraucht gelegentlich auch das Wort »wahrhaftig« als Bezeichnung für einen Menschen oder eine Handlungweise, in der das klare Licht des *sat*, das paradigmatisch existiert, durchscheint. Ein Lieblingsvers in Gujarati von Shamal Bhatt wird von Gandhi oft zitiert :

»Aber der wahrhaftig Edle erkennt alle Menschen als eins
und antwortet freudig mit Gutem auf Übel, das ihm angetan wurde.«

»Wirklich« und »wahrhaftig« haben im gewöhnlichen Sprachgebrauch ihren ursprünglich ontologischen Beiklang verloren. Man muß in der britischen Geschichte Jahrhunderte zurückgehen, um den Ausdruck »*good men and true*« im ursprünglichen Sinn gebraucht zu finden. Gandhi, dies können wir sagen, entdeckt die ontologische Wurzel, aus der unser gewöhnlicher Gebrauch von »wahr«, »wahrhaft«, »wahrhaftig« gewachsen ist. Wahrheit als ontologischen Grund und *sat* als ursprüngliche Existenz, als *Sein*, zu verstehen, wird durch eine lange Geschichte in der indischen Tradition gestützt.

Aber neben dem Ontologischen gibt es auch das Ontische – Wahrheit im Bezug auf das real Gegebene. Durch seine Ausbildung als Rechtsanwalt hatte es Gandhi mit Tatsachen zu tun. Im April 1894 begann er als frischgebackener Rechtsanwalt in seinem ersten großen Fall Fakten, die mit dem Dada Abdullah-Fall in Südafrika verbunden waren, auszugraben. In jeder Phase, in jeder Kampagne, die er während seines langen politisch engagierten Lebens durchführte, wurden peinlich genaue Aufzeichnungen gemacht. Bevor er sich auf eine Aktion einließ, mußten die Umstände gründlich geprüft worden sein. Mitarbeiter, die die Tatsachen verdrehten, wurden ernsthaft zur Rechenschaft gezogen. So kamen z.B. Mitarbeiter, die berichteten, daß die Häuser in Beliaghata (ein Distrikt in Calcutta) während der Tage des Aufruhrs »in Grund und Boden gestampft« worden seien, nicht gut weg. Gandhi vermutete nämlich, daß in dieser besonderen Gegend die Dinge nicht einen solch extremen Verlauf genommen haben könnten. So nahm er einige Freiwillige mit sich und prüfte die Dinge an Ort und Stelle. Es war richtig, Fenster und Türen, manchmal auch die Dächer waren beschädigt worden. Es gab Blutspuren an den Wänden, aber die Häuserwände standen noch. Zu behaupten, der ganze Distrikt sei »dem Erdboden gleichgemacht worden«, war eine »Unwahrheit«.

Aber für Gandhi waren Fakten nicht nur Fakten. Ich habe zuvor schon gesagt, daß er sich von *Ereignissen angesprochen* fühlte. Wir verdrehen die Fakten, wenn wir in ihnen nur die nackten Tatsachen sehen. Eine Tatsache schafft Gelegenheit zum Handeln. Der Handlungsspielraum muß zwischen »den konkreten Tatsachen« und dem menschlichen Faktor, den Männern und

Frauen, die mit der Situation zu tun haben, ausgelotet werden. Die betroffenen Menschen wie die Spinnarbeiter in Ahmedabad, die Brahmanen von Vykom, die Hindus und Muslime von Patnakhali, sind, philosophisch ausgedrückt, Teil des »Gegebenen«. Die Anerkennung von Tatsachen schließt deshalb ein Verstehen dessen ein, was die Menschen bewegt und warum sie sich so verhalten, aber auch die Bereitschaft, durch Vorurteile und Haßgebärden hindurch den Menschen und in diesem Menschen ein Reservoir von guten und bösen Kräften zu sehen. Gandhi war Humanist genug (»Humanist« ist ein viel zu geringes und verbrauchtes Wort), um zu glauben, daß die Kräfte des Guten auf der anderen Seite überwiegen würden.

Wie nun die Wahrheit mit Fakten verknüpft ist und die Fakten wiederum mit der menschlichen Komponente in konkreten Situationen, muß mit Gandhis Verständnis der Beziehung von Mensch und Natur zusammengesehen werden und der Frage, wie die natürliche Welt mit der ontologischen Ebene, von der wir früher gesprochen haben, verbunden ist. Im Hindi gibt es einen Ausspruch, den Gandhi oft zitierte und der besagt, daß alles Gott »gehört«. Sehr spät, nämlich im Februar 1947[2], ein knappes Jahr vor seinem Tod, bekräftigte er seinen Standpunkt, daß, da alles Gott angehöre, alles Seinem (sic) Volk als Ganzem und nicht einem besonderen Individuum gehöre. Die Hauptdiskussion drehte sich hier um die Theorie der Haushalterschaft. Gandhi scheint in seinem Denken zu der in der westlichen Tradition bekannten Theorie der zwei »Naturen« gefunden zu haben – der Natur als blutrünstig und verschlingend und der Natur als Ideal. Er spricht von den »Kräften der Natur« und auch von Seelenkraft. In einem Gespräch über Dorfrepubliken und moderne Zivilisation sagte er[3]: »... da ist in meinen Augen wirkliche Zivilsation, wo die Kräfte der Natur mit Zurückhaltung gebraucht werden.« Nicht nur der Mensch, auch die Natur dürfe nicht ausgebeutet werden. Im folgenden spricht Gandhi für viele Traditionen:[4] »Ich kann deutlich sehen, daß es nichts gibt, das so barmherzig ist, wie die Natur. Und Natur ist Gott. Gott ist Liebe. Und wer hätte nicht unter dem Hieb der Liebe gelitten.« Gandhi versteht das »tägliche Spiel der Natur« nicht als etwas dem Menschen gegenüber Indifferentes oder, im Schulbuchjargon, als ein »natürliches Übel«. Hiermit steht er im Widerspruch zu einer starken Strömung im Hinduismus, die das Übernatürliche (*alaukika*) und außerordentliche Kräfte als Zeichen spiritueller Stärke betrachtet. Von einigen Leuten über Wunder befragt, konterte er:[5] »Was ist Gutes daran, die Natur umzukehren?« Er glaubte unerschütterlich an einen Zusammenhang zwischen dem Leben des Geistes und den Gesetzen der Gesundheit. Seine Diätexperimente sind eine Geschichte für sich, und er zählte sie gewiß auch zu seinen Experimenten mit der Wahrheit. Man kann sehen, daß der Vegetarismus mit seiner Forderung übereinstimmt, die Kräfte der Natur mit Zurückhaltung zu gebrauchen. Obwohl zu Gandhis Zeit noch keine Statistiken geführt wurden, ist heute allgemein anerkannt, daß die Haltung von Rinderherden, die notwendig sind, um eine nicht-vegetarische Diät zu garantieren, den Einsatz einer viel größere Menge an Getreide verlangt als eine vegetarische Diät.

Als Gandhi eingeladen war, im Rotary Club in Calcutta zu sprechen, haftete der Wahl seines Themas etwas Mutwilliges an, da er über »Die ökonomische und spirituelle Bedeutung des Spinnrades« sprach. Die Audienz (wohlhabende Geschäftsleute) muß fassungslos gewesen sein! Seine Rede beweist jedoch klar die Verbindung zwischen Ökonomie und den sogenannten spirituellen Belangen, traditionell gesprochen, die Verbindung zwischen *artha* (Reichtum) und *dharma* (Gerechtigkeit). Er sagte:

»Der spirituelle Aspekt entspringt aus ihm (dem ökonomischen). Ich lese mit lebhaftem Interesse Drummonds ›Naturgesetz in der spirituellen Welt‹. Wenn ich seine leichte Feder hätte, könnte ich besser darlegen, daß es ein spirituelles Gesetz in der natürlichen Welt gibt.«

Gandhis Umkehrung der Drummondschen Formulierung wiederholt das alte Balance-Prinzip des griechischen und indo-arischen Denkens, das als bewußte Maxime in der heutigen Umwelt-Politik wieder auflebt. Wenn in der Natur ein spirituelles Gesetz am Werk ist, ist es sinnvoll, Krankheit mit natürlichen Mitteln entgegenzutreten, denn Krankheit ist »eine Verletzung der Naturgesetze«. Ebenso sinnvoll ist es, möglichst viel ungekochte Nahrung zu essen (was auch immer Lévi-Strauss über den Fortschritt der Zivilisation gesagt haben mag). Gandhi hat viele Eigenwilligkeiten seiner Diät offenbar von seinen Vegetarierfreunden in England übernommen. Außer im Punjab ist das Essen von Rohkost in Indien nicht sehr verbreitet, eher wird die Nahrung überkocht. Wonach hat Gandhi gesucht? Ökonomisches Wirtschaften, Naturnähe im täglichen Leben, oder zu zeigen, was wir tun können, um den Blutdruck niedrig zu halten durch Vermeidung von Salz? Vermutlich all dies. Und was ist daran religiös? Wenn des Menschen Natur »nicht *himsa*, sondern *ahimsa*« ist, muß sich dies in jedem Aspekt des Lebens zeigen. Daraus folgt der Vegetarismus. Wer seine Nahrungsgewohnheiten umgestellt hat, nachdem er erfahren hat, wie Hühner in Legebatterien gehalten werden oder wie Gänseleberpastete hergestellt wird, ist mit Gandhi auf der gleichen Wellenlänge.

Aber wie sollen nun die Kräfte der Natur mit Zurückhaltung gebraucht werden, da ja sowohl die äußeren Kräfte als auch die Kräfte im Menschen gemeint sind? Es bedeutet, kein Wasser zu vergeuden in einem Land, wo in einigen Gegenden bis zum heutigen Tag Trinkwasser von den Frauen durch lange Fußmärsche über Meilen hinweg geholt werden muß. Es heißt, die Bedürfnisse zu minimieren, damit es für alle reicht. Und es bedeutet selektive Entwicklung der Kräfte im Menschen selbst, und hier drückt sich Gandhi kompromißlos aus:[6] »Es ist nicht die Pflicht des Menschen, all seine Fähigkeiten zur Vollkommenheit zu entwickeln. Seine Pflicht ist es, all seine auf Gott gerichteten Fähigkeiten zur Vollkommenheit zu entwickeln und die gegenläufigen Tendenzen völlig zu unterdrücken.« Die Besonderheit des Menschen ist seine Fähigkeit zum moralischen Fortschritt. Gandhi begriff diese Fähigkeit als Selbstreinigung. Wir haben zuvor zwei Hauptströmungen in der indischen Kultur unterschieden, den Geist der Entsagung und den Geist, den es nach außen drängt und der die Kunst hervorbringt. Gandhi verkörpert in sich die Entsagung. Aber das außerordentlich Neue bei ihm war, daß er die Entsagung selbst zu einem Weg der kreativen Erfüllung der Menschen in ihrer kollektiven Existenz machte. Sucht man nach einem Kriterium dafür, was »Gott-entsprechende Tendenzen« sind, so werden wir von Gandhi wieder auf Wahrheit und Gewaltlosigkeit verwiesen. Wenn wir hier weiter bohren und zeigen, daß einige von Gandhis Experimenten, z.B. *brahmacarya*, auch Gewalt gegen den Menschen selbst mit sich bringen, so antwortet Gandhi darauf mit dem uralten Hindu-Glauben an den Wert der Bewahrung von Energie – einer Art vorfreudianischer Libidotheorie –, an ein ein Reservoir von Kräften, die, wenn man sie eindämmt, zur Kanalisierung in andere Richtungen freigesetzt werden.

Von allem, was über sein persönliches Leben bekannt ist, scheint er allen Menschen gegenüber barmherzig und gütig gewesen zu sein und nicht an den Grenzen der Familie Halt gemacht zu haben. So wie er die Grenzen von Glaubensbekenntnissen überwand, gingen auch seine persönliche Energie und Loyalität über die Familienbande hinaus und standen jedem zur Verfügung, der mit ihm in Verbindung trat. Eine Art von Sublimation vielleicht, aber aufs Ganze gesehen ein Pfad, von dem er glaubte, daß er ihn zu Gott hinführen würde, d.h. weg von einer engen Egozentrizität und dem begrenzten Horizont persönlicher Genugtuung. Der Mensch muß »seinen Platz inmitten anderer Geschöpfe« bestimmen und herausfinden, was im Leben ihn am meisten erfüllen könnte. Der zivilisierte Mensch durchschaut das Netzwerk der Beziehungen in der Natur und nutzt dieses Wissen, um Beziehungen aufzubauen und erkennt als letztgültige verpflichtende Kraft die Liebe.

Gandhi spricht von trennenden und einenden Kräften. Die Physik des 20. Jahrhunderts hat dem Menschen gezeigt, daß Energie durch Spaltung freigesetzt werden kann, eine kataklysmische Kraft, die zum Guten wie zum Bösen angewandt werden kann. Die Entsprechung auf der menschlichen Ebene hat es mit dem genau gegenteiligen Prozeß zu tun, dem Zusammenbringen von Menschen guten Willens und dem Erringen des Rechtes durch die Lebensenergie, die Ghandi Seelenkraft nannte. Aber wenn wir in dem Rahmen, der zur Nutzung zur Verfügung steht, diese dem Menschen innewohnenden Ressourcen erkennen, insbesondere, wenn sich der Mensch mit seinesgleichen verbindet, und wenn wir es als die Bestimmung des Menschen sehen, dem Aufbau einer neuen und gerechteren Ordnung zu dienen, wird deutlich, daß Wahrheit für Gandhi nicht nur das Faktische ist, sondern auch *sat*, das Ontische und Ontologische. Wir können das auch daran erkennen, wie er mit professionellen Wissenschaftlern zusammenarbeitete, deren Lebenswerk der Suche nach

Wahrheit im Universum gewidmet war. Er spürte dort dieselbe Hingabe, die er in sein eigenes Streben nach der Vision einer neuen Gesellschaft hineinlegte – einer freien Gesellschaft, einem Reich transformierter Beziehungen.

Natur war für Gandhi nicht nur etwas Gegebenes, ein Reservoir von Kräften, die man respektieren und mit Zurückhaltung zum Nutzen des Menschen gebrauchen solle, sondern eine Quelle der Inspiration. Dieser Aspekt seines persönlichen Lebens ist in den Schriften über Gandhi weitgehend vernachlässigt worden. An Dilip Kumar Roy schrieb er:[7] »Natur reicht für meine Inspiration aus. Habe ich nicht wieder und wieder auf das wunderbare Mysterium des gestirnten Himmelsgewölbes geblickt und bin doch dieses großen Panoramas niemals müde geworden? ... Versinkt neben Gottes Werk nicht das des Menschen zur Bedeutungslosigkeit?« Ähnliches äußerte er dem Künstler Nandalal Bose gegenüber anläßlich seines Besuches in Santiniketan 1945. Sie gingen gerade durch ein Gebäude, als das Sonnenlicht auf ein Muster von Rissen im Steinfußboden fiel. Gandhi hielt inne und starrte es an. Seine Begleiter überlegten nicht ohne Sorge, was seine Aufmerksamkeit in Anspruch nähme, denn sie wußten, daß er ein Reinheitsfanatiker war. War der Boden vielleicht nicht überall sauber? Aber er wandte sich um und fragte Nandalal, verwundert und doch in seinem unnachahmlichen schelmischen Ton: »Nandalal, kannst Du etwas so Schönes machen wie dies?« In einem Ort, der für seine Batikdrucke berühmt war, erwies sich Gandhi wieder als unermüdlicher und erdverbundener Lehrer. Mahadev Desai berichtet in einem Gujarati Artikel[8], daß Gandhi einem Frager geantwortet habe:

»Der Mensch, der sich im Gedanken an die wunderbare Schöpfung Gottes oder an die Schau der himmlischen Kuppel, die vom Mond und den zahllosen Sternen erleuchtet wird, in Ekstase verlieren kann, braucht die Bilder auch der bedeutendsten Künstler nicht.«

Zu demselben Fragesteller sprach Gandhi von der »spirituellen Freude im Lied eines Wanderers oder Bettlers, der natürlichen Schönheit des Himmels«. Es verwundert nicht, daß Gandhi auf der Kongreß-Sitzung in Faizpur, wo der Versammlungsort in der Nähe einer Harijan-Siedlung lag, von den Kongreß-Organisatoren verlangte, daß die Reinigungskräfte den Ort mit Dotterblumen und Besen und Körben ihres traditionellen Berufs dekorieren sollten. Zu feiern hieße, die Ärmsten der Armen zu beteiligen, die Gegenstände des alltäglichen Gebrauchs hätten ihre eigene Schönheit, auch die Werkzeuge, die von Arbeitern benutzt würden, denen eine ungerechte Gesellschaft die schmutzigste aller Aufgaben zugedacht hat – denn Arbeiten ist Beten.

Gottes *lila* (göttliches Spiel) wirkt auch im menschlichen Herzen. Deshalb erinnert Gandhi den Fragenden:

»Wer in seinem Herzen das Spiel des Göttlichen wahrzunehmen vermag, das sich auch am äußeren Himmel entfaltet, wird nicht viel darum geben, die herrliche Szenerie des Mondes und der strahlenden Sternenbilder zu betrachten.«

Es muß bemerkt werden, daß Gandhi zu diesem Schluß nicht auf Grund der advaitischen Lehre von *maya* kommt. Er wird in seiner Ansicht durch Kabir, den Weber-Poeten und Heiligen, bestätigt, der in dem Gewebe des Universums ein höchstes Werk des göttlichen Färbers sieht. Von ihm sagt Gandhi:[9] »Die ganze Schöpfung wurde in ihm heraufbeschworen durch Sinnesobjekte, die in Klang, Berührung, Form, Geschmack wahrgenommen werden, und schon breitete sich im Raum seines Herzens ein Duft aus.« Wir werden später zu dieser Vorstellung vom Raum des Herzens zurückkehren, einem Mikrokosmos des Universums, der doch so klein ist, daß er erweitert werden muß. Um dies zu verdeutlichen und zu zeigen, wie Gandhi Plato und das Neue Testament als Bestätigung seiner eigenen Botschaft zitiert, wollen wir den kurzen Exkurs über die Natur als Quelle von Inspiration mit einem Ausspruch beschließen, den er gegenüber Ramachandran, einem seiner treuen Ashramiten, getan hat:[10] »... Trachte zuerst nach Wahrheit, dann werden dir Schönheit und das Gute zufallen.« Im selben Jahr verteidigte er in einem Gespräch mit Dilip Kumar Roy – es bereitete ihm immer Vergnügen, mit Künstlern auf ihrem Gebiet zu streiten – die These, daß Askese die größte aller Künste sei. Die asketische Tendenz äußert sich bei Gandhi in der Betonung von Gelübden und Fasten im Stil der Jains, die zu seinen wichtigsten Experimenten mit der Wahrheit gehörten und oft zu Irritationen bei seinen engsten Freunden führten. Auf diesen umstrittenen Problemkreis in Gandhis religiösem Denken wollen wir uns jetzt konzentrieren.

Wieder müssen wir Gandhis These aufgreifen, daß unsere verschiedenen Schauungen der Wahrheit fragmentiert sind und jede davon gültig ist. Aber selbst für eine begrenzte Schau ist ein *marga* (Pfad) oder eine Reihe von Observanzen erforderlich. Gandhis Erarbeitung seines eigenen *marga* deckt sich weitgehend mit der jainistischen Liste der *vratas* (Gelübde). Gewaltlosigkeit, Furchtlosigkeit, Keuschheit, Nichtstehlen und Nichtbesitz sind einige der wichtigsten Aspekte, in denen er mit der Jain-Tradition übereinstimmt. Ein anderer Schlüssel zum Verständnis der Grundzüge seines Denkens liegt in seinem Glauben an die Kontinuität von Mitteln und Zielen, und in seiner Überzeugung, daß der Zweck niemals die Mittel heiligt. Wir wollen dies mit einem berühmten Vers aus der *Isha-Upanishad* veranschaulichen, der sich kaum übersetzen läßt und besagt: Das, was die Wahrheit verhüllt, ist *selbst* voller Glanz und strahlt aus. Der Gläubige bittet darum, diesen Schleier zu durchdringen und eine noch größere Herrlichkeit zu schauen, die sich dem Auge des Wahrheitsliebenden auftut. Ein Gelübde ist also mehr als eine Regel. Es gleicht eher einem existentiellen Versprechen, einer Selbstverpflichtung. Obwohl der Mensch einerseits Gelübde braucht, weil »der Sturm in ihm tobt« (hier steht Gandhi einem Paulus und einem Augustinus sehr nahe), ist das Ablegen eines Gelübdes anderseits »Zeichen« von Stärke und wird »zu einem Bollwerk der Stärke«. Gandhi findet in Gott »das eigentliche Abbild des Gelübdes« – oder, anders ausgedrückt, den Gott, der nicht schläft noch schlummert. Mit Berufung auf seine Familientradition als ein Bania schreibt er an die Ashramiten von Sabarmati aus dem Yeravda Zentralgefängnis im Jahre 1930, daß alles Tun davon abhänge, ob der Mensch seine Versprechen erfülle. Das Gelübde gehöre zur unabdingbaren Disziplin, die ein Mensch besitzen müsse, wenn er sich für »Experimente im spirituellen Bereich qualifizieren« wolle. Er vergleicht diese Disziplin mit Versuchsanordnungen, die einem wissenschaftlichen Experiment immer vorausgehen. Der Vergleich wird nachvollziehbar, wenn wir uns vergegenwärtigen, daß Gandhi das spirituelle Gesetz in der Natur und das Naturgesetz in der spirituellen Welt auffinden wollte. Die *Gita* ruft zu Stetigkeit auf. Der Wechsel von Tag und Nacht oder der Zyklus der Jahreszeiten zeugen von einer Ordnung, einer *Verläßlichkeit*, in der Gandhi nichts Mechanisches, sondern fast ein Modell menschlichen Handelns findet. Wir sollten, schrieb er an J.C. Kumarappa, »wenigstens so wahrhaftig und treu wie die Sonne sein, wenn nicht wahrhaftiger und treuer«.[11]

Während man jedoch ein wissenschaftliches Experiment oder eine Hypothese nicht an sich selbst erprobt, führt man ein Experiment mit der Wahrheit in erster Linie an sich selbst durch. Ich sage hier »in erster Linie«, da viele von Gandhis Experimenten andere betrafen, wie z.B. die Diät für die Ashramiten, das Spinnrad, die Keuschheit, die Einheit von Hindus und Muslimen, *satyagraha* usw. Hier ist das Gelübde ein paradigmatisches Experiment mit der Wahrheit, weil niemand ein Gelübde im Namen eines anderen ablegen kann. Die Vorstellung, daß das Studium von Religion eingehende Vorbereitung verlangt, daß Einsicht nur durch Übung wächst, ist in der Hindu-Tradition vorgezeichnet. Das Besondere bei Gandhi ist die Anwendung dieser Tradition, indem er die anerkannten Wege zur individuellen Befreiung für die Transformation der Gesellschaft einsetzt. Die Idee, daß man nur solche Selbstverpflichtungen auf sich nehmen soll, die man tatsächlich auch erfüllen kann, ist mit Patanjalis Unterscheidung von *yamas* (die grundlegenden spirituellen Übungen) und *niyamas* (zusätzliche Übungen, z.B. die jainistischen *anuvratas*) vorgegeben. Als Gandhi in Südafrika ein Trappistenkloster besuchte und dort den Tagesablauf beobachtete, die selbst auferlegte Disziplin bei der täglichen Arbeit einschließlich des Schweigens, das er sehr schätzte, fand er darin ihm Vertrautes und Geistesverwandtes. Während die unauflöslichen Gelübde seiner non-konformistischen christlichen Freunde seiner eigenen Lebenspraxis fremd waren, erweckte die katholische Praxis der »Exerzitien«, das wenige, was ihm darüber bekannt war, seine Bewunderung.

Gandhis gesamtes Leben stand unter dem Experiment mit Gelübden, angefangen mit den Gelübden, die er gegenüber seiner Mutter ablegte, bevor er das Land verließ. Tatsächlich aber wurden sie vor Becharji Swami, einem jainistischen Mönch und Familienfreund, abgelegt. Das ist interessant, denn Becharji Swami war, wie die Gandhi-Familie auch, ein Modh Bania, der aber freiwillig die rigorose Disziplin eines Jainmönches auf sich genommen hatte. In Gujarat war dies nicht so ungewöhnlich wie vielleicht anderswo. Gandhi, so glaube ich, begann von da an, auf Gelübde besonderen Wert zu legen, und zwar nicht als einem äußeren Rahmen zur Zügelung, sondern als Methode, tiefer in die Wahrheit einzudringen, *in* der Wahrheit zu *sein*, zu ihr zu gehören oder in ihr verwurzelt zu sein. Ich drücke es so aus, um auf den dreifachen Aspekt der Wahrheit hinzuweisen, den Gandhi hier im Auge zu haben scheint: Wahrheit als *sat* oder Sein, Wahrheit als das, was ist (sichtbar in seinem Respekt gegenüber den Tatsachen, wie oben gezeigt), und Wahrheit als das, woran ein Mensch existentiell festhält. Das Gelübde spielt dann eine entscheidende Rolle bei der Befähigung, von der Wahrheit Zeugnis abzulegen, d.h. existentiell in ihr zu sein.

Zwei seiner engeren Freunde jedoch waren höchst unglücklich über Gandhis Insistieren auf Gelübden. In seinem ersten Ashram, den er in Indien in Ahmedabad errichtet hatte, legten die Bewohner die Gelübde der Wahrheit, Gewaltlosigkeit, des Zölibats, der Kontrolle der Zunge (Mäßigung in der Diät), Nichtstehlen, Nichtbesitz, *svadeshi* (eine komplexe Vorstellung, die Selbstgenügsamkeit hinsichtlich des Gebrauchs einheimischer Produkte einschließt), Furchtlosigkeit und die Ausmerzung der Unberührbarkeit ab. Diese Liste wurde eher noch erweitert als gekürzt, denn Gandhi glaubte, daß mit den gewaltfreien Kampagnen gegen die Ausbeutung ein konstruktives Programm verbunden sein müsse, und dazu gehörten weitgefaßte politische Programme, wie z.B. die Einheit von Hindus und Muslimen, auf die seine Mitarbeiter durch die Kraft des Gelübdes eingeschworen wurden. Gandhi ließ jedoch immer wieder merkwürdige Abweichungen zu, wenn er überzeugt war, daß dies im guten Glauben geschehen war. Wenn z.B. einem verheirateten Paar trotz des Enthaltsamkeitsgelübdes ein Kind im Ashram geboren wurde und er davon erfuhr, bat er darum, das Baby sehen zu dürfen und hatte Freude daran, mit ihm zu spielen. Die Diätregeln wurden im Interesse der Gesundheit und in der Suche nach möglicher Einfachheit der Nahrung, die auch für die Armen erschwinglich wäre, flexibel gehandhabt. Trotz seines Vegetarismus gab er lachend einigen Bengali-Mitarbeitern in Noakhali, die unter der fischlosen Nahrung litten, den Rat, zur gewohnten Kost zurückzukehren. Denn schließlich vermehrten sich die Fische im Wasser der gefluteten Reisfelder, so daß es nicht schaden könne, sie zu essen! Es wäre schädlicher, die eigene Leistungsfähigkeit durch ungewohnte Nahrung zu mindern und dadurch die Kampagne in Gefahr zu bringen. In bezug auf Nichtstehlen und Nichtbesitz vertrat Gandhi die Meinung, daß es wie Diebstahl sei, mehr als das Notwendige zu besitzen und daß der gesegnet sei, der wenig besitzt, solange sein Bruder noch weniger hat. Die angeführten Beispiele sollen zeigen, daß Gandhi nicht so unflexibel war, wie einige seiner Kritiker meinten. Er ging davon aus, daß eine große Sache Selbstopfer verlangt und ein Ashramleben in gemischter Zusammensetzung eine gewisse Disziplin hinsichtlich getrennter Schlafzimmer usw. braucht, wenn diese Gemeinschaft als Modell für die übrige Gesellschaft dienen soll.

C.F. Andrews Widerspruch, der aus dessen eigener Erfahrung mit Gelübden resultierte, kulminierte in dem Satz: »Leben ist immer Wachstum in etwas Neues, Unerwartetes und Originales hinein.«[12] Ein Gelübde habe deshalb eine einengende Wirkung. J.C. Kumarappas Bedenken gründeten in der Überlegung, daß Menschen verschieden geschaffen seien und unterschiedliche Bedürfnisse hätten. Keiner könne Gesetze für alle Menschen festlegen. Ein Gelübde sei höchstens »eine wertvolle Krücke«, »eine Schutzhecke«, derjenige, »der Gelübde ablegt, befindet sich auf einer moralischen Ebene, nicht auf einer spirituellen«.[13] Aber die Unterscheidung zwischen moralischen und spirituellen Ebenen trifft Gandhis Anliegen ebensowenig wie das eines Moses. Der innerlich tobende Sturm, auf den sich Gandhi zuvor bezog, ist nicht ein Kantischer Konflikt zwischen Pflicht und Neigung, sondern eine Schlacht zwischen Rama und Ravana. Die rigvedische Bedeutung von *vrata* (Gelübde) ist »göttlicher Wille oder Befehl«, und so ist unser Vergleich mit Moses nicht völlig fehl am Platz. Moralisches Wachstum, also zu einem Instrument des Dienstes zu werden, darf nicht gegen spirituelles Leben ausgespielt werden, sondern ist Teil und Aspekt desselben. Die Hindu-Mythologie kennt viele Geschichten von Prüfungen, denen sich Götter und Menschen zu unterziehen haben. Auch Gandhi mußte im Leben Prüfungen ertragen, die den Feuerproben der vedischen Zeit in nichts nachstanden. Gelübde sind nicht für jeden praktikabel. Sie sind keine pelagianischen Übungen, die man im Vertrauen in die eigenen Kräfte unternimmt. Ohne Rama, ohne die Hilfe Gottes, muß das Gelübde eines Menschen fruchtlos bleiben. Gandhi hatte erkannt, daß Gelübde hilfreich sind als spirituelle Übungen. Ziel war, und das ist wichtig, nicht eine arrogante Überheblichkeit, sondern das Einströmen von Kraft, inneres Wachstum, das Frucht bringen sollte – aber nur durch Gottes Gnade. Gandhi glaubte, und er wurde darin durch seine Lieblings-Upanishad, die *Isha-Upanishad*, bestärkt, daß Gott einem Menschen, der allem entsagt hat, das Notwendige geben wird. Das Gelübde ist sowohl ein Akt der Entsagung als auch ein Akt des Entschlusses. In seiner Autobiographie schreibt Gandhi, daß er in seinen Experimenten eine Quelle der Kraft für seine politische Arbeit gefunden habe. Die Methode bewährte sich. In Transvaal und in Ahmedabad wurde das Gelübde Teil der *satyagraha*-Methode.

Das Gelübde wirft unterschiedliches Licht auf Gandhis Verständnis der »Wahrheit, die in dir ist« (aus einem Brief an C.F. Andrews) und auf sein pragmatisches Insistieren, daß Wahrheit *angewendet* werden könne. Obwohl ihm als Kenner der *Gita* bewußt war, daß man an den Früchten des Handelns nicht anhaften dürfe, brachte die neue Methode von *tapasya*, die in den Ashrams entstand und Außenstehenden als äußerst strikt erschien, ungewöhnliche Früchte hervor. Mitarbeiter aus Gujarat marschierten bis ins entfernte

Bihar, um in der Champaran-Kampagne von 1917 zu helfen, und während des Salz-Satyagraha am 12. März 1930 begleiteten 78 erfahrene Mitglieder des Sabarmati Ashrams Gandhi nach Dandi an die Küste und liefen dabei eine Strecke von ungefähr 385 km. Sie wurden von Tausenden begleitet, als sie von Dorf zu Dorf zogen und während ihres Marsches religiöse Lieder sangen. Am Morgen des 6. April erreichte die historische Prozession die Küste. Gandhi beugte sich nieder und nahm einen Klumpen Salz in die Hand, um die Salzsteuer zu brechen, und hob ihn empor, damit es jeder sehen konnte. Weder hatte das Salz seine Würzkraft verloren noch die Gelübde ihre Wirksamkeit!

Es stellt sich die Frage, ob das Fasten zu Gandhis Experimenten mit der Wahrheit zu rechnen ist. Dies wäre dann berechtigt, wenn wir das Fasten sowohl als Mittel zur Selbstreinigung als auch als Methode zur Überzeugung betrachten. Aus Gandhis Perspektive war das Fasten nicht ein Mittel der politischen Erpressung, sondern ein Bußakt, auf den man sich nicht einläßt, um die »spirituellen Muskeln« spielen zu lassen, wohl aber als notwendiges Mittel der Disziplin, die jemanden zu einem geeigneteren Instrument des Dienens macht. Gandhi hatte als Kind erlebt, wie seine Mutter fastete und mit ihr *ekadashi* (den 11. Tag) begangen. Regelmäßiges Fasten für verschiedene Zwecke (z.B. das Wohlergehen des Ehemannes, um einen Wunsch erfüllt zu bekommen usw.) sind Teil der ständigen Hindu-Praxis. Der Glaube, daß durch Askeseübungen innere Kräfte freigesetzt werden, ist vielen Strömungen der Hindu-Tradition gemeinsam. Gandhi war die Disziplin des Verzichtens vertraut, die seiner Ansicht nach zwar nicht hinreichend, aber selbstverständlich sei in einer Situation, wo viele Menschen nicht einmal das Überlebensnotwendige besaßen. Fasten ist eine extreme Form des Verzichtens. Es ist ein wirksames Mittel zur Läuterung der inneren Stimme: »Was die Augen für die äußere Welt sind, ist das Fasten für die innere.« Zweifelsohne war für Gandhi das Fasten eine Form von *tapasya*, wodurch andere beeinflußt werden konnten. Dies illustriert Gandhis Verständnis von Religion und Politik als Teil ein- und desselben Kontinuums – als Suche nach Wahrheit sowohl auf der individuellen als auch auf der kollektiven Ebene. Ist aber Beseitigung von Ungerechtigkeit ein Aspekt der religiösen Pflicht, dann sind Methoden, die dafür eingesetzt werden, vorausgesetzt sie sind gewaltfrei, ipso facto religiöse Pflichten. Während der Ahmedabad-Kampagne, die Erik H. Erikson gebührend gewürdigt hat, schrieb Gandhi[14] an einen dänischen Missionarsfreund, daß die vier Tage des Fastens »für mich Tage des Friedens, des Segens und der spirituellen Erhöhung« waren. 1931 fastete er gegen die Unberührbarkeit, was von Pyarelal als »Himalaya-Buße«[15] bezeichnet worden ist. Dieses besondere Fasten und auch die Gelübde irritierten seinen Freund Charlie Andrews sehr. Er schrieb[16] an Gandhi, daß die Waffe des Fastens »... wenn sie nicht ausschließlich für eine von Gott gegebene Gelegenheit eingesetzt werde, von Fanatikern mißbraucht werden könne, um statt progressiver reaktionäre Ziele durchzusetzen«.

Gandhis Position wird am deutlichsten in seinem Brief, den er aus dem Yerav-da-Zentralgefängnis an Madeleine Rolland über ein geplantes zweites Fasten schrieb. Er spricht vom Fasten als »dem logischen Resultat einer betenden Suche nach der Wahrheit«, »einer intensiven spirituellen Anstrengung, einem spirituellen Streben«. Er fährt fort:[17] »Es ist Buße und ein Prozeß der Selbstreinigung .... Solch ein Fasten erzeugt eine schweigende unsichtbare Kraft, die, wenn sie von genügender Stärke und Reinheit ist, die ganze Menschheit durchdringen kann.« Gandhis Deutung der Tatsache, daß er das 21-Tage-Fasten überlebte, das am 8. Mai 1933 begonnen hatte, war, daß Gott ihn noch brauche, um zu kämpfen, und daß er »mit neuem Eifer« in den Kampf zurückkehren werde.

Nach Gandhis Entlassung aus dem Yeravda-Gefängnis gab Andrews zu bedenken, daß Gandhi als Hindu »eine andere Vorstellung von der spirituellen Wirkung des Leidens« als die Christen hätte. Gandhi stimmte zu. Hinter Gandhis Rückgriff auf das Fasten liegt zweifellos auch eine andere Sicht des Körpers. Nach jainistischem Verständnis ist es erstrebenswert, *dehatmabhava* (das Bewußtsein von der Einheit von Körper und Seele) so weit wie möglich auszulöschen. In einer Rede in der Guildhouse Church am 23. September 1931 in London, die er auf Einladung der Franziskanischen Gesellschaft mit Dr. Maude Royden als Vorsitzendem hielt, sagt er, daß sein Körper nicht ihm gehöre und er sich danach sehne, diesen Körper – und dabei zeigte er auf sich selbst – »auch dem Willen Gottes zu übergeben«. Dies deutet auf eine Verschmelzung von Jain- und Vaishnava-Gedanken hin, die für Gandhis religiöses Denken so charakteristisch ist. Nicht, daß er dem Körper nur geringe Aufmerksamkeit geschenkt hätte. Alle seine Experimente mit Diät und Naturheilverfahren, seine Rezepte für Freunde und zahllose Besucher, die ihn bei physischen Leiden konsultierten, oder sein Engagement für die Überwindung der Armut zeigen Gandhis Respekt für den Körper, den Ort, in dem wir existieren. Aber der Mensch sollte bereit sein zu sterben und den Körper hinzugeben für das, was er glaubt. Die Bereitschaft, bis zum Tode zu fasten, ist dafür der Testfall. In diesem Zusammenhang soll ein Ereignis erwähnt sein, das am Abend des 1. September 1947, bevor er mit dem Fasten für Harmonie zwischen Hindus und Muslimen in Calcutta begann, ein interessantes Licht auf sein Verständnis von Wahrheit wirft. Wie üblich bereitete Gandhi ein Statement vor, das der Presse übergeben werden sollte. Das ursprüngliche Konzept enthielt den Satz:[18] »Ich werde mir wie gewöhnlich erlauben, Salz und Sodabicarbonat und Limonensaft dem Wasser beizumischen, das ich während des Fastens vielleicht zu mir nehmen werde.« Rajagopalachari, der bei ihm stand, bemerkte die Erwähnung von sauren Limonen und fragte, warum dies dem Wasser hinzugefügt werden sollte, da es doch Gandhis Absicht sei, bis zum Tode zu fasten, um die Herzen der Menschen zu bewegen. Gandhi strich sofort diese Worte und kommentierte dies später gegenüber Nirmal Kumar Bose, daß er offensichtlich den Wunsch gehabt habe, das Fasten zu überleben, und daß Rajaji, der ihn über viele Jahre hinweg kannte, »die Abweichung von der Wahrheit nicht entgangen sei«.[19] Eines der eindrucksvollsten Bilder für die vollkommene Selbsthingabe ist dies:[20] »Die Kerze verzehrt sich selbst, um anderen Licht zu spenden. Unterlasse deshalb nie, den Menschen zu dienen so gut du kannst.« Was immer auch der politische Gewinn der Fasten gewesen sein mag, für Gandhi waren sie ein integraler Bestandteil des Ordnens der inneren Kräfte, des Rufens zu Gott in Zeiten der Not und des Glaubens, daß die freiwillige Annahme von Leiden die Herzen der Menschen bewegt und dadurch ungenutzte Energien für das Gute, das in jedem Menschen angelegt ist, freigesetzt werden. Gandhi war bereit, sich verzehren zu lassen, wenn dadurch anderen Licht gegeben würde.

Wir haben gerade ein Beispiel erwähnt, wo Gandhi den Begriff Unwahrheit bzw. »Abweichung von der Wahrheit« gebraucht hat. Weitere Beispiele verdeutlichen, was Gandhi unter Irreligiosität versteht. Dazu gehörten auch Unberührbarkeit, Schwindel und Humbug aller Art (einschließlich der Behauptung, ein *brahmachari* zu sein, ohne es wirklich zu sein), Ärger, Bosheit und Eifersucht. Den Genuß von Ziegenmilch während der Krankheit (Gandhi hatte gelobt, keine Milch zu trinken, als er herausgefunden hatte, wie Kühe behandelt werden) betrachtete Gandhi als Bruch eines Gelübdes und stufte ihn deshalb als Unwahrheit ein. Auch Mangel an Mut ist Unwahrheit, wenn Furchtlosigkeit als eines der wesentlichen Gesetze der Selbstreinigung gilt. Theologen mag es befremden, daß für Gandhi auch die Theologie Quelle der Unwahrheit sein kann.[21] Er glaubte ans Handeln, nicht an Worte. Wie er einmal sagte: Spirituelle Wahrheit »teilt sich selbst mit«. Es gäbe bereits zu viel, das sich zwischen uns und den Höchsten stellt – nämlich Ungerechtigkeit, menschliche Ignoranz und Schwäche, Unmenschlichkeit zwischen den Menschen. Worte würden nur den Schleier zwischen dem Antlitz Gottes und den Menschen weiter verdichten. In seiner Rede anläßlich des Todes von C.R. Das sagte er: »Die Tat spricht irrtumsfrei.«[22] Wenn Gandhi darauf vertraut, daß Lüge niemals siegt, bezieht er sich auf alle Arten von Unwahrheit, die, davon war er überzeugt, sich niemals gegen *sat* durchsetzen können. Wobei wir wieder am Ausgangspunkt wären, nämlich der ontologischen Bedeutung der Wahrheit. Die Wahrheit zu sagen im üblichen Sinne dieses Wortes, gehört natürlich ebenfalls dazu. Man möge sich erinnern, daß Gandhi 1905 einen Artikel über George Washington schrieb und gern einen Vers des Dichters Shamaldas zitierte, daß ein wahrer Bania nicht lügt und sich fern hält von Diebstahl, Verleumdung, Unwahrheit und Stolz. Ärger, Bosheit und Eifersucht sind ebenso Lügen wie falsche Rede. Kurz, Wahrheit ist für Gandhi eine komplexe Lebenswirklichkeit.

Zu den Worten, die Gandhi gleichbedeutend mit »Unwahrheit« gebraucht, gehören *napak* (unheilig), Satanismus, Übel, *adharma*, Irreligion, Todsünde. Kein Wunder, daß der Kampf gegen Unwahrheit kompromißlos geführt werden muß und der Wahrheitssucher ein Herz fest wie Granit braucht. Tagore schrieb über Gandhi, daß er »uns eine Vision der *shakti* der Wahrheit« gegeben habe.[23] *Shakti* ist ein mächtiges Wort. Es hat nicht die kognitiven Konnotationen des Wortes »Wahrheit«. Tagores Art, dies auszudrücken, verrät des Poeten sicheres Gespür. Diese Quelle der Energie anzuzapfen, heißt »mit dem Geist von *sat* gesättigt zu sein«.[24] Doch es gibt auch einen sanfteren Aspekt des Bildes: Der Wahrheitssucher hat ein Herz »zart wie der Lotus«. Entsprechen nicht diese zwei Gesichter des Wahrheitssuchers dem Charakter der Wahrheit selbst? Dem *tremendum* und *fascinosum*, von dem die *Gita* spricht? Gandhi verstand es meisterhaft, seine Ideen in eine Sprache zu kleiden, die seinen Hörern vertraut war. Den Ashrambewohnern, mit denen er in regem Austausch stand, wenn er Indien kreuz und quer durchreiste, schrieb er, daß Wahrheit »synonym mit der letztgültigen Seligkeit« sei[25], und seinem Freund und Mitstreiter Jamnalal Bajaj vertraute er an, daß »aus der Wahrheit Liebe und Zartheit kommen.«[26] Wahrheit ist so gesehen eine Quelle der Freude.

Gandhi spricht von Wahrheit oft im Plural und meint, daß es sozusagen zwei Wahrheiten gäbe, die die Achse für alles Weitere bilden würden: daß der Mensch ein moralisches Wesen ist, das unaufhörlich nach Vollkommenheit streben muß, und daß, da unsere Wahrheitserkenntnis nur fragmentarisch ist, niemand seine begrenzte Sicht anderen aufzwingen darf. Dies ist die Grundlage für Gandhis Glauben an Gewaltlosigkeit. Wahrhaftig gegenüber dem Licht der Wahrheit zu sein, wie wir es sehen, bedeutet notwendigerweise, gewaltfrei zu sein. Die umfangreiche Literatur über Gandhis Denken behandelt Wahrheit und Gewaltfreiheit als zwei Seiten einer Medaille, und das zu Recht. Gandhis Theorie vom gewaltfreien Handeln gründet in einer ontologischen Konzeption der Wahrheit, wie sie in der indischen Tradition verwurzelt ist. Kein Wunder: Als Lord Curzon als Kanzler der Calcutta Universität im Jahre 1905 in seiner Ansprache an die Vollversammlung behauptete, daß »das höchste Ideal der Wahrheit vor allem eine westliche Ansicht ist«, reagierte Gandhi sofort mit einer langen Gegendarstellung im »Indian Opinion«.[27] Sie besteht aus seitenweisen Zitaten von Hindu-Quellen und fordert Lord Curzon auf, sich zu entschuldigen. Die von uns in diesem Kapitel versuchte Interpretation der Wahrheit ist gewiß nicht westlich, sondern zeichnet eine Perspektive, die nicht auf eine bestimmte Himmelsrichtung begrenzt werden kann. Sie hat globalen Charakter und würde in gewisser Hinsicht jeden Platoniker erfreuen, da sie die Ziele metaphysischen und ethischen Strebens verbindet. Als nächstes Thema werden wir untersuchen, wie Gewaltlosigkeit bei Gandhi mit seiner Treue zur Wahrheit zusammenhängt.

Die gewaltfreie Waffe
des Leidens

Für indische Metaphysik und Religion liegt nicht im Bösen, sondern im Leiden das Hauptproblem. Den Gründen dafür nachzugehen, würde den Rahmen dieses Kapitels sprengen. Der Theist der jüdisch-semitischen Tradition, der Gott als Verkörperung des Guten in *Seiner Göttlichen Person* begreift, sieht sich mit der unleugbaren Präsenz des Bösen in der Welt konfrontiert. Davon verschieden ist eine Kosmologie, die dem Bösen in handelnden Personen eines kosmischen Dramas Raum gibt, mit einer ganzen Hierarchie von Wesen – von Dämonen bis hin zu den Göttern –, und zwar auf einer vielstufigen Bühne, wo der Mensch einmal als Opfer und einmal als Held agiert. Innere und äußere Kräfte verwickeln ihn in dieses kosmische Drama, wo er Leiden als Teil seines Schicksals und Tatsache seiner Existenz akzeptiert. Aber er ist auch fähig, in zwischenmenschlichen Beziehungen und im kreativen künstlerischen Schaffen höchste Freude zu erleben, und damit einen Vorgeschmack auf eine Seligkeit, die alles Vorstellbare übersteigt, und die gespiegelt wird in der Feststimmung, wie sie in den meisten Formen der indischen Kunst dominiert. Ein zyklisches Verständnis von Zeit versöhnt den Menschen mit den sich wiederholenden Phasen seines Geschicks, wobei hier kein Eschaton erwartet wird, wie es in einem linearen Modell angelegt ist, wohl aber Hoffnung auf die Chance eines erneuten Versuches geweckt wird. Der Zyklus von Geburten und Toden versetzt den Menschen in Furcht, wenn er darin eine weitere Kette von Leiden erblickt. Selbst außerhalb der indischen Tradition kennen Menschen das Gefühl, in einer kosmischen Falle zu stecken, in einer Tretmühle, aus der es kein Entrinnen zu geben scheint. Leiden ist somit im indischen Bewußtsein, für Philosophen und Weise, immer etwas, das es zu überwinden gilt, d.h. ein *praktisches* Problem.

In diesen Kreislauf gebunden zu sein, ist jedoch nicht das letzte Wort. Die verschiedenen Systeme haben zusammen mit einer Analyse der Ursachen dieser Bindung oder, anders ausgedrückt, im Ausloten der Tiefen menschlicher Endlichkeit, auch einen Weg oder *marga* beschrieben, der den Menschen, wenn er ihn geht, aus der Irre führen kann. Göttliche Gnade kann in diesem System eine Rolle spielen, je nachdem, ob eine theistische Gottesvorstellung entwickelt worden ist, und, wie in den Theologien anderer Traditionen auch, abhängig von der Gewichtung der Unvollkommenheit des Menschen. Es erstaunt, daß alle indischen Systeme außer *Carvaka* das zentrale Ziel des ethisch-religiösen Bemühens ganz selbstverständlich in der Beseitigung des Leidens sehen. Die Formulierung einer Methode brachte die indischen Denker in gewisse Verlegenheit. Eine aktivistische Methode, wie sie u.a. unmißverständlich in der *Gita* präsentiert wird, birgt die Gefahr in sich, durch Handeln weiteres Karma anzusammeln und somit zur eigenen Bindung beizutragen. Die Möglichkeit des Ausgleichs von Karma durch weitere Geburten mag zwar tröstlich sein, kann aber genau die gegenteilige Wirkung haben – wir könnten hinabfallen statt aufzusteigen.

Der Reformhinduismus seit dem 19. Jahrhundert war so kühn und versuchte eine Lösung dieses Problems, aber erst bei Gandhi finden wir die innovatorische Idee, Leiden (»der reichste Schatz des Lebens«) selbst als Weg zu verstehen, mit dem Leiden umzugehen. Dieses Paradox muß erklärt werden. Gandhi ist ganz traditionell, wenn er die zentrale menschliche Aufgabe in der Überwindung des Leidens und darin ein *praktisches* Anliegen sieht. Aber anders als bei den Philosophen sind die Leiden der Menschen für ihn nicht eine generelle kosmische Bedingung, sondern ein partikulares Problem. Weiterhin stellt Gandhi die Leiden der *anderen* in den Mittelpunkt der Anstrengungen zur Verbesserung der Lebensbedingungen und nicht das Abschütteln der bindenden Ketten zur je eigenen Befreiung. Die Leiden wurzeln im Unrecht, das den Armen zugefügt wird; sie haben ihren Ursprung in dem Übel, das die Herrschenden erzeugen, und in der Bosheit im menschlichen Herzen (die traditionellen Laster wie Ärger, Gier, Lust usw.). Gandhi interessieren weder metaphysische Rechtfertigung des Leidens noch Spekulationen über seine Ursachen. Mit wissenschaftlicher Akribie diagnostiziert er die Krankheiten der Gesellschaft. Sein Herz schlägt für die Verzweifelten, und er erarbeitet eine neue *tapasya*, einen neuen *marga*, um das menschliche Elend zu *beseitigen*.

Verblüffend aktuell prangert Gandhi Gewalt als das Hauptproblem unserer Zeit an. Auf die Frage nach der Gefährlichkeit von Gewalt hat Gandhi seine Antwort parat: Eine gewaltsame Handlung führt zur nächsten, z.B. provoziert aggressives Reden haßerfüllte Gegenwehr auf der anderen Seite. Zweitens konzentriert Gewalt die Macht in den Händen weniger. Hier denkt er an Gewalt, wie sie im Kolonialismus und ökonomischen Systemen typisch ist, die die Armen des Notwendigsten berauben, indem der Reichtum in feudalen und kapitalistischen Strukturen konzentriert wird. Drittens hat Gewalt Leiden und Entwürdigung zur Folge. Die Arbeit im Ambulance Corps im Buren- und Zulukrieg brachte Gandhi in direkte Berührung mit dem Elend des Krieges. Krieg ist die Externalisierung der Gewalt im menschlichen Herzen. Gewalt *ist* Übel. Aus diesem Grunde besitzen die Worte *ahimsa paramo dharma* (die oberste Pflicht ist Gewaltlosigkeit) für Gandhi eine nahezu mantrische Kraft. Gandhi, so sahen wir zuvor, sieht im Menschen ein Reservoir von Kräften, die für Gutes und Böses gebraucht werden können. Aufgabe ist es, die Energien des Menschen so zu kanalisieren, daß das Gute dominiert. Es reicht nicht aus festzustellen, wie es Generationen von Weisen getan haben, daß gute Handlungen *lokasamgraha*, das Wohl der Welt, hervorbringen. Denn die Zeit drängt und das menschliche Elend wächst ständig. In den metaphysischen Systemen nach einem Heilmittel für das Leiden zu suchen, ist ungenügend; unser soziales Umfeld muß revolutioniert werden, und dazu bedarf es einer Revolution im menschlichen Herzen. Gandhi sucht nach einer Methode, die nicht nur der spirituell Gefestigte, der den *sannyasa*-Weg geht oder im Kloster lebt, sondern die *jeder* Mensch anwenden kann. Sie müsse ein moralisches Äquivalent zum Krieg darstellen, das die konstruktiven Energien freisetzt, die alle Menschen besitzen und die sie befähigen, gute Lebensbedingungen für alle zu schaffen. Gandhi glaubte, diese Methode in der Gewaltlosigkeit gefunden zu haben – im freiwilligen Aufsichnehmen von Leiden durch ein Individuum oder eine Gruppe als einem selbstreinigenden Akt. Dies sei Beispiel für andere und ein Weg, das Herz der Unterdrücker zu konvertieren. Der Ausdruck »moralisches Äquivalent zum Krieg« ist bezeichnend. Denn noch schlimmer als Gewalt sei Feigheit, insbesondere Feigheit aus Ichhaftigkeit, Furcht oder Trägheit, aus dem Gefühl der Resignation heraus, daß man nichts tun könne.

Die Unterscheidung von freiwilligem und unfreiwilligem Leiden war für Gandhi grundlegend. Die Leiden der Armen beruhen nicht auf freier Wahl. Gandhi macht kurzen Prozeß mit der klassischen Ausrede, die Lebensbedingungen in diesem Leben seien Resultat schlechter Handlungen aus vorigen Leben. Soziale Ungerechtigkeit ist eine Herausforderung, der man sich hier und jetzt stellen muß. Die realen Verhältnisse müssen verändert werden. Hier stimmt er mit Marx überein. In zwei wesentlichen Punkten unterscheidet sich Gandhi jedoch von Marx: Die Wirklichkeit muß gewaltlos verändert werden, damit wir die Bürde des Leidens in dieser Welt nicht noch vermehren. Und wir müssen uns dabei auf eine tiefere Ebene der Wirklichkeit einlassen, da wir in unserem Handeln dem Gesetz der Liebe zu entsprechen haben. Anstelle des ursprünglichen *yajna* oder Opfers tritt bei Gandhi freiwilliges Leiden oder Selbstopfer. Das Reich der Liebe wird nicht durch die sich selbst opfernde Liebe des Sohnes Gottes am Kreuz errichtet, sondern durch das Selbstopfer eines jeden Menschen. Gandhi verwendet das Bild des Kreuzes des öfteren, um seine Botschaft zu verdeutlichen. 1927 schreibt er:[1]

»Gott nahm das Kreuz nicht nur vor 1900 Jahren auf sich, sondern Er trägt es heute, und Er stirbt und wird auferweckt mit jedem Tag. Es wäre ein schwacher Trost für die Welt, wenn ihr Geschick an einem historischen Gott hinge, der vor 2000 Jahren gestorben ist. Darum predigt nicht den Gott der Geschichte, sondern zeigt durch euch, daß Er heute lebt.«

Diese Worte waren an christliche Hörer gerichtet. Gandhi glaubte unerschütterlich an die *Macht* des Leidens, denn einige Jahre später schrieb er:[2] »Ich erkannte, daß Völker wie Individuen nur durch die Schmerzen des Kreuzes und sonst nicht aufgerichtet werden können.« Wenn aber die Macht des Leidens nicht paradigmatisch in einem Versöhnungsakt liegt, wo dann? Um dies zu beantworten, müssen wir zu Gandhis Erfahrungen in Südafrika zurückkehren, die den Ausgangspunkt für das Evangelium der Gewaltlosigkeit darstellen.

Es *war* ein Evangelium, insofern es die gute Nachricht enthielt, daß den Ärmsten der Armen hier ein Weg eröffnet wurde, ihre gewaltfreie Stärke zu nutzen, und daß aus der Schwachheit des Menschen Großes entstehen kann. Für Gandhi war diese Strategie nicht so pelagianisch, wie es scheinen mag. Er selbst lebte sein Leben (das kann man wirklich so sagen) in der Gegenwart Gottes, und es war seine ureigenste Erfahrung, daß Gott den Hilflosen zu Hilfe kommt. Gandhi erinnerte sich, wie er allmählich die Waffe von *satyagraha* in Südafrika entwickelte, nachdem bloßes Reden, Petitionen und Verhandlungen gescheitert waren:[3]

»Ich begriff, daß wir uns weigern müßten, einer entwürdigenden Gesetzgebung zu gehorchen und eher ins Gefängnis gehen sollten, wenn man es so wollte. So wurde das moralische Äquivalent zum Krieg geboren... Seitdem ist in mir die Überzeugung gereift, daß Dinge, die von grundlegender Bedeutung für den Menschen sind, nicht durch Vernunft allein abgesichert werden können, sondern mit Leiden erkauft werden müssen. Leiden ist das dem Menschen gemäße Gesetz, Krieg ist das Gesetz des Dschungels. Aber Leiden ist unendlich mächtiger als das Gesetz des Dschungels, um den Gegner zu verwandeln und seine Ohren zu öffnen, die sonst für die Stimme der Vernunft verschlossen blieben... Der Appell der Vernunft richtet sich mehr an den Kopf, aber das Durchdringen des Herzens kommt vom Leiden. Es öffnet das innere Verstehen im Menschen. Leiden und nicht das Schwert ist Merkmal des Menschengeschlechtes.«

Dieses lange Zitat ist inhaltsschwer. Es scheint paradox zu sein, daß der Mann, der vom *satyagraha* als einer in Entwicklung befindlichen Wissenschaft spricht, die Grenzen der Vernunft bekennt. Dies kann so verstanden werden. Wie kann ein Fanatiker, den Sturheit, eigene Interessen, eingefleischte Orthodoxie und anderes bestimmen, gewonnen werden für das, was wir für richtig und gerecht halten? Die Methode der Vernunft, des Argumentierens rennt gegen Wände an, was jeder, der über die Rolle der Vernunft in der Ethik nachdenkt, zugeben muß. Den Menschen als *animal rationale* zu betrachten, hilft kaum weiter, wohl aber die Erfahrung der Griechen – man denke nur an ihre Dramen oder Mysterienkulte –, daß sich die menschliche Psyche nicht in die Zwangsjacke der Vernunft einzwängen läßt. Die in den Kategorien von Ordnung und *telos* philosophiert haben, mögen sich das anders vorgestellt haben. Aber die Natur des Menschen hat ihre Schwachstellen und Sümpfe, ihre Tiefen und Höhen, und was ist religiöses Leben anderes, wenn nicht der Versuch, diese verschiedenen Territorien aufeinander zuzuordnen und die nobelsten Instinkte des Menschen zu fördern in der Überzeugung, daß seine höchsten Sehnsüchte eine Ordnung widerspiegeln, die paradigmatisch *ist* und ihn in seinem Streben stützt?

Gandhi hielt nichts vom Befehlen oder Predigen, da er glaubte, daß die Ohren jener, die nicht hören wollten, kaum durch bloßes Reden geöffnet werden könnten. Natürlich kann die Vernunft durch begründete Theorien Systeme usw. etablieren, doch Gandhi ging es nicht um Systeme, sondern um »Anliegen von substantieller Bedeutung für die Menschen« wie z.B. die Sicherung der Bürgerrechte, die Erlangung nationaler Unabhängigkeit, die Beendigung der Ausbeutung der Armen durch die Reichen. Diskussionen und Verhandlungen können hierbei weiterhelfen, aber sie allein werden nicht zum Ziel führen. Selbst-Leiden ist mehr als ein Werkzeug zur Konfliktlösung, es ist ein Weg, »die Realität zu verändern«. Daß Leiden Merkmal des Menschengeschlechtes sei, war der Glaube vieler Generationen in Indien, der sich in der denkerischen Leidenschaft, mit der Philosophen *duhkha* interpretieren, widerspiegelt. Im Christentum sind Kreuz und Auferstehung die zentralen Ereignisse der Erlösung des Menschen durch Gott, und zwar in Gestalt dessen, der sowohl Menschensohn als auch Gottessohn war. Aber das revolutionäre Potential des *mahavakya* der Upanishaden *tat tvam asi* (das bist du) und auch der Botschaft *Liebe Gott und deinen Nächsten wie dich selbst* ist dabei auf dem Wege verlorengegangen! Institutionalisierte Strukturen von Kaste, Priesterschaft oder Kirche, der Geist der Exklusivität, der in beiden Fällen der »Urbotschaft« noch fremd war, haben in der Praxis der Religion den revolutionären Impuls genommen und sie zu einer Bastion des *status quo*, der selbstgerechten Gewißheit, nicht wie die anderen Menschen zu sein, gemacht.

Gandhi erkannte, daß das unvermeidliche Geschick, daß der Mensch leiden muß, zum Guten gewendet werden kann. Damit war der traditionelle Glaube überwunden, daß Leiden unter allen Umständen bekämpft werden müsse, ebenso die Idee des individuellen Leidens im isolationistischen Sinne, nach der man Leiden auf der Suche nach Selbstvervollkommnung in der Askese auf sich nimmt. Anstelle der jainistischen Vorstellung vom spirituellen Helden, der die ursprüngliche Einheit der Seele wiederentdeckt, die durch karmische Beschmutzungen befleckt worden ist, stellt Gandhi den Heroismus der Gruppe von *satyagrahis*, die eine Bewegung in Gang setzen, um die ökonomischen, zivilen, sozialen und politischen Mißstände zu beseitigen. Die »Konversion«, um die es geht, ist nicht eine Konversion, die in einer formalen Veränderung der Religionszugehörigkeit zum Ausdruck käme. Gandhi gebraucht das Wort »Konversion«, obwohl er sich dieses Beiklangs wohl bewußt ist. Der Gegner soll konvertiert werden, sich einem Wandel des Herzens unterziehen, wenn er den Aufopferungswillen der *satyagrahis* sieht, die für ihre Überzeugung alles aufs Spiel setzen.

Warum aber sollte ein Mensch freiwillig Leiden auf sich nehmen, wenn Leiden doch das gemeinsame Los der Menschen ist? An dieser Stelle kommen in Gandhis Denken viele Elemente zusammen. Als Vaishnava glaubt er, daß der Mensch vom Leid anderer angerührt werden kann. Das Gegenteil aber ist auch möglich. Er kann sein Herz verhärten und sich dem Leid des anderen verschließen, weil er meint, es ginge ihn nichts an. Gandhi aber glaubte, daß auf Grund der gemeinsamen Menschlichkeit früher oder später der »Gegner« gewonnen werden könne. Dieser offensichtliche »Sieg« der satyagrahis bedeute jedoch keine Niederlage der Gegenseite, sondern sei auch ihr »Sieg«, insofern sie sich über die Faktoren zu erheben vermochte, die zuvor dem gegenseitigen Verstehen im Weg gestanden hatten. Ein satyagrahi muß verschiedene Bedingungen erfüllen. Wir haben gesehen, daß Gandhi die Bedeutung der Disziplin für spirituelles Wachstum besonders hervorhob. Mit der Weisheit eines spirituellen Meisters hatte er einen klaren Blick für die Qualitäten jedes einzelnen und spürte die Bereitschaft, besondere Aufgaben zu übernehmen. Auch hier kommen Einflüsse der Tradition zum Vorschein. In der hinduistischen und jainistischen Form der Askese wird unterschieden zwischen der Disziplin (einschließlich der Gelübde) für den Laien und den sannyasi oder Mönch. Gandhi interpretiert diesen Sachverhalt in komplexer Weise. Während er zum einen auf die Bedeutung von Stadien oder Stufen verweist – als bedeutendes Beispiel können die Stadien der nationalen Bewegung gelten, die er über Jahrzehnte hinweg anführte –, so betont er zum anderen, daß die Methoden des Selbst-Leidens, des Sich-Opferns für eine Sache, auch vom einfachsten Menschen und solchen, die im Arbeitsleben stehen, benutzt werden können, vorausgesetzt, sie unterziehen sich den notwendigen vorbereitenden Übungen. Zur Disziplin gehört, was Gandhi Gewaltlosigkeit im Denken nennt. Gedanken aber wirken sich in Handlungen aus, und gewaltfreies Handeln hat eine größere Überzeugungskraft als Worte. Dies war keine bloße Theorie, sondern Gandhis ureigene Erfahrung.

Es mag sinnvoll sein, ein Beispiel gewaltfreier Aktion zu erwähnen, das in einem offensichtlich religiösen Kontext stand, um ein Gefühl dafür zu bekommen, wie dieses Prinzip funktionierte. Vykom in Kerala ist in die moderne indische Geschichte als der Ort eingegangen, wo 1925 eine bedeutende satyagraha-Bewegung stattgefunden hat, um die Bürgerrechte der Unberührbaren zu verteidigen, daß sie nämlich eine bestimmte Straße benutzen dürften. Dadurch wurde schließlich die Frage nach dem Recht eines jeden Hindu, ob Kasten-Hindu oder nicht, einen Tempel zu betreten, aufgeworfen. Diese besondere Kampagne hat interessante Aspekte. Zunächst illustriert sie Gandhis Insistieren darauf, daß jede Religionsgemeinschaft ihr eigenes Haus in Ordnung bringen muß. Unberührbarkeit sei ein Schandfleck für den Hinduismus, ein Krebsgeschwür, eine Krankheit – er kann dies nicht drastisch genug formulieren. Da es sich hier um ein Problem der Hindugemeinschaft handelt, wäre die Konversion der Unberührbaren zum Buddhismus, wie Dr. Ambedkar riet, keine Lösung. Jeder solle das Heil innerhalb der eigenen Gemeinschaft finden. Dies erfordert die gewaltfreie Beseitigung der brahmanischen Vorschrift, daß eine bestimmte Straße von Kastenlosen nicht benutzt werden dürfe. Die Unberührbaren müssen dabei bereit sein, die Härten des Widerstandes auszuhalten und gleichzeitig konstruktive Maßnahmen zur Verbesserung ihrer Lebensumstände ergreifen wie das Einhalten von Reinlichkeit, die Steigerung des Ernteertrags durch Anlegen von Kompost, das Spinnen für die eigene Kleidung und viele andere Dinge, die in Gandhis Vorstellung von ländlicher Entwicklung zentral waren. Gerade die die Hauptlast einer besonderen Ungerechtigkeit tragen, müssen lernen, ihre gewaltfreie Stärke zu mobilisieren, um ihr eigenes Los zu verbessern. Aus diesem Grunde erlaubte er den Sikhs nicht, freie Küchen in Vykom aufzubauen (das ist der charakteristische Weg der Sikhs, Barmherzigkeit gegenüber Notleidenden zu üben), und er kommentierte christliche Bemühungen, die Unberührbarkeit zu überwinden, eher negativ; auch sprach er sich gegen Spendensysteme aus.

Doch was wird dann aus dem Prinzip, daß einer des anderen Last tragen soll? Es muß bei der Beantwortung dieser Frage ganz klar gesagt werden, daß sich Gandhi in keiner Weise durch irgendeine philosophische Bindung an das Konzept von separaten karmischen Schicksalen einschränken ließ. Dieses Prinzip bezieht sich auf die konkrete Lebensgemeinschaft von einzelnen und Gruppen. Hier äußert Gandhi einen wichtigen Gedanken angesichts der Kastenloyalität in der Hindu-Gesellschaft. Als er auf seiner historischen Friedenstour im Jahr 1946 nach Noakhali kam, ermahnte er die von Unruhen bedrängten Menschen, sich selbst als Fischer, Weber und Bauern zu organisieren – die gesellschaftliche Gruppe für kollektives Handeln sollte die unmittelbare Gemeinschaft im täglichen Leben sein. Damit lehrte er etwas Neues hinsichtlich der Identifikation mit dem Nächsten. Als später Gandhis Anhänger Friedensbrigaden in anderen Teilen des Landes organisierten, geschah auch dies auf der Basis von Nachbarschaftsgruppen. So war auch inmitten der schrecklichen Kasten- und Religionskämpfe die Bedeutung von »wer ist mein Nächster« nicht völlig verloren gegangen, und es gab heroische Beispiele, sowohl in Bengalen als auch im Punjab, wo Muslime Hindus aufnahmen und Hindus Muslime versorgten und dabei ihr eigenes Leben riskierten.

Der Außenstehende mag Schwierigkeiten mit Gandhis Vorstellung vom Leiden als einem operativen Prinzip haben. In den Tagen vor der Unabhängigkeit schien die *satyagraha*-Waffe, und es war eine Waffe, geradezu eine Form politischer Erpressung gewesen zu sein. Aber eine Generation, die mit Martin Luther King und Danilo Dolci, mit französischen Arbeiterpriestern und dem politisch engagierten Klerus in vielen lateinamerikanischen Ländern vertraut ist und die katastrophalen Folgen von Gewalt kennengelernt hat (einschließlich politischer Morde, Geiselnahme, Stadtguerilla-Strategien und terroristischer Akte, die unschuldige Zivilisten töteten), kann besser verstehen, worum es Gandhi ging. Die gewaltige Konzentration von Waffen durch Supermächte hat sich als unfähig erwiesen, Gewalt zu kontrollieren oder zu neutralisieren. In vielen Teilen der Welt gibt es heute Situationen, wo die Menschen in den Straßen leiden, ganze Regierungen erpreßt werden und die Zukunft nicht mit

Hoffnung, sondern in Panik vor den nächsten Terroranschlägen erwartet wird. Daß wir eine Methode der Entkoppelung von Gewaltherden in unserer Gesellschaft bitter nötig haben, wird heute bereitwillig zugegeben.

Kann aber die Methode des freiwilligen Aufsichnehmens von Leiden in jeder Situation funktionieren? Die Methode setzt eine gewisse menschliche Grundhaltung beim Gegner voraus. Es gibt genügend Beispiele in Vergangenheit und Gegenwart, wo diese Menschlichkeit nicht gegeben war. Für Gandhi beweist dies nicht, daß die Methode unwirksam ist. Es zeigt vielmehr, daß die Vorbereitungen ungenügend waren. Die unterstützenden konstruktiven Aktivitäten, die mit der freiwilligen Annahme von Leiden parallel gehen müssen, um Ungerechtigkeiten zu beseitigen, müssen in einem solchen Fall unzureichend oder der Zeitpunkt falsch gewesen sein (ein Faktor, dem gegenüber Gandhi außerordentlich sensitiv war). Wenn man zuließ, daß eine Situation sich von einem bestimmten Punkt an immer weiter zuspitzte, so bewies diese Verschlechterung der Lage nicht das Versagen der Methode des Selbst-Leidens. Gandhi führte folgendes Kriterium an, was manchmal vergessen wird: Unter Bedingungen, wo Feigheit oder Gewalt die einzigen Alternativen sind, ist Gewalt das kleinere Übel. Statt die Dinge in schwarz und weiß zu malen, hatte Gandhi eine besondere Art, Unwägbarkeiten einer Situation einzuschätzen. Er faßte nie einen Beschluß, ohne vorher die einzelnen Faktoren sehr gründlich studiert zu haben, und hier berücksichtigte er besonders die menschliche Komponente, was in der gegebenen Situation zumutbar sei. Daß Selbst-Leiden letztendlich das Herz des Gegenspielers bewegen würde, war für ihn ein Glaubensartikel. Sollte dies dennoch nicht geschehen, so sei es besser, getötet zu werden als zu töten oder offen zu versagen, indem man sich der Tyrannei ergab. Gandhi war Pragmatiker und Idealist zugleich. Er hatte die Waffe des Selbst-Leidens seit Jahrzehnten erprobt, angefangen in Südafrika. Er zeigte, daß diese Methode ökonomische, soziale und politische Situationen verändern kann, und die Bewegungen, die er anführte, bewiesen, wie unauflöslich diese drei Aspekte miteinander verbunden waren. Aber gegen Ende seiner Tage bekannte er, daß diese Waffe neu sei und immer noch vervollkommnet werden müsse – eine Technik im Erprobungsstadium. Ohne vorausgehende innere Läuterung, und das betonte er immer wieder, könne die Methode tatsächlich zu einer Art Erpressung oder zu bloßem Zwang degenerieren. Welche Methoden auch immer wir anwenden, sie werden von Menschen gehandhabt, und Menschen sind fehlbar.

Für heutige Menschen, die im Geist des Säkularismus erzogen sind, mag die Vermischung des Religiösen und Politischen bei Gandhi Verwirrung stiften. Ist nicht die Tatsache, daß wir die *satyagraha*-Bewegungen unter der Kategorie des religiösen Denkens diskutieren, Evidenz dieser Vermischung? Die Autobiographie ist einmal mehr aufschlußreich:[4]

»Um dem universalen und alldurchdringenden Geist der Wahrheit ins Auge zu blicken, muß man in der Lage sein, die geringste aller Kreaturen wie sich selbst zu lieben. Wer danach trachtet, kann es sich nicht leisten, irgendeinen Bereich des Lebens auszuklammern. Aus diesem Grunde hat mich meine Hingabe an die Wahrheit zur Politik geführt, und ich kann ohne das geringste Zögern und doch in aller Bescheidenheit sagen, wer behauptet, daß Religion nichts mit Politik zu tun habe, weiß nicht, was Religion ist.«

Kontrastierend dazu sollten hier zwei andere Haltungen Erwähnung finden. Die jainistische Einstellung der Ehrfurcht vor dem Leben, die zu extremen Praktiken geführt hat wie dem Bedecken von Mund und Nase, der Fütterung von Ameisen mit Zucker und der Vermeidung des Ackerbaues, der nicht ohne Zerstörung von Leben betrieben werden kann, hat die Jains zu Geschäftsleuten werden lassen. Der theokratische Glaube des Islam hat die Unterscheidung von Religion und Politik zurückgewiesen und versucht, jeden Aspekt des Lebens strikt nach theologischen Sätzen zu gestalten, die vom Koran abgeleitet werden. Gandhi denkt hier grundsätzlich anders. Er hat kein Verständnis für den Ameisen fütternden Jain, der das Insektenthema strapaziert, die Mükke seiht und vor der Vernichtung bewahrt, gleichzeitig aber »Kamele verschluckt«, wenn er z.B – als Händler – Ghee (Butterschmalz) verdünnt. Gandhis Schriftinterpretation war immer liberal. Wenn er in den Schriften etwas fand, was Vernunft oder Gewissen widersprach – umso schlimmer für die Schrift! Immer müßte die von Gott gegebene Fähigkeit des Prüfens und der Kritik auch auf das geschriebene Wort und nicht nur auf die Institutionen angewendet werden, da alles vom Menschen gemacht ist.

Wir haben bereits gesehen, daß Gandhi nicht glaubte, das menschliche Bewußtsein oder die menschliche Gesellschaft in isolierte soziale, politische oder religiöse Bereiche aufteilen zu können. Man muß sich nur eine der großen Massenversammlungen im heutigen Indien vor Augen führen, um zu begreifen, wie sehr diese drei Bereiche miteinander zusammenhängen. Da das spirituelle Gesetz nicht unabhängig, sondern in den alltäglichen Aktivitäten des Lebens zum Ausdruck kommt, wirkt es auch in der politischen Sphäre, selbst wenn gelegentlich, um mit Gandhi zu sprechen, Politik uns einzwängt wie die Windungen einer Schlange. Diese Metapher ist bezeichnend. Die Schlange ist in der indischen Mythologie ein Symbol der Macht, und keiner wußte besser als Gandhi, daß Politik mit Macht zu tun hat. Aber die Frage, wie diese Macht humanisiert werden könne, trieb Gandhi um. Seine Antwort – nur durch die Gegenmacht der Seelenkraft. Obwohl Gandhi den Lebensstil der inneren Läuterung mit Akribie praktizierte, stimmte er Tolstoi nicht zu, der meinte, daß man sich darauf allein stützen könne. Die Zeit vergeht und die Menschen gehen zugrunde. Es gilt, neue Institutionen mit progressiven Programmen zu schaffen, die sozialen Strukturen zu verändern und politische Instrumente zu schmieden, die dem Willen eines erleuchteten Volkes dienen.

Ich habe bisher nichts über die Geschichte des Indischen Nationalkongresses gesagt und seine Bedeutung im Kampf für die Unabhängigkeit Indiens. Dies ist nicht Gegenstand unserer Studie. Aber jeder, der sich die Mühe macht, die Protokolle der Sitzungen des Kongresses zu lesen, kann nicht anders als beeindruckt zu sein von der Präsenz ethischer und religiöser Sprache in den Diskussionen. In welchem Ausmaß ist es überhaupt *möglich*, gewaltfrei zu sein? Kann Gewaltlosigkeit tatsächlich funktionieren? Solche Fragen spielten in die an sich rein politischen Debatten hinein. Das Konzept von *dharma* selbst verbindet das Individuelle mit dem Politischen und dem Kosmischen. Die Rede von Pflichten, von *seva* oder Dienst war die Sprache, in der Menschen traditionell ihren Platz in der Gesellschaft definiert hatten. Gandhi versuchte hier anschaulich zu demonstrieren, daß Actons berühmter Maxime widersprochen werden kann. Wenn Macht aufrichtig geteilt und das neue Jerusalem von unten aufgebaut wird, ist damit eine politische Reinigung verbunden, die der individuellen inneren Reinigung bzw. Läuterung analog ist, zu der sich Gandhi und seine *satyagrahis* verpflichtet hatten. Diese Argumente legen den Schluß nahe, daß für Gandhi die Idee der Demokratie viel grundlegender war als der Säkularismus. *Pravritti* bzw. Engagement ist für Gandhi nicht eine Preisgabe der individuellen Selbstverwirklichung, sondern bedeutet, daß die einsame Suche nach Erleuchtung inmitten menschlichen Elends der Gipfel an Luxus ist, und Luxus ist eine Form des Diebstahls. Gerade weil Gandhi in die Geschichtsbücher als Neuerer hinsichtlich der Formen *kollektiven* Handelns eingegangen ist, dürfen wir nicht vergessen, daß die Wurzel hierfür in seinem festen Glauben an den Wert des Individuums und dessen Möglichkeiten liegen. Im Zentrum des ozeanischen Zirkels, seines berühmten Modells für eine transformierte Gesellschaft, steht das Individuum. Das meine ich, wenn ich behaupte, daß für ihn Demokratie ein vitaleres Konzept als das des Säkularismus war. Der Säkularist attackierte immer wieder in verschiedenen Situationen Klerikalismus, Fürsten und Mächte im religiösen Kontext. Wenn das freie Indien Säkularismus als Staatsdoktrin annahm, so tat es dies ganz wesentlich aufgrund der Schulung in *satya* und *ahimsa*, durch die die Politiker aus Gandhis Ära gegangen waren. Säkularismus als kämpferisches Prinzip gegen religiöse Autorität kann hinduistischem Denken nicht einfach aufgepropft werden. Als praktische Staatsdoktrin in einer multireligiösen Gesellschaft jedoch konnte er von den Hindus leichter akzeptiert werden als von den Muslimen.

Säkularismus ist in den letzten Jahren zu einem Schlagwort geworden, das für ganz verschiedene Ideen steht. Im Vergleich zu den kämpferischen hindunationalistischen Reformern des 19. Jahrhunderts erscheint Gandhi beinahe als Säkularist. Und doch erkennen wir bei der Analyse seiner Strategie in den hindu-muslimischen Beziehungen, daß seine Politik keineswegs säkularistisch war, wenn dies bedeuten würde, daß religiöse Überlegungen von politischen Angelegenheiten getrennt sein sollten. Hindus und Muslime zu ermutigen, bessere Hindus und bessere Muslime zu werden, heißt nicht, Säkularismus zu fördern.

Religion war von den Revivalisten des 19. Jahrhunderts politisiert worden. Was aber geschieht, wenn man versucht, Politik in einer Gesellschaft zu *moralisieren*, wo das Konzept von *dharma* religiöse wie ethische Konnotationen hat? Kann man sich auf einzelne Elemente oder Komplexe von Elementen einer religiösen Matrix berufen, ohne die Büchse der Pandora zu öffnen? Die Büchse der Pandora öffnen kann heißen, Gewalten zu entfesseln, die sich dem eigentlichen Ziel, der Beseitigung der Leiden der Armen, widersetzen. Und doch stimmt der Versuch, die sozialen Energien der Massen zu mobilisieren, mit dem überein, was heute unter dem Sammelbegriff Säkularismus steht. Der Säkularist möchte soziale Gerechtigkeit herstellen, indem er die Aspekte des Lebens, die mit religiöser Autorität – sei es die Autorität der Schrift oder einer Institution – zu tun haben, ausklammert. Gandhi unterscheidet sich wesentlich von dieser Art des Säkularismus. Zum einen ist die Methode der freiwilligen Annahme von Leiden, um Ungerechtigkeiten auszugleichen, nicht auf dieses Ziel allein ausgerichtet, sondern auch darauf, das Herz des Gegners zu gewinnen, d.h. eine neue menschliche Beziehung aufzubauen. Zum anderen hat Gandhi, wenn er vom günstigen Ausgangspunkt seiner Erfahrungen in Indien spricht, nicht geglaubt, daß es tatsächlich *möglich* wäre, die verschiedenen Aspekte des Lebens isoliert voneinander zu sehen. Man denke nur an so einfache Dinge wie Nahrung oder Kleidung. In Indien spiegelt beides, mit Ausnahme der verwestlichten Elite, die soziale, ökonomische und oft religiöse Identität eines Menschen wider. Drittens, und das ist vielleicht der entscheidende Punkt, gestaltet der Säkularist seine Politik unter Berücksichtigung der Bedürfnisse des *homme moyen sensuel*. Gandhi hingegen ging davon aus, daß sich der Heilige und ein gewöhnlicher Mensch auf derselben Wellenlänge befinden. Die Gelübde eines Mönches und eines *satyagrahi* sind gar nicht so verschieden. Auch Letzterer übt Verzicht in bezug auf die Freuden des *grihastha*-Lebens (Haushalter). Die *wesentlichen* Disziplinen sind für alle gleich. Gandhi glaubte an das Maßhalten. Zudem wurde allen, dem *muni* (Mönch), dem *satyagrahi* oder dem gewöhnlichen Menschen die notwendige Kraft durch göttliche Gnade zuteil. Wenn man dies bedenkt, und für Gandhi war das ein entscheidender Gesichtspunkt, sind die Kräfte im Menschen, wenn sie nur mobilisiert werden, stärker als jede Staatsmacht, auf die vermutlich der Säkularist hinaus will. Statt auf den Säkularisten berufen wir uns lieber auf den Demokraten Gandhi, für den jedes Individuum seinen eigenen Wert hatte, dessen begrenzte Sicht der Wahrheit eigene Geltung besaß.

Zwei wichtige Aspekte in Gandhis Lehre über das Selbst-Leiden müssen noch erläutert werden, und zwar daß *ahimsa* die äußerste Grenze der Demut ist,[5] und daß es so etwas wie ein Gesetz der Liebe gibt. Die Bedeutung der »Demut als Frucht des Geistes«, um hier eine Formulierung zu übernehmen, ergibt sich aus der Einsicht in das fragmentarische Erkennen der Wahrheit. Es besteht angesichts der Begrenztheit der eigenen Sicht kein Grund, sich überlegen zu fühlen, wo doch andere Sichtweisen ebenso möglich sind und auch vertreten werden. Darum sagt Gandhi:[6] »Von Wahrheit kommt Liebe, Milde, Demut. Ein Anhänger der Wahrheit muß so demütig sein wie Staub. Seine Demut verstärkt sich mit der Beachtung der Wahrheit.« Demut ist genau das Gegenteil von Selbstbehauptung, die sich aus Egoismus ableitet und zu Widersprüchen im Menschen und in der Gesellschaft führt. Der Wunsch, sich selbst aufs äußerste zu reduzieren, offenbart die tiefste Demut. Diese Frage war für Gandhi keineswegs rein theoretisch. Bauarbeiter in den Dörfern wurden angehalten, gegenüber den Dorfbewohnern mit Demut aufzutreten. Es dürfe nicht gelten, daß die Gewohnheiten der Städter überlegen seien. »Ein Leben im Dienen muß ein Leben der Demut sein.«[7] Das aber bedeutet »eifrigstes und stetiges Streben«. Demut ist die Bedingung für Wachstum. »Wenn Selbstzufriedenheit einen Menschen befällt, hat er aufgehört zu wachsen und taugt nicht mehr zur Freiheit.«[8] Es war genau diese Selbstzufriedenheit, die er mit Bedauern bei vielen evangelikalen Christen verspürte, wenn sie sich rühmten, »gerettet« zu sein. Gandhi leitete seine Philosophie der Demut ab aus der Bescheidenheit der Millionen von Menschen, die sich in Indiens Dörfern abmühen und sogar das Lebensnotwendige entbehren müssen; aus der Hingabe, die in der täglichen Sorge der Mutter für das Kind zum Ausdruck kommt (und auch »das Fegen des Schmutzes« ist ein natürlicher Teil dieser Fürsorge); und aus der niedrigen Herkunft der mittelalterlichen Dichter-Heiligen Indiens. Da nach dem Gesetz der Stadien des spiruellen Wachstums der Sucher Schritt für Schritt voranschreiten muß, kann anderen kein allgemeines Gesetz unabhängig von der konkreten Situation vorgeschrieben werden. Das bedeutendste Beispiel dafür ist Gandhis bewußte Weigerung, eine Politik im voraus zu entwerfen, der man folgen solle, »wenn die Freiheit erlangt ist«. Gandhi ist dafür von manchen kritisiert worden. Eine solche Vorschrift wäre gegen seine lebenslange Praxis des sorgsamen Studiums der aktuellen Umstände gewesen, gegen sein Insistieren, daß die konkret Betroffenen die anstehenden Probleme selbst anpacken müssen. Er wollte dem unabhängigen Indien kein allgemeingültiges Programm vorschreiben. Es kann keine magische Formel für die Zukunft geben. Sogar Gandhi, der sein Indien so gut kannte, war demütig genug, Vorhersagen und Vorschriften zu vermeiden. Den einzigen »nächsten Schritt«, der wesentlich sei, sah er in der Auflösung der Kongreßpartei, damit ihre ehemaligen Mitglieder zur Aufbauarbeit zurück in die Dörfer gehen könnten. Das stimmt mit dem überein, was Mahadev Desai Gandhis »Ideal vom politischen *sannyasa*« genannt hat.[9] Ein Sannyasi ist von den Kastenregeln ausgenommen. In ähnlicher Weise dispensiert sich Gandhi von den üblichen Verpflichtungen politischer Führerschaft, eine präskriptive Therapie zu verordnen, um es in der Sprache der Medizin auszudrücken. Das Training in Demokratie, das er seinen Mitstreitern ein Leben lang während der

Kampagnen auferlegte, war eine Schulung in Entscheidungsfähigkeit, die durch Wahrheit und *ahimsa* gelenkt wird. Selbst als sich die Entscheidung gegen sein ganzes Lebenswerk richtete, das ein freies und vereintes Indien zum Ziel hatte, d.h. als die Teilung Indiens anstand, war Gandhi so demütig, daß er die Entscheidung akzeptierte – und die gewaltfreie soziale Revolution, die hätte kommen sollen, ereignete sich nie.

Wir wenden uns jetzt dem Thema Liebe zu. Gandhi sagt von *satyagraha*:[10] »Seine Grundbedeutung ist Festhalten an der Wahrheit, und zwar der Wahrheitskraft. Ich habe es auch Liebeskraft oder Seelenkraft genannt.« Die *bhakti*-Tradition (Hingabe) spricht im Unterschied zur *dhyana*-Tradition (Meditation) von Liebe zwischen Gott und Mensch. Die Vaishnava-Hymnen, die Gandhi sehr liebte, besingen diese Beziehung. Gandhi entwickelte seine eigene Sprache und Begrifflichkeit, wenn er erläuterte, was mit Liebe gemeint ist. Die Radha/Krishna-Symbolik spricht ihn viel weniger an als die Analogie von Rama und Sita, die Idee einer treuen Partnerschaft. Aber er verläßt den Boden der Mythologie, wenn er die Wahrheitskraft mit der Liebeskraft identifiziert, die er beide der rohen Gewalt entgegenstellt. 1925 äußerte er zu Hörern in Cutch:[11]

»Was ihr von mir lernen solltet, ist meine Liebe und nicht meine Stärke im Kämpfen. Meine Kampfeskraft ist nur ein Bruchteil meines wirklichen Lebens, und selbst diese Kraft ist das Resultat meiner Wahrheit, meiner Sympathie, meiner Liebe. Alle meine Kämpfe und mein Kampfgeist sind nichts wert ohne diese Liebe.«

C.F. Andrews verstand seinen Freund Mohan sehr gut, wenn er an Romain Rolland schrieb, daß in dessen innerem Leben »die Leidenschaft für die anderen das Höchste ist«[12]. Die Gandhi nahestanden und sahen, wie er seine Zeit während des Tages einteilte, haben bezeugt, daß er Stunden damit verbrachte, die Klagen unzähliger Besucher anzuhören, die ihn mit den verschiedensten persönlichen Problemen, selbst medizinischen, konsultierten. Kein Brief war so unbedeutend, daß Bapu nicht eine persönliche Antwort gegeben hätte, und wenn es nur eine kurze Botschaft auf einer Postkarte war. Mit dem Blick der Liebe konnte er instinktiv und intuitiv erfassen, was der andere brauchte. Frauen in Ostbengalen, die ihre Ehemänner, Söhne und Brüder verloren hatten, tröstete er nicht, sondern ermutigte sie. Als er in Ostbengalen von Dorf zu Dorf wanderte, ging er einen weiten Weg zurück, um einem kranken Kind das Klistier zu verabreichen, das es brauchte. Dieses selbstlose Geben schenkte ihm die kostbare Freundschaft von Männern wie Charlie Andrews, Rabindranath Tagore, Romain Rolland, Jawaharlal Nehru, Maulana Azad. Aber nicht nur die Großen jener Tage, sondern auch die einfachen Dörfler, mit denen er sich in Speisegewohnheit, Kleidung und Lebensstil identifizierte, wurden zu Freunden. Durch seine Art übte er eine große Anziehungskraft aus. Madelaine Slade (Mirabehn) hatte Recht, als sie an Romain Rolland schrieb:[13] »Bei Bapu sind es sein Leben und seine Handlungen (von den wichtigsten bis zu den kleinsten), die mehr als Worte sagen (die beredter als Worte sind).«

Aber wir müssen zu unserem Anliegen zurückkehren, die Strukturen seines Denkens darzustellen. Hier nun, so glaube ich, ist Gandhis Unterscheidung zwischen Übel und Übeltäter von Bedeutung, denn das Konzept vom »moralischen Übel«, wie wir es in der philosophischen Literatur finden, ist mit der Person, dem Täter, verbunden. Gandhis Unterscheidung wurzelt im Wesen seiner Kampagnen, seinem Lebenswerk, wo er zwischen einem System und den Menschen, die es bedienen, unterscheiden lernte. Die Schärfe, mit der er im *Hind Swaraj*, einem Grunddokument für das Studium von Gandhis Denken, argumentiert, richtet sich gegen eine bestimmte Art von Zivilisation, gegen ein Netz von Systemen und Institutionen, die seiner Ansicht nach den Menschen entmenschlichen. Nur, daß ein System oder eine Institution nicht direkt zur Rede gestellt werden kann. Mächte und Gewalten tragen ein menschliches Antlitz. Während Haß wieder Haß erzeugt, hat Liebe die besondere Qualität, wieder Liebe hervorzurufen. Gandhi sieht die Krankheit der Moderne als eine Folge der Distanzen: der Distanz zwischen Regierung und Regierten, reich und arm, Stadt und Dorf, Bergbewohnern und den Menschen der Ebenen, Hochkastigen und Niederkastigen. Die Distanzen zwischen den Nationen aber sind nur eine Extrapolation dessen, gleichsam in Großbuchstaben, was wir in unserer nächsten Umgebung ständig vor uns haben, wo immer wir auch leben. Liebe hingegen ist die Kraft, die Menschen zusammenführt.

Was Gandhi hier meint, kommt der *agape* am nächsten, weniger Begriffen wie *eros*, *philia* oder selbst *caritas*. *Ahimsa* ist »die weiteste Liebe«, weil es selbstopfernde Liebe ist. Wir können dies auch mit *yajna*, dem ritualistischen Opfer, vergleichen, das auch ein Opfer von Lebendem sein kann, oder mit der engen Beziehung zwischen Mensch und Gott in der Vaishnava-Tradition, die so ansprechend in Indiens devotionaler Musik gefeiert wird. *Ahimsa* vertreibt Feigheit, vollkommene Liebe vertreibt Furcht. Gandhi hat niemals seinen Glauben in den Menschen verloren, obwohl er die Unmenschlichkeit zwischen Menschen sowohl in Südafrika als auch in Indien unmittelbar erfahren hat. Die Hindu-Tradition spricht vom göttlichen Funken im Menschen, die *Gita* vom Herrn als Freund und, wie Gandhi es ausdrückte, »Buddha lehrte uns, den Erscheinungen zu trotzen und dem letztendlichen Triumph von Wahrheit und Liebe vertrauen zu lernen«[14]. Die Bergpredigt hatte auf den jungen Gandhi ebenfalls tiefen Eindruck gemacht, der durch Tolstois Botschaft von der »inneren Vollkommenheit, Wahrheit und Liebe« bestärkt wurde. Gandhi suchte, so scheint mir, nach einem *männlichen* Konzept von Liebe, das er in der Literatur seiner Heimat Gujarat, so sehr er sie auch schätzte, manchmal vermißte. So schrieb er an Maganlal Gandhi, seinen Neffen und engen Vertrauten, daß die von Swaminarayan (gegen Ende des 19. Jahrhunderts in Gujarat) und Vallabhacharya gelehrte Liebe eine »weibliche Sentimentalität« enthalte, daß in den Versen des Ramdas jedoch mehr *purushartha* (männliches Streben) zu finden sei. Die Bindungen eines *grihastha* mit dem unvermeidbaren Aspekt des Besitzdenkens mußten Gandhi, der die Bürde einer nationalen Mission auf sich genommen hatte oder vielleicht durch die Ereignisse dazu getrieben worden war, als eine Form von Zwang erscheinen. Menschliche Liebe, wie sie in den Bindungen einer Kameradschaft gefunden wird, die Menschen mit gemeinsamen Aufgaben zusammenführt, war vielleicht die für Gandhi einsichtigste Form von Liebe, eine selbstopfernde Liebe, die besonders intensiv im Ashramleben zum Tragen kam. Es war eine nach außen strömende Liebe, die das Dorfkind ebenso erreichte wie den von Bürgerunruhen geplagten Städter oder den britischen Soldaten und die auch den »Größten im Land« nicht ausschloß.

Sanskritworte, die mit dem Präfix »a« beginnen, verbergen hinter ihrer scheinbar negativen grammatischen Form eine positive Bedeutung. Gandhi meinte, diese positive Bedeutung müsse ausformuliert werden:[15] »In seiner *positiven* Form bedeutet *ahimsa* die weiteste Liebe, die größte Barmherzigkeit. Wenn ich ein Anhänger von *ahimsa* bin, muß ich meinen Feind oder einen Fremden lieben wie meinen Vater oder Sohn, wenn sie Falsches tun.« Er ist so demütig, daß er am Ende dieses Satzes die Beziehung zu einem seiner Söhne erwähnen kann, die er zeitweise als Quelle quälender Belastung empfand. Gandhis Offenheit hinsichtlich seiner persönlichen Beziehungen hat andere oft überrascht. Doch dies gehörte zu seinem Streben nach Wahrheit, nach Authentizität, wenn man dazu fähig war. Wie kann Authentizität sichtbar werden, wenn nicht als Liebe? Hier scheint Gandhi einen Weg aus der Trennung zwischen Gesinnungsethik und Erfolgsethik zu finden.

Hinzu kommt dies. Das schreiende Bedürfnis nach Frieden ließ Gandhi nie in Ruhe. Wie kann man »mit beiden, dem Freund und dem Feind, in Frieden leben«[16], wenn nicht dadurch, daß man aus dem Feind einen Freund macht? Die Hauptangst, die der heutige Mensch bewältigen muß, ist die Angst vor dem Krieg. Erzbischof Cosmo Lang nannte Gandhi[17] einmal mit unfreundlichen Worten einen Mystiker, Fanatiker und Anarchisten! Ich glaube nicht, daß die ersten beiden Vorwürfe gerechtfertigt sind. Aber es *gibt* ein Element von Anarchismus bei Gandhi, einem aufgeklärten Anarchismus, in dem er großartig ist. Er glaubte wirklich, daß die Bemühungen gewöhnlicher Leute, die Bande der Liebe und Gemeinschaft zu stärken, als friedenschaffende Kräfte in der Welt wirkten. Keine Organisation oder Welt-Autorität könnte so effektiv sein. Aufgeklärte Anarchisten hätten die Wirkung von Hefe, die den Teig durchsetzt.

Das Konzept von *dharma* bedeutet eine Kette von Pflichten und nicht Liebe. Das jainistische Konzept der Einheit alles Lebendigen sanktioniert das Nichtverletzen aller Wesen bis hin zum geringsten. Das Mahayana-buddhistische

Konzept der Barmherzigkeit, nach dem der Erleuchtete in die Welt zurückkehrt, um denen zu helfen, die noch nicht befreit sind, wie es in den Boddhisattvas exemplarisch wird, verstärkte in der indischen Tradition den Sinn für die transformierende Kraft der Güte. Feuer und Wasser sind für viele Völker Symbole der Reinigung, und auch Askese als Mittel der Läuterung ist weit bekannt. Wo also ist das Neue bei Gandhi? Die Vermutung liegt nahe, daß Gandhi durch die Begegnung mit christlichen Gemeinschaften zur Idee von der Kraft der Liebe gefunden hat. Es ist aber komplizierter. In einer Geschichte von Kreuzzügen und in räuberischen ökonomischen Strukturen, wie sie Gandhi in Südafrika beobachtete, kann von einem Einfluß der Bergpredigt keine Rede sein. Für Gandhi ist nicht die heilige Familie das Paradigma, sondern die Fähigkeit des gemeinschaftlichen Leidertragens, was er in der *menschlichen* Familie und vielleicht mehr noch im Dorf seiner Visionen fand. Seine erste Begegnung mit dem Neuen Testament und besonders der Bergpredigt machte ihn »einfach überglücklich«[18], denn sie stimmte mit dem überein, was er bereits als wahr erkannt hatte. Die Sprache des Paulus in 1.Korinther 13 klingt eigentümlich an, wenn er sagt:[19] »*Satyagraha* ist sanft, es verwundet niemals. Es darf nicht Resultat von Ärger oder Groll sein. Es ist niemals geschäftig, niemals ungeduldig, niemals laut. Es ist das direkte Gegenteil von Zwang.« Gandhi steckt voller Überraschungen. Er assimiliert die Sprache anderer, die dann in seinen eigenen Schriften so lebendig erscheint, als wäre sie seine eigene, so z.B. wenn er mit Spinoza von »diesem großen Gesetz der Liebe« spricht und verwundert fragt: »Sind nicht alle guten und großen Dinge schwer zu tun?«

Gandhi glaubte an das »Gesetz der Liebe« im Leben. Daß Leben trotz Tod und Zerstörung fortdauert, nahm er als Beweis. Aber wie schon beim *dharma* stoßen wir hier auf ein Prinzip, das zum einen alle Dinge trägt, und zum anderen doch danach verlangt, vom Menschen gepflegt und geschützt zu werden. Die Bindekraft, die zwischen Menschen existiert, muß angewendet werden. Mit anderen Worten, Gandhi glaubt, daß uns eine Kraft zur Verfügung steht, deren volles Potential erst noch ausgeschöpft werden muß. Es gibt eine interessante Parallele aus dem Jainismus zum Begriff der Subtilität in seinem Denken:[20] »Je wirksamer eine Kraft ist, umso leiser und subtiler ist sie. Liebe ist die subtilste Kraft in der Welt.« Aber obwohl Gandhi so oft von der Analogie der Seelenkraft zu anderen Kräften sprach, ging es ihm letztlich darum zu zeigen, wie stark sie sich von jeder anderen Kraft unterscheidet. Die äußerste Bewährung des *satyagrahi* ist seine Bereitschaft zu sterben, den Tod zu *wählen*, also die Annahme des Selbst-Leidens bis zur letzten Konsequenz. Ist ein solcher Geist des Selbstopfers ohne den Glauben an Gott möglich? Gandhi jedenfalls glaubte, daß Gewaltlosigkeit im positiven Sinn, d.h. Liebe, nur einen Menschen »durchdringen« kann, der im »lebendigen Glauben an Gott lebt«. Darum bezweifelte Romain Rolland, daß Gewaltlosigkeit ein wirksames Prinzip in einer entsakralisierten Welt sein könne. Würde der Glaube an menschliche Solidarität ausreichen, um eine neue Ordnung aufzubauen? In einer Zeit, da der wissenschaftliche Intellekt mit geschliffenen Thesen vordergründig brilliert, stellt sich die Frage, was aus den Kräften des Herzens wird, die unsichtbar wirken und verborgen alles durchdringen.

Bisher habe ich möglichst zu vermeiden versucht, von Gott zu sprechen, denn Gandhi wußte, daß dieser Begriff ein Stolperstein sein kann, besonders dann, wenn wir auf der begrifflichen Ebene *stehenbleiben*. Das Ringen um und Experimentieren mit der Wahrheit wird oft als Widerspruch zum Gottesglauben verstanden. Der *satyagrahi*, der häufig als Typus des politischen Aktivisten gilt, ist aber tatsächlich, wie wir in diesem Kapitel gezeigt haben, ein religiöser Mensch. Gandhi spricht immerhin von Christus als dem Fürsten der *satyagrahis*. Hingabe an Wahrheit und *ahimsa* sind die *tapasya* des *satyagrahi*. Er *glaubt* an Wahrheit und *ahimsa*, und er *glaubt* an den Menschen. Als religiöser Mensch ist der *satyagrahi* weder ein Führer noch ein Geführter. In der gewaltfreien Armee von *satyagrahis* entsteht eine kollektive Führung, die an das Gemeinschaftsgefühl in der frühen Kirche erinnert. Widerlegt sich nicht der Ausdruck »atheistischer *satyagrahi*« von selbst? Wenn wir hier Gandhis Gedankengang folgen, könnte man sagen, daß nicht alle, die »Herr, Herr« rufen, bereit sind, Seine Schafe zu hüten oder für sie zu sterben. Hingabe an die Wahrheit und *ahimsa* äußern sich nicht in Lippenbekenntnissen, sondern im Leben. Der *satyagrahi* ist ein Humanist mit Tiefgang, und das »äußere« Leben zeugt davon. Er hat sich der Wahrheit und *ahimsa* verschrieben und nicht nur verpflichtet. Angesichts der drängenden Probleme des 20. Jahrhunderts zeigt Gandhi dem Menschen eine Möglichkeit, die ihn weder zum Opfer noch zum Beobachter werden läßt, eine heilende Funktion, die selbst der Schwächste übernehmen kann. Der *satyagrahi* Gandhi »vertraute auf Gott als seiner einzigen Zuflucht«. Sein Glaubensleben war so sensibel wie sein religiöses Denken. Gott, so sagte er einmal, kann den Ärmsten der Armen nur in der Form von *Arbeit* erscheinen. Das sind direkte Worte für den, der nach einer ausgefeilten Theologie bei Gandhi sucht – er wird sie nicht finden. Wenn Gott in Gestalt von Arbeit erscheint, heißt das, daß *Liebe* in Gestalt von Arbeit erscheint. Arbeit wird in vielen traditionellen Denksystemen als Strafe oder Buße verstanden. Doch für Gandhi ist Arbeit ein Privileg, da in seinem Land nicht jeder eine produktive Arbeit hatte. Gandhis Gottesbeziehung – wie er Ihn erfuhr – ist so unorthodox, wie auch nicht anders zu erwarten ist. Wie sah das innere Leben dieses Menschen aus, für den Religion gleichbedeutend war mit Dienen, einem Leben in der Öffentlichkeit, in der Identifikation mit den Problemen der Welt?

Warten auf Gott

Gandhis Leben war wie ein offenes Buch, und doch ist es nicht leicht, die Zeichen zu deuten und zum Geheimnis dieser äußerst komplexen Persönlichkeit vorzudringen. So müssen wir weiter ausholen. Obwohl es Versuche gibt, das Charakteristische der Hindu-Spiritualität herauszukristallisieren, ist dies meiner Meinung nach nicht möglich. Selbst von einem Hauptstrom des Hinduismus zu sprechen, ist problematisch. Aus diesem Grunde haben wir im 2. Kapitel dieser Studie einige Züge des Hinduismus und seiner Bewegungen, orthodoxer und anderer, die letztlich das Gesamtgefüge ergeben, detaillierter charakterisiert. Die Worte »Religion« und »Spiritualität« haben in den indischen Sprachen keine Entsprechung. Wenn das Hauptanliegen der indischen Religion *dharma* ist, wie ich glaube, dann ist die Frage nach der Existenz Gottes, seiner Natur usw. sekundär. Für Gandhi jedoch ist diese Frage *nicht* sekundär. Aber er mißt der konkreten Bezeichnung keine besondere Bedeutung zu, ob Gott (sei es personal oder impersonal), Wahrheit, Allah, Ram oder was auch immer. Während er aus seiner Verwurzelung in der Vaishnava-Tradition das Göttliche ganz selbstverständlich als *bhagavan* anbetet (er zieht das Wort *Rama* oder, wenn er die englische Sprache gebraucht, das neutrale Wort »Gott« vor), kann er aufgrund seiner Vertrautheit mit dem Jainismus das religiöse Leben auch aus dieser Perspektive betrachten, d.h. als Prozeß der inneren Läuterung. Wir können Gandhi keiner Kategorie zuordnen, wenn wir zwischen Religionen unterscheiden, die Erleuchtung anstreben, und Religionen, die auf die besondere Beziehung zwischen Mensch und Gott abzielen. Für Gandhi ist religiöses Leben beides – ein Leben der inneren Reinigung und ein Leben der Hingabe an Gott und den Menschen.

Für Gandhi war *godliness* (ein Wort, das er gebraucht und das mir äußerst angemessen erscheint) ein Wohlgeruch, der sich im Humor, in freundlichen Handlungen, in unnachgiebiger Selbstprüfung, in Mut und Demut ausdrückte – eine etwas eigenartige Zusammenstellung, die durch und durch ernst gemeint ist. Wie Paulus waren Gandhi innere Kämpfe nicht fremd, und er glaubte, daß sie Teil und Bürde eines jeden Menschen mit ausgeprägtem Gewissen seien. Gandhi hatte keine übernatürlichen Eingebungen oder Visionen, übte keine meditativen Techniken oder war auch sonst in keiner Weise Mystiker. Als Anbeter von Gottesbildern und Bilderstürmer zugleich (er idolisiert den einfachen Menschen, in dessen Angesicht er das Angesicht Gottes sieht), präsentiert er sich uns beinahe mit einem Anflug von Mutwillen, der oft mitschwingt, wenn er jegliche Verallgemeinerung hinterfragt, die Analyse religiöser Begriffe als nebensächlich erachtet und über jeden Versuch schmunzelt, sein eigenes religiöses »Denken« unter die Lupe zu nehmen, denn für ihn handelte es sich nicht um eine Frage des *Denkens*, sondern um den Lebensnerv überhaupt.

Das religiöse Verhalten des traditionellen Hindu kreist um *yajna* (Opfer) und *puja* (Anbetung). Wenn ich recht sehe, ersetzt Gandhi ersteres durch Seelenkraft und letzteres durch Gebet. Die Verbindung zwischen beiden ist, was er »die innere Stimme« nennt. Von der Kraft, die durch selbstaufopfernde Handlungen freigesetzt wird, insbesondere, wenn sie kollektiv vollzogen werden (*satyagraha*), wurde bereits im 5. Kapitel gesprochen. Was wir nun erörtern müssen, ist Gandhis Verständnis der inneren Stimme und seine Erfahrung des Gebets.

Gandhi war kein »Tempelgänger«, und wie wir bereits erwähnt haben, spielt der Besuch des Tempel für einen Hindu nicht dieselbe Rolle wie der Besuch von Kirche oder Moschee für Christen bzw. Muslime. Diesbezüglich hat er keinen Ehrgeiz entwickelt. Gandhi dachte rationalistisch, so daß ihm z.B. das Bad in heiligen Flüssen oder der Besuch heiliger Stätten so nutzlos erschien wie das Bad des Elefanten (eine traditionelle Metapher für die Sinnlosigkeit einer Handlung, da nur sehr wenig Wasser den Elefanten wirklich benetzt!), wenn nicht rechtes Denken und Verhalten hinzu kämen. Die große Bedeutung des Rituals in den indischen Traditionen, einschließlich ritualisierter Barmherzigkeitsübungen, könnte er im Sinn gehabt haben, als er sagte:[1] »Werke ohne Glauben und Gebet sind wie eine künstliche Blume ohne Duft. Plädiert nicht für die Unterdrückung der Vernunft, sondern für eine angemessene Anerkennung dessen in uns, was die Vernunft selbst heiligt!« Dennoch wußte Gandhi um die Notwendigkeit von Symbolen im religiösen Leben, in denen der Mensch dem, was für das bloße Auge nicht sichtbar ist, sich aber dem Auge der Imagination auftut, sinnlichen Ausdruck zu geben versucht. Das indische religiöse Leben ist besonders reich an solcher Symbolik. Man denke z.B. an die symbolischen Objekte und Handlungen der *puja* (Anbetung), die Symbolik der Nahrung und Kleidung, die Symbolik im sich wiederholenden *kirtan*-Gesang oder die Natursymbole Feuer und Wasser zur Reinigung. Gandhi war so sehr ein Mann des Volkes, daß er die Schönheit vieler traditioneller Anbetungsformen wahrnahm. Wenn sie aber unter unhygienischen Bedingungen vollzogen wurden oder mit grausamen Praktiken wie der Unberührbarkeit und der Opferung von Tieren verbunden waren, so erinnert sein Zorn an Jesus, als dieser die Geldwechsler im Tempel sitzen sah. Gandhi führte selbst neue Symbole ein, weil er instinktiv das Bedürfnis der Menschen danach spürte. So war seine Sorge um die sanitären Anlagen im Ashram und während der Sitzungen des All India Congress ein Gegensymbol zur traditionellen Obsession mit kultischer Reinheit; das Tragen von *khadi* (heimgesponnenes Tuch) ist ein Symbol der Selbstgenügsamkeit und Unabhängigkeit und gleichzeitig ein Gegensymbol zur sozial-ökonomischen Abhängigkeit und zur Arroganz gegegenüber manuellen Tätigkeiten; die Planung der Zeit in einem disziplinierten Tagesablauf ist ein Symbol, das die zyklische Endlosigkeit des Tageskreises und das zielgerichtete gemeinschaftliche Handeln miteinander versöhnt. Die eben genannten Beispiele, so müssen wir uns erinnern, gehören für Gandhi zum Bereich der Religion.

Was aber meint Gandhi mit der »inneren Stimme«? Vorbilder scheinen Sokrates' *daimon*, die Kerze des Herrn bei den Platonisten von Cambridge und das protestantische *Gewissen* gewesen zu sein. Gandhi hatte eine Gujarati-Version vom Prozeß und Tod des Sokrates geschrieben und ihr den Titel »Die Geschichte eines Satyagrahi« gegeben. Seine Aussage vor Sir George Rainier erinnert im Ton eigentümlich an die Rede des Sokrates vor Gericht. Beide zeichnen sich durch Würde aus. Beide waren Erzieher und Kämpfer, denen die Geschichte die Rolle von Menschen im Widerstand zugewiesen hatte. Beide appellierten an »den Richterstuhl des Gewissens«. Beide wurden zutiefst mißverstanden. Beide litten für ihre Überzeugungen bis zum Tod.

Ich vermute, daß Gandhi unterschwellig von der evangelikalen Vorstellung der »inneren Führung« beeinflußt worden ist, als er in Südafrika mit nonkonformistischen Kreisen Verbindung hatte, und daß dies schließlich und charakteristisch für ihn zu dem wurde, was er seine Erfahrung der »inneren Stimme« nannte. Er übernahm viel von dem Wortschatz jener Kreise und zitierte, wenn auch unbewußt, passende Verse aus den Gesangbüchern von Sankey und Moody. Wer die nonkonformistischen Gesangbuchlieder nicht kennt, wird einige Äußerungen Gandhis nicht einordnen können. Wie ich bereits erwähnt habe, fühlte sich Gandhi von Ereignissen *angesprochen*. Manchmal überkam ihn unerwartet eine Intuition, wie er in einer bestimmten Situation zu handeln habe. Manchmal aber war es mehr ein langsames Heranreifen einer Überzeugung. In jedem Falle jedoch erschien ihm der *dharma* als innere Stimme. Wenn wir sagen »es überkam ihn...«, ist in diesem bekannten Ausdruck etwas von der Kraft enthalten, die aus Gandhis Erfahrung der inneren Stimme kam. Man kann nur von Ereignissen und Situationen *angesprochen* werden, wenn man genaue Kenntnis der Situation hat und innerlich engagiert ist, sich hineinzustürzen und durch das eigene Handeln die Dinge zu verbessern. Gandhis Aktivismus trägt Züge von dem, was Simone Weil in einem Kontext erörtert, der Gandhis Umfeld nicht unähnlich war. Wir haben keine Garantie, daß unsere Intervention die bestmögliche ist, aber es muß unser Anliegen sein, eine Situation *verbessern* zu wollen statt sie zu verschlimmern. Eine innere Stimme ohne die notwendige Sachkenntnis oder die innere Stimme eines undisziplinierten Menschen können nur ins Desaster führen, wovor auch alle Moralisten, die kritisch auf die Fehlbarkeit des Gewissens hingewiesen haben, immer wieder warnen. Gandhis Position in diesen Fragen läßt sich weder als Gesinnungsethik noch als Erfolgsethik bestimmen. Der subjektive oder die *Motivation* betreffende Aspekt ist gekennzeichnet durch seine Festlegung auf Gewaltlosigkeit in Gedanken, Worten und Taten. Die möglichen und wahrscheinlichen *Resultate* verschiedener Handlungsstrategien werden unter besonderer Berücksichtigung der menschlichen Unberechenbarkeit sorgsam gegeneinander abgewogen. Alles andere hängt an den Mitarbeitern, an ihrer Fähigkeit, die verborgenen Kräfte aller Beteiligten zu wecken (z.B. bei den Dorfbewohnern entlang der Route des Dandi-Marsches) und, ohne daß wir diesen Ausdruck leichtfertig gebrauchen, alle sind in die Hände Gottes befohlen.

Die innere Stimme war für Gandhi ein Vehikel der Einsicht, ein Ruf zum Handeln und eine Quelle der Stärke. Letzteres unterscheidet seine Position von der des reinen Gesinnungsethikers. Vom Erfolgsethiker trennt ihn jedoch seine Bindung an die Lehre der *Gita*, daß man an den Früchten des Handelns nicht anhaften darf. Gandhi hat den Zeitpunkt genau benannt, da in seinem Leben die innere Stimme eine Schlüsselrolle zu spielen begann:[2] »Die Zeit, als ich diese Stimme wahrzunehmen lernte, war, so möchte ich sagen, die Zeit, als ich regelmäßig zu beten begann. Das heißt, dies war um 1906.« Die Tage im Gefängnis von Transvaal 1908 erlaubten ihm lange Stunden der Reflexion. Darüberhinaus war dies eine Periode in seinem Leben, in der sich die verschiedenen Einflüsse, die seine innere Erfahrung bisher geprägt hatten, zu einer unverwechselbaren Synthese verdichteten. Schon hier war er zu einer kaleidoskopischen Schau der Welt gelangt, wie nur er sie haben konnte. Wenigstens zweimal in seinem späteren Leben spricht er davon, daß er ins Fasten gegangen sei als Antwort auf die innere Stimme. Der »Ruf« (wieder ein Begriff aus nonkonformistischen Kreisen), das Fasten vom 6. April 1919 zu unternehmen, kam ihm im Traum. Auch sein 21-Tage-Fasten im Yeravda-Gefängnis 1933 für die Beseitigung der Unberührbarkeit war eine Antwort auf seine innere Stimme, wie er Dr. Mott, dem Gründer des YMCA-Bewegung, berichtet hat.[3] Aber Gandhi war sich auch der damit verbundenen Gefahren bewußt. Er schreibt:»Die ›innere Stimme‹ kann eine Botschaft von Gott oder vom Teufel sein, denn beide ringen in der menschlichen Brust miteinander. Die Taten entscheiden, um welche Stimme es sich handelt.« Dieses Zitat ist aufschlußreich. Der erste Teil reflektiert die Gott-Satan- Dichotomie, die aus dem »Höllenfeuer-Stil« des Predigens bekannt ist. Der zweite Satz zeigt, daß unser bisheriges Tun darüber entscheidet, was wir sind, und gibt darum auch die Richtung an, in die uns die Stimme zu gehen ruft. Die innere Reise kann Monster und Dämonen offenbaren. Gandhis Erfahrung von einander widerstreitenden Kräften im Menschen ließ ihn das Schweigen schätzen, ohne das die kleine leise Stimme nicht gehört werden könne. Diese Erfahrung bestärkte ihn auch in seinem Entschluß, sich dem »geeigneten Training« (den Gelübden) zu unterziehen, ohne das »Gottes Wille« nicht erkannt werden könne. 1933 beschrieb er detaillierter, wie ihm die Stimme Gottes, des Gewissens oder der Wahrheit erschien:[4]

Es war »wie eine Stimme fern und doch ganz nah. So unverkennbar wie eine menschliche Stimme, die direkt und unwiderstehlich zu mir sprach. Ich träumte auch nicht, als ich die Stimme hörte. Dem Hören der Stimme ging ein schrecklicher innerer Kampf voraus. Plötzlich überkam mich die Stimme. Ich lauschte, vergewisserte mich, daß es die Stimme war, und der innere Kampf hörte auf. Ich war ruhig...Auch das einmütige Urteil der ganzen Welt könnte in mir nicht den Glauben erschüttern, daß das, was ich gehört habe, die wahre Stimme Gottes gewesen ist.«

Die den Begriff »innere Stimme« ablehnen, könnten den Ausdruck »Diktate der Vernunft«, denen zu gehorchen sei, gebrauchen.[5] Gandhi rechnete mit den Vorurteilen, die jeder Mensch hat, weshalb jeder den Begriff wählen sollte, der für ihn am einsichtigsten sei. Eine Kombination beider Ausdrücke scheint nur dann verwirrend, wenn wir Vernunft mit *Argument* assoziieren. Für Gandhi konnte die innere Stimme nur dann Autorität und Kraft haben, wenn sich der Mensch der reinigenden Disziplin eines *satyagrahi* unterzog und an Gott glaubte. Einem solchen Menschen würde Gott Seine göttliche Gnade gewähren. Die innere Stimme befähigt darüber hinaus, sich in den anderen hineinzuversetzen, und erzeugt größere Aufgeschlossenheit für den anderen. In einem Aufsatz, der 1906 unter dem Titel »Das Band der Sympathie« entstand, verbindet Gandhi den Mangel an Imagination mit verschiedenen menschlichen Schwächen. Auf dem Hintergrund der klassischen indischen Analyse der menschlichen Endlichkeit, die sich in auch in den Leidenschaften zeigt, nennt Gandhi schwache oder fehlende Imagination einen Mangel, und das ist neu. Das Aufgeschlossensein ist immer auch ein Aufgeschlossensein für Gott. Er meint nicht den »Zeugen« der Mimamsakas, wenn er sagt:[6]

»Es gibt nicht einen einzigen Augenblick, in dem ich nicht die Gegenwart eines Zeugen spüre, dessen Auge nichts entgeht und mit dem ich in Einklang zu bleiben strebe... Er war mir am nächsten, wenn der Horizont am dunkelsten zu sein schien – während meiner Prüfungen in den Gefängnissen, wenn ich in schwieriges Fahrwasser geraten war.«

Die Variation der Bilder demonstriert eindrücklich die Geschichte seiner inneren Suche. Er muß in den Häusern der Freikirchler oft den Spruch »Du Gott siehst mich« gesehen haben. Das Gefühl von Übereinstimmung oder Nichtübereinstimmung war für ihn eine bekannte Metapher, ebenso die Bilder der Nähe, des Überwindens der Distanz, und doch, das ist wichtig, schließt dies ipso facto Identität aus.

Gandhi empfing die Kraft, allein stehen zu können, aus dem Gefühl einer tiefen Übereinstimmung seines Seins mit dem Universum. Dies klingt für jemanden, der mit dem Konzept von *dharma* nicht vertraut ist, etwas fremd. *Dharma* ist in erster Linie das, was stützt oder trägt; aber der Mensch ist es, der gefordert ist, den *dharma* aufrechtzuerhalten. Das ist ein Paradox. Das, was stützt, muß vom Menschen gestützt werden. Die Balance (Gandhi scheint Trine gelesen zu haben) bewirkt Zustrom von Kraft. So ist der auf sich gestellte Mensch, der gegen Ungerechtigkeit angeht, nicht wirklich allein. Mit ihm sind alle positiven Kräfte, die das Gute wirken, und daraus bezieht er seine

Stärke. So überrascht es nicht, daß Gandhi ein Lied Tagores, das während der Unabhängigkeitsbewegung sehr populär war, besonders mochte. Dieses Lied ermutigt den, der einsam für die Freiheit kämpft, auch wenn keiner auf seinen Ruf antwortet. Gandhi und Tagore glaubten an eine tragende Kraft im Universum, und darum muß der Mensch, wie es in einem der denkwürdigsten Gedichte Tagores heißt, seine Schwingen ausgebreitet halten. Die innere Stimme befähigt den Menschen zu erkennen, ob er in die richtige Richtung geht. Ich zitiere aus einem Brief Gandhis, den er ein Jahr vor seinem Tode schrieb. Die Stimme sagt: »Du bist auf dem rechten Weg. Gehe weder links noch rechts, sondern bleibe auf dem geraden und engen Pfad.«[7]

Alle sechs Sinne liefern aufschlußreiche Metaphern, die uns das Wesen der inneren Suche bei Gandhi erschließen. Man muß bereit sein zu *hören*. Daher die Bedeutung des Schweigens. Er schreibt 1938:[8]

»Schweigen ist für einen Wahrheitssucher wie mich eine große Hilfe. Im Schweigen findet die Seele den Pfad zu klarerem Licht, und was unfaßbar und trügerisch ist, wandelt sich in kristallene Wahrheit. Unser Leben ist ein langes und mühseliges Suchen nach Wahrheit, und die Seele braucht innere Ruhe, um ihr Tiefstes auszuschöpfen.«

Schweigen befähigt, nicht nur zu hören, sondern den Weg zu *sehen*. Es taucht uns in ein warmes Licht, so merkwürdig dies klingen mag. Daraus resultiert etwas Dynamisches, das die Richtung anzeigt, in die wir *gehen* sollen. Gandhi spricht von der »Gemeinschaft des Schweigens«, die für ihn eine Gemeinschaft mit Gott und den anderen Gliedern der »Kongregation« in seinen Gebetsversammlungen war, einer Kongregation, die Menschen aus vielen Religionen umfaßte. Kann es »Gemeinschaft« geben, wenn auch nur einer ausgeschlossen würde, sei er Muslim, Unberührbarer oder Glied dieser oder jener Gruppierung? Durch zeitweiligen Rückzug von den drückenden Sorgen des Lebens werden wir *nach innen* zur Mitte der Dinge *gezogen*. Dies verlangt Verzicht auf das Reden. Gandhi, erinnern wir uns, hatte viele Quäker-Freunde. Er bestand immer auf absolutem Schweigen, bevor er die Gemeinschaftsgebete begann, und seine eigene Präsenz sorgte ausnahmslos für Schweigen, ob die Versammlung klein war oder in die Tausende ging. Die Praxis der Jain- *munis* (Mönche) und der Trappisten war für ihn zur zweiten Natur geworden. Gandhi liebte das Bild der drei Affen, die nichts Böses sprechen, nichts Böses hören und nichts Böses sehen, aber als Modell war es zu negativ, als daß es Gandhis eigener Praxis tatsächlich hätte entsprechen können. Denn ohne daß man das Böse sieht, kann es nicht überwunden werden.

Es fehlt noch die *Berührung*, die von Gandhi in einem langen Leben des Dienens sehr vielschichtig beurteilt worden ist: von der Berührung als Beginn der Versuchung bis hin zu dem, was seinem Herzen als Hindu am nächsten war, der Beseitigung der Unberührbarkeit. Die innere Stimme fordert ihn zur heilenden Berührung auf, sei es in ökonomischen Zusammenhängen (das Fasten, dem er sich in Ahmedabad unterzog), im Rückzug der Nichtkooperationsbewegung oder in den mühsamen Versuchen, Harmonie zwischen den Religionsgemeinschaften zu erreichen. Berührung spielte auch in seinem persönlichen Leben eine wichtige Rolle, was in einem lebenslangen Interesse an der Pflege anderer, der Wertschätzung der Handarbeit, seinem persönlichen Bedürfnis nach Kontakt oder seiner Gewohnheit des Wanderns, wo er sich im späteren Leben von zwei Jüngeren auf jeder Seite stützen ließ, zum Ausdruck kommt. Dahinter stand die Vorstellung der ewig haltenden Arme, das Wissen um eine stützende Kraft, die menschliche Kräfte übersteigt. Gandhi, das beeindruckt mich, hatte die Einsicht, daß Vernunft nicht gegen die anderen von Gott gegebenen Kräfte ausgespielt werden darf. In gewisser Weise hat er alle verschiedenen Kräfte verinnerlicht. Sehen wird zur inneren Schau, Hören bedeutet das Lauschen auf die innere Stimme, Berührung heißt, von der göttlichen Gnade ergriffen zu werden. Aber Gandhi bleibt hier nicht stehen, sonst müßte man ihn zu den Mystikern der kontemplativen Tradition zählen, und dies, so habe ich bereits dargestellt, war er nicht. Er hielt wenig von denen, die sich, wie gut begründet ihr Motiv auch sein mochte, von der Welt abwandten, denn für ihn drückten sie sich vor der Arbeit. Ein Leben im Dienen bedarf des Zusammenwirkens aller Kräfte. Die indische philosophische Tradition war ebenso wie die westliche dadurch belastet, daß die Fähigkeiten des Menschen isoliert voneinander betrachtet wurden.[9] Gandhi, so scheint mir, hat ein Gespür für die Einheit des menschlichen Lebens, und zwar weniger auf Grund philosophischer Überlegung, sondern aufgrund seines schlichten und gesunden Menschenverstandes. Wenn es in seinem Denken die Tendenz zum Dualismus gibt, dann ist es die Dichotomie zwischen Seele und Körper (anstelle von Bewußtsein und Körper), eine Anschauung, die er vom Jainismus ererbt hatte, die aber abgeschwächt wird durch seine Forderung, den Körper in guter Kondition zu halten, damit er zum Dienen geeignet sei. Die Anschauung des menschlichen Lebens als Totalität (was die *Gita* durch ihre Kombination der verschiedenen *margas* ermöglicht), geht nicht an der Tatsache vorbei, daß der Mensch als denkendes und vor allem *fühlendes* Wesen innere Kämpfe durchsteht. Der »alte Adam« wird im indischen Denken durch Egoismus und Selbstzentriertheit verkörpert. Es mag abgenutzt klingen, aber Gandhis Reden waren von Spruchweisheit durchsetzt, die auch aus der späten viktorianischen Epoche stammte – Gott hilft denen, die sich selbst helfen.

Sind wir zu weit vom Thema abgekommen? Gelingt es Gandhi, das Problem der Fehlbarkeit des Gewissens mit einzubeziehen? Es gibt einen semantischen Ausweg. Die »innere Stimme« eines Dschingis Khan oder eines Al Capone ist keine solche, sondern lediglich eine Verhöhnung derselben. In gewissem Sinne ist dies die Frage des Existentialisten nach Authentizität. Aber eine semantische Antwort ist ungenügend und entspricht nicht Gandhis Art. In einer Gebetsrede 1944 sagt er:[10] »Der Kampf zwischen den Kräften des Guten und des Bösen geschieht ununterbrochen und hört nie auf. Erstere haben Wahrheit und *ahimsa* als Waffe gegen Lüge, Unrecht und rohe Gewalt.« Gandhi spricht hier nicht von *Kriterien*, sondern von schützenden Waffen wie *satya, ahimsa*, Glaube, Vernunft (die klassische *buddhi*, neuinterpretiert als Kraft, die uns in die Lage versetzt, das zu erkennen, was getan werden muß), und die imaginative Sympathie, die befähigt, uns in die anderen hineinzuversetzen. Das heißt, daß die innere Stimme nicht ohne Vorbereitung wahrgenommen werden kann. Die erforderliche Einstimmung[11] ist Resultat persönlichen Bemühens und göttlicher Hilfe. Was meint Gandhi aber, wenn er vom Praktizieren der Gegenwart Gottes spricht, ein Ausdruck, den er selbst gebraucht und der als Titel einer Auswahl von Gebeten und Briefen des Bruders Lawrence in englischer Übersetzung von 1926 erschien. Bruder Lawrence, der als Koch in einem Karmeliter-Kloster lebte, glaubte, daß die Seele beständig in der göttlichen Gegenwart sein könne und daß das formale Beten nur eine Erweiterung dieser Präsenz sei. Gandhi und der Laienbruder des 17. Jahrhunderts scheinen hier einer Meinung zu sein.

Wer sich mit Gandhis Leben und Denken beschäftigt, ist beeindruckt von der Vertrautheit und gleichzeitigen Demut, mit der Gandhi von Gott spricht. Eine daraus abgeleitete Religionsphilosophie müßte darum intim-bekennenden Charakter haben, also keine durchdachte Struktur, die in einem überschaubaren System präsentiert werden könnte. Gandhi war ganz und gar *verwurzelt* (ich gebrauche das Wort im Sinne von Simone Weil und Gustave Thibon) und außergewöhnlich *offen* zugleich. Diese Kombination ist selten, denn der verwurzelte Mensch spricht gewöhnlich aus einer Bindung heraus, die ihn einseitig gefangen hält, während eine offene Haltung den Menschen oft – im jaspersschen Sinne – treiben läßt. Gandhis Kindheit und Erziehung hatten Verwurzelung und Offenheit gefördert. Sein Gottesbegriff wurde durch Vaishnava-Einflüsse geprägt, aber er erlebte auch die tiefe Frömmigkeit von Menschen anderer religiöser Traditionen und war dafür unmittelbar empfänglich. Frömmigkeit war für Gandhi aufs engste verbunden mit Suche, und das rückt ihn in die Nähe zweier anderer Großer seiner Tage – Rabindranath Tagore und C.F. Andrews. Gandhi lehnte Ehrentitel, die seine Verehrer ihm gegeben hatten, ab: *karmavira* (Held des Handelns – das Wort stammt charakteristischerweise aus der ethisch-religiösen Tradition der Jains) und *mahatma* (große Seele). Er verstand sich selbst als Sucher nach Wahrheit und Anbeter Gottes.

1934 kam es zwischen den beiden Freunden Gandhi und Tagore, die einander bewunderten, zu einer berühmten Kontroverse. Die Wahrheit forderte sie unterschiedlich heraus, und Tagore war über Gandhis Interpretation des Erdbebens in Bihar beunruhigt, weil er, so schien es Rabindranath, ein rein kosmisches Phänomen mit der Praxis der Unberührbarkeit verband und die Katastrophe als Bestrafung für menschliche Ungerechtigkeit interpretierte. Gandhis berühmte Antwort schloß ein interessantes Statement über seine religiösen Anschauungen ein, aus dem ich zitieren will:[12]

»Da Gott für mich nicht ein persönliches Wesen ist wie mein irdischer Vater, ist er unendlich mehr. Er bestimmt mein Leben bis ins kleinste Detail. Ich glaube wirklich, daß sich ohne seinen Willen kein Blatt bewegt. Jeder Atemzug, den ich nehme, hängt davon ab, daß er ihn duldet. Er und Sein Gesetz sind eins. Das Gesetz ist Gott. Alles, was ihm zugeschrieben wird, ist nicht bloß Attribut. Er ist das Attribut. Er ist die Wahrheit, die Liebe, das Gesetz und eine Million anderer Dinge, die die menschliche Phantasie benennen kann.«

Diese Sätze sind eines der umfassendsten theologischen Bekenntnisse, das Gandhi aus bestimmtem Anlaß je gemacht hat, wobei der Kontext zu beachten ist. Für die Anhänger des Brahmo Samaj war es selbstverständlich, Gott im Gebet Vater zu nennen, und viele eindrucksvolle Hymnen im »Gesangbuch« der Brahmos waren Dichtungen von Tagores Vater Devendranath. Die Vater-Analogie ist, wie ich zuvor erwähnt habe, im Denken der Hindus keineswegs selbstverständlich. In der ersten Bemerkung distanziert sich Gandhi von den Brahmos, die er als Reformer der Hindu-Gesellschaft mit ihrem Protest gegen Tieropfer durchaus respektierte. Aber dieser Respekt ließ Raum für Differenzen, denn u.a. teilte er auch ihre Vorliebe für westliche Erziehung nicht. Die unmittelbare Kontroverse betraf die Beziehung zwischen dem moralischen Gesetz und der physischen Welt, und Gandhi ist hier, was immer wir über seinen typischen Satz in bezug auf das Erdbeben auch denken mögen, in der Tradition verwurzelt, die den *dharma* als Prinzip begreift, das sich sowohl auf die kosmische als auch auf die menschliche Ebene erstreckt. Gandhi weitet die persönliche Erfahrung des *bhakta*, die Erfahrung der völligen Hingabe so aus, daß er den gesamten Kosmos, alles was ist, als *abhängig* von Gott erkennt. Die Vorstellung, daß kein Spatz ohne Sein Wissen zu Boden fällt, wird von Gandhi in die Sprache der Leute von Aryavarta (Indien) übersetzt, für die die Wälder eine segensreiche Gabe und das Opfer von Blättern Teil der gottesdienstlichen Zeremonien sind. Nicht ein Blatt bewegt sich ohne Seinen Willen. Die Einführung des Großbuchstabens »S« wurde notwendig, als Gandhis Artikel in Englisch publiziert wurde. Die indischen Sprachen machen keinen Unterschied zwischen großen und kleinen Buchstaben, und dies sollte uns daran erinnern, die Unterscheidung zwischen Wahrheit und WAHRHEIT, Gott und GOTT usw. nicht zu ernst zu nehmen.

Gandhi kommentiert dann den Begriff des Attributs. Wir können davon ausgehen (ich wage diese Behauptung, obwohl sie falsch sein kann), daß Gandhi das ontologische Argument überhaupt nicht gekannt hat. Hier sagt er aber etwas, das höchst komplexe theologische Implikationen hat. Gott ist nicht der *Ursprung* des Gesetzes (man vergleiche Kants Diskussion des moralischen Gesetzes und des göttlichen Gesetzgebers), sondern Er *ist* das Gesetz. Welche Attribute auch immer wir Gott beilegen mögen, sie sind Produkt »menschlicher Erfindungsgabe«. Hintergrund, so möchte ich hinzufügen, ist nicht die Einsicht Spinozas in die Unbegrenztheit der göttlichen Attribute, sondern ein

Sinn für die *Inadäquatheit* attributiver Sprache in bezug auf das Göttliche Sein überhaupt. Daß Sein göttlich ist, setzt Gandhi voraus. Die Hindu-Philosophie unterscheidet zwischen *nirguna brahman* (qualitätslosem Sein) und *saguna brahman* (Sein, wie Ihn der Gläubige sieht, das heißt mit Qualitäten). Gandhi läßt sich auf keine philosophische Diskussion über die Natur des Absoluten ein. Er gebraucht oft das Bild des Voll-wach-Seins, ein Begriff, der philosophische Assoziationen weckt, wenn wir an die klassische Unterscheidung zwischen den unterschiedlichen Zuständen des Bewußtseins einschließlich des traumlosen Schlafes denken. Aber dies erweist sich als Holzweg, denn Gandhi spricht von dem Voll-Wach-Sein, wenn er das *Gewissen* im Auge hat. Wir sind nicht zu einem höheren Bewußtseinszustand berufen, wo das Netz der *maya* verschwinden würde, sondern wir sind »in der Welt« und brauchen all unseren Verstand, unser Gewissen und alle Ressourcen des menschlichen Wesens, um unsere Rolle in der Welt angemessen zu spielen.

Gandhis Bezugnahme auf die Philosophie des *advaita* ist in dieser Hinsicht aufschlußreich. Seine Sprache erinnert stark an Swami Vivekananda, der als Neo-Vedantin bezeichnet worden ist und der von *daridranarayan* oder »Gott, dem Armen« sprach. 1924 schrieb Gandhi:[13] »Ich glaube an die absolute Einheit Gottes und deshalb auch der Menschheit. Was macht es, daß wir viele Körper haben? Wir haben nur eine Seele. Die Strahlen der Sonne sind vielfach gebrochen, aber sie haben denselben Ursprung.« Im gleichen Jahr gebraucht er den Begriff *advaita* ausdrücklich:[14]

»Ich glaube nicht, daß das Individuum spirituell etwas erlangen kann, während die anderen leiden. Ich glaube an *advaita*. Ich glaube an die wesentliche Einheit der Menschheit und allen Lebens. Deshalb glaube ich, daß, wenn ein Mensch spirituell wächst, die ganze Welt mit ihm wächst, und daß, wenn ein Mensch fällt, die ganze Welt in gleichem Maße fällt.«

Der zweifache Gebrauch des Begiffs »deshalb« verlangt Aufmerksamkeit. Im ersten Zitat heißt es, daß Gott eins ist und deshalb auch die Menschheit eins sei. Als Argument dient nicht die Annahme der Vaterschaft Gottes, und es ist fraglich, ob dies für Gandhi überhaupt ein Argument sein könnte. Das »deshalb« entspricht mehr dem cartesianischen *ergo* und lenkt die Aufmerksamkeit auf das, was für eine selbstevidente Wahrheit gehalten wird. Die Idee der einen Seele ist zweifellos *advaitisch*. Doch das Bild der Strahlen der Sonne ist pluralistisch. Von einem gemeinsamen Ursprung zu sprechen, heißt nicht, Identität zu behaupten. In dieser Aussage scheinen jainistische und advaitische Argumente in Gandhis Bewußtsein miteinander zu ringen. Im zweiten Zitat steht Gandhi auf sichererem Grund. Er spricht über Dinge, die ihm besonders am Herzen liegen, und dies in einer Sprache, die mit der zentralen Botschaft des Mahayana-Buddhismus in Einklang ist. Was er hier sagt, entspricht jedoch nicht dem jainistischen Glauben, daß ein Individuum durchaus auf sich selbst gestellt spirituell reifen *kann*. Gandhi ist nur insofern advaitisch, als er an die Einheit alles

Lebenden glaubt und diese Einheit durch den Menschen verwirklicht werden muß, indem er sich ihrer *bewußt* wird. Aber hier stößt das Erleuchtungsmotiv an seine Grenze. Einheit wird für Gandhi genau genommen sichtbar in der Weise, wie wir *leben*, nicht nur darin, daß wir uns ihrer *bewußt* werden.

Auch das zweite »deshalb« muß beachtet werden. Weil es eine Wesenseinheit in der lebendigen Welt gibt (die Diskussion über das Erdbeben von Bihar weitet das Argument auch auf die *nicht*-lebende Welt aus, wie wir sahen), wird daraus der Glaube abgeleitet, daß das spirituelle Wachstum des Einzelnen auch die übrigen Menschen reifen läßt. Hier schließt sich der Kreis, denn spirituelles Reifen des Individuums ist bereits definiert worden als das, was die Leiden der anderen lindert. Hier müssen wir erneut an die Tradition erinnern. Über Jahrhunderte hat der einfache Inder heilige Menschen verehrt. Wer aus der Gesellschaft ausstieg und ein Leben der »spirituellen Spezialisierung« gewählt hatte (ein Ausdruck, der, wenn ich nicht irre, von C.D. Brod stammt), wurde nicht als Parasit angesehen, sondern als Bettelmönch von der Gesellschaft unterstützt. Im Gegenzug gab er denen seinen Segen, die seine Bettelschale mit Reis füllten. Aber es gab sehr unterschiedliche heilige Menschen. Das indische religiöse Denken und Verhalten hat die Tendenz, in abgestuften Graden diejenigen zu klassifizieren, die den Pfad der Selbstrealisierung gehen, und jene als »große Seelen« zu bezeichnen, die in ihrer Suche Erfolg haben. Den Titel eines *mahatma* hatte man Gandhi zugesprochen, und er war nie sehr glücklich damit. »Bapu« (Vater) war eine Bezeichnung, die ihm besser gefiel und jenen vorbehalten war, die ihm sehr vertraut waren. Er brachte sich nie in Zusammenhang mit jenen heiligen Menschen, die für sich beanspruchten, Vollkommenheit erlangt zu haben, und deren Segen von den Armen erfleht wurde, zu deren Verbesserung der Lebensumstände sie nichts beigetragen hatten. Fast täglich hatte es Gandhi in seiner Korrespondenz, wie in Indien üblich, auch mit Bitten um seinen Segen für die verschiedensten Vorhaben zu tun. Wieder muß man sich den kulturellen Kontext vergegenwärtigen. In Indien kann nicht nur ein heiliger Mensch, sondern jeder Ältere, sei er Lehrer, Guru oder ein älterer Verwandter, gebeten werden, den Jüngeren seinen Segen zu geben. Als Gandhis überlasteter Sekretär sich vor der Flut schriftlicher Bitten um Segenswünsche einmal nicht retten konnte und die Absicht hatte, einige im Papierkorb verschwinden zu lassen, bemerkte Gandhis scharfes Auge, was er im Sinn hatte, und unterbrach ihn. Postkarten mußten gekauft werden und jeder erhielt die Antwort, daß, falls sein Projekt, für das die Segenswünsche erbeten wurden, würdig sei, er Gandhis Segen hätte. Das war eine geschickte Antwort. Die Last der Gewissenserforschung wurde an den Bittsteller zurückverwiesen!

Wie aber wird Identifikation mit allem Lebendigen *im Leben gezeigt* und nicht nur *erkannt*? Gandhi schreibt:[15]

»Des Menschen letztes Ziel ist die Gotteserfahrung, und all seine Aktivitäten, die sozialen, politischen und religiösen, müssen von diesem letzten Ziel der Schau Gottes gelenkt werden. Der Dienst am Menschen gehört unmittelbar zu diesem Unterfangen, einfach weil der einzige Weg zu Gott ist, Ihn in Seiner Schöpfung zu sehen und mit ihr eins zu sein. Dies kann nur durch den Dienst an allen geschehen. Ich bin Teil und Glied des Ganzen, und kann Ihn nicht getrennt vom Rest der Menschheit finden.«

Wir können Gott also nur finden, indem wir der Menschheit dienen. Daß die Identität, auf die sich die menschliche Anstrengung richtet, von Gandhi nicht im Sinne der Begrifflichkeit Shankaras verstanden wird, zeigt dieses Zitat:[16]

»Ich habe den Glauben oder die Philosophie, daß alles Leben im Wesen eins ist und daß die Menschen bewußt oder unbewußt auf die Verwirklichung dieser Identität hinwirken. Dies verlangt den lebendigen Glauben an einen lebendigen Gott, den letztgültigen Gebieter über unser Schicksal.«

Ich habe diese zwei Zitate unter anderem ausgewählt, weil in ihnen das Wort *realization* vorkommt, das im Kontext eines indischen Begriffssystems immer gewisse Schwierigkeiten des Verständnisses aufwirft. Wer an indischen Universitäten Philosophie lehrt, wird oft von Wahrheitssuchern aus Übersee in Verlegenheit gebracht, die »Gott-verwirklichte« Menschen treffen wollen. Ich selbst wurde sogar gebeten, Statistiken über den Prozentsatz der Menschen in Ashrams anzufertigen, von denen man sagen könnte, sie seien Gott-verwirklicht, und der Zahl jener, die noch auf dem Wege seien (natürlich konnte ich der Bitte nicht entsprechen!). Es verwundert nicht, daß sich überseeische Besucher danach verzehren, solch seltenen Gestalten zu begegnen.

Wie wir sehen konnten, sind Gandhis Aussagen einfach und einleuchtend. Bei näherer Betrachtung erweisen sie sich aber als komplexer und man muß *durch* die Sprache *hindurch* schauen, die er beinahe konstant in spontanen Antworten auf konkrete Situationen oder in Gesprächen mit ernsthaft Suchenden gebraucht. Gandhi benutzt das Wort *realization* (Verwirklichung) sehr oft und unterscheidet sich damit kaum von anderen indischen Autoren, die über Religionen schreiben. Wie wir aber bereits gesehen haben, gehört Gandhi als Karma-Yogi nicht zur Tradition derer, für die Befreiung das Erlangen eines höheren Bewußtseinszustandes jenseits von Gut und Böse ist, der, abhängig von der jeweiligen philosophischen Schulrichtung, eine Erfahrung von Seligkeit mit sich bringen kann. Das Schauen oder Hören Gottes setzt eine Unterscheidung oder Distanz voraus, die durch Hingabe und Gnade überbrückt werden muß, aber nicht in einem Zustand der Identität endet. Gandhi ist weder Mystiker noch philosophischer Monist. Er spricht oft von seiner Sehnsucht, Gott von Angesicht zu Angesicht zu schauen.

Was aber meint er, wenn er sagt, daß die Menschen bewußt oder unbewußt auf die Realisierung der Identität, der Einheit allen Lebens hinwirken? Eine mögliche Interpretation ist, daß die Identität bereits gegeben ist, und daß, wie in der klassischen Geschichte von dem Prinzen, der in einer ärmlichen Umgebung aufwächst und schließlich erkennt, wer er »wirklich« ist, auch wir »aufzuwachen« haben zu unserer eigentlichen Identität. Die andere Interpretation besagt, daß die Identität durch unsere Anstrengung erst hergestellt werden muß. Das zweite Zitat läßt einen Gegensatz zur nicht-menschlichen Welt erkennen. Die Umwelt, von der die Ökologen heute sprechen, ist in ihrem natürlichen Zustand eine Welt in Einheit, ein System miteinander verbundener Teile, in das durch *menschliches* Handeln Disharmonie und Ungleichheit gebracht worden ist. Gandhi greift gern auf die Idee der Evolution, des Fortschritts, zurück. Wir sind berufen zu *werden*, was potentiell bereits in uns angelegt ist, aber gegen das sich noch vieles in uns sträubt und in die entgegengesetzte Richtung zieht. Die Rede vom »Werden«, so müssen wir uns erinnern, ist nicht kompatibel mit dem Verständnis der Einheit im Advaita Vedanta. Gandhis Vorstellung vom Dienen als Gottesdienst und als Weg der Identifikation mit dem anderen, seine Überzeugung, daß damit eine aufopfernde Hingabe an die Arbeit verbunden ist, stellt, so glaube ich, ein gutes Gegenmittel (möglicherweise ein zu starkes Wort) zur Rede von Selbstrealisierung und Gottrealisierung dar, auf die er zwar selbst gelegentlich zurückgreift, womit aber die *atman-brahman*-Identität beschworen wird, die m.E. sein religiöses Denken nicht bestimmt hat. Seine Lieblingslieder mit vaishnavitischem oder christlichem Hintergrund bezeugen, daß er auf der Suche nach einer lebendigen Beziehung zu einem Wesen war, das im letzten Sinn ein anderes ist und dennoch im menschlichen Herzen wohnt und dessen Angesicht in den Gesichtern der Armen begegnet. Der Mensch findet sich, indem er sich im Dienst am anderen verliert, und dieser Dienst ist nichts anderes als Dienst an Gott. Das Bild vom Dienen ist aus der Frömmigkeitsliteratur der Vaishnavas ebenso vertraut wie aus dem Alten und Neuen Testament.

Beide, Romain Rolland und Rabindranath Tagore hatten zeitweise den Eindruck, daß Gandhi mit seiner rigorosen Selbstdisziplin und kontinuierlichen Selbsthingabe etwas Wichtiges im gottesdienstlichen Leben vermissen ließ, das in der Hindu-Tradition sonst eine große Rolle spielt: das Element der Seligkeit. Die Unterscheidung von Glück und Seligkeit in den indischen Religionen ist vergleichbar der Unterscheidung von Glück und *beatitudo* im Westen, insofern der letztere Begriff eine andere *Ebene* anzeigt, einen Zustand, der nur im ständigen Gebet und durch spirituelle Suche erreichbar ist und, wenn auch allen offen, von wenigen nur erlangt wird. Alle, die Gandhi nahe standen, kannten seinen unwiderstehlichen Humor, seinen überschäumenden Geist, der auch angesichts aller Widrigkeiten ständig aus einer inneren Quelle hervorzusprudeln schien. Ein Mensch mit der Gabe des Lachens hat Freude, und zwar eine Freude, die ansteckt, denn er lacht nicht für sich allein. Paradoxerweise erlebte Gandhi auch im Gefängnis Freude, die wiederum aus dem Gefühl der Nähe zu seinen Mitarbeitern gespeist war, mit denen er alle Erfahrungen teilte. Gandhis Freude war sehr menschlich. Wo die Advaitins die Möglichkeit von *ananda* erwägen, die ja nicht von dieser Welt ist, erfuhr Gandhi die Heiterkeit des gewaltlosen Kampfes, die Freude, einen einstigen Gegner zu gewinnen, den Augenblick gegenseitigen Verstehens in der Diskussion mit einem Wahrheitssucher oder das Gefühl, daß die Menschen *mit* ihm waren. Im Sanskrit gibt es das Sprichwort: Ohne Leiden gibt es auch keine Freude. Gandhi kannte sicher beides. Aber das Herzstück seiner Erfahrung war wohl dies: Wenn die große Masse der Menschen im Elend lebt, wenn sie nicht einmal so viel Nahrung hat wie die Vögel, die mit ihrem Lied die Morgendämmerung begrüßen, dann ist Vergnügen als solches Luxus. Dieses Thema durchzieht auch seinen Gedankenaustausch mit Tagore, der von einer Intensität war, die über den bloßen Austausch von Meinungen hinausging. Tagore sagte einmal von Gandhi:[17] »Obwohl er ein Asket ist, mißbilligt er die Freuden anderer nicht, sondern arbeitet Tag und Nacht dafür, daß ihr Leben glücklicher wird.« In einem Buch zum Thema Gesundheit schrieb Gandhi: »Ohne Heil kann es kein wahres Glück geben.«[18] Über seinen »strengsten Meister« schrieb er: »Je größer die Hingabe an Ihn, desto größer ist meine Freude gewesen.«[19] Diese Freude war »nicht abhängig von äußeren Umständen«.[20] Er benutzt das Wort Freude in einem bezeichnenden Satz über den Menschen, der sich in vollkommener Selbsthingabe Gott übergibt:[21] »... Er findet sich wieder im Dienst an allem, was lebt. Dies ist seine Freude und Erquikkung. Er ist ein neuer Mensch und wird nie müde, sich im Dienst an Gottes Schöpfung völlig aufzuzehren.« Tagore bemerkte hierzu:[22] »Das Geheimnis von Gandhis Erfolg liegt in seiner dynamischen spirituellen Kraft und seinem unablässigen Selbstopfer.« Diese dynamische spirituelle Kraft empfing Gandhi im Gebet. Er hat selbst bezeugt, daß es die anhaltende Gebetspraxis gewesen sei, die ihn befähigt habe, Verzweiflung zu überwinden – und er hatte bittere Erfahrungen sowohl im öffentlichen als auch im privaten Leben machen müssen.

Das Gebet war für Gandhi ein wichtiges Mittel zur inneren Läuterung. In einer typischen Metapher verglich er die Rolle des Gebetes bei der Reinigung des Geistes mit Eimer und Besen[23] bei der Reinigung unserer häuslichen Umgebung. Gebet entstehe aus dem Hunger der Seele. Diesen Hunger scheint Gandhi dramatisch während seiner südafrikanischen Periode erfahren zu haben, insbesondere während seiner Gefängnisaufenthalte. Er hatte dort viele christliche Gebetsversammlungen besucht und bei den Teilnehmern die Ernsthaftigkeit in der Suche nach Gnade und der Rettung der Seelen ihrer irrenden Brüder durchaus erkannt. Aber die fast ausschließliche Praxis des Bittgebetes in diesen Kreisen befremdete ihn. Sein eigenes Gebetsleben zeugt davon, daß das flehentliche Bittgebet wie der Schrei Davids aus den Tiefen der Verzweiflung gewiß eine Rolle spielte, aber nicht dominierte. Gandhi hat schon früh ein mantrisches Gebet, das *Ram-nam*, als wichtigen Bestandteil in seine Frömmigkeitsübung aufgenommen. Auch das Gelübde kann als betende Hingabe an einen Lebensweg aufgefaßt werden, in dem Reue und Selbsthingabe an Gott, der allein die Stärke geben kann, die zum Einhalten eines Gelübdes notwendig ist, enthalten sind. Gandhi wußte, daß es Dankgebete und im Gebet vollzogene Sühnehandlungen geben kann. Sühneopfer und Bittgebet sind charakteristische Formen des Betens in den verschiedenen indischen Traditionen. Die angemessene Bitte im Bittgebet war, wie Gandhi es sah, die Bitte um Läuterung der Seele. »Die eigentliche Bedeutung des Gebets«, so sagt er, »ist hingebungsvolle Anbetung.«[24] Gandhis Vorstellung vom Gottesdienst muß auf dem Hintergrund der indischen *puja* gesehen werden, wozu die Anrufung der Gegenwart der Gottheit gehört, gefolgt von Opfern (einschließlich des Opfers der rechten Gefühle und rechten Handlungen). Für Gandhi ist der Gottesdienst internalisiert, insofern er Gemeinschaft mit Gott, dem Innewohnenden, ist, und gleichzeitig externalisiert, insofern Arbeit Gottesdienst ist, d.h. Dienst an anderen ist Gottesdienst.

Aus einem weiteren Grund hielt Gandhi das Bittgebet für inadäquat; er spürte persönlich, wie schwierig es ist, Gedanken in Worte zu kleiden. So heißt es in einer seiner Reden zum Gebet:[25] »Schon der Versuch, das Denken in Worte oder Handlungen zu fassen, begrenzt es. Kein Mensch in dieser Welt kann einen Gedanken vollkommen in Wort oder Handlung ausdrücken.« Er bekannte, »Worte wollen mir nicht kommen«. Darum sah Gandhi im schweigenden Gebet eine unschätzbare Hilfe für die »innere Ruhe«, die den Gläubigen auf die leise innere Stimme vorbereiten soll. Wie Romain Rolland mit tiefem Einfühlungsvermögen für den Freund erkannte, war Gandhi die leidenschaftliche Ekstase des inneren Lebens fremd. Aber Gandhi beschreibt seine eigene Gebetserfahrung mit Worten, in denen die Erfahrung von Menschen aus den unterschiedlichsten Glaubenstraditionen widerhallt – Erfülltsein von der Gegenwart Gottes, die Sehnsucht des Herzens nach dem Einssein mit dem Schöpfer, Hinwendung zu Gott, eine bewußte Verwirklichung Seiner Gegenwart in uns. Der Mensch ist:[26] »... eine Kreatur Gottes, die danach strebt, ihre Göttlichkeit zu verwirklichen. Reue und Läuterung sind die Mittel... Wahre Reue ist eine wesentliche Voraussetzung für das Gebet.« Gandhi unterscheidet nicht zwischen Meditation und Gebet. Er spricht von Meditation, Gebet und Gottesdienst in austauschbaren Begriffen, aber besteht darauf:[27] »... sie müssen in jeder unserer Handlungen sichtbar werden.« Er legt für das Gebet keine Abfolge wie in einer Liturgie fest, aber alle Elemente sind vorhanden: das Rühmen, der Dank, das Bekenntnis, die Reue und die Fürbitte.

Gandhi hat auch unter religionsphilosophischer Fragestellung über das Gebet reflektiert. Gebet sei kein *Ersatz* für Anstrengung, auch wenn es ein natürliches menschliches Phänomen ist, daß ein Mensch in Verzweiflung zu Gott betet, damit er ihn wieder aufrichten möge. Kann Gebet etwas bewegen? Kann das Gebet Gott wirklich erreichen? Weiß Gott nicht selbst alles am besten? Er schrieb an Madeleine Slade anläßlich ihrer Gebete für Romain Rollands Gesundheit:[28]

»Ich weiß nicht, ob diese Gebete dem Leben, für das gebetet wird, eine ein-zige Sekunde hinzufügen. Aber sie erheben den, der betet, und trösten den, für den gebetet wird. Das Trösten erscheint als Verlängerung des Lebens.«

Gebet ist »ein tägliches Zulassen der eigenen Schwäche«.[29] Das heißt aber nicht, daß der Starke nicht beten müsse. Gebet ist sowohl Ausdruck des Vertrauens als auch Quelle der Stärke. Es ist eine Bitte um Gottes Segen für das menschliche Tun. Gandhi hat auch Rat für jene, die es schwer finden zu beten oder sich nicht für Menschen des Gebets halten. Zum einen muß Gebet nicht in Worte gekleidet sein. Weiterhin sucht ein Mensch, der Probleme hat zu beten, oft nach einer Dimension, die von den weltlichen Aktivitäten, den politischen, sozialen und ökonomischen, getrennt ist. Aber das ist ein Fehler. Wenn er an Ashramiten und Teilnehmer der Kampagnen schrieb, wo die Zeit zum regelmäßigen Gebet fehlte, versicherte er, daß ihre Arbeit dem Gebet gleich käme. Wenn menschliches Leben ein unteilbares Ganzes ist, können Beten und andere tägliche Aktivitäten nicht getrennt werden. Die Frage nach dem Adressaten des Gebets beantwortete Gandhi auf dem Hintergrund der Erkenntnis, daß die meisten Menschen Symbole brauchen. Für sich selbst vertrat er diesen Standpunkt:[30] »Ich untersage den Gebrauch von Bildern im Gebet nicht. Aber ich persönlich ziehe die Anbetung des Formlosen vor.« Sollten wir dies als eine spezifische Form von Meditation interpretieren, so korrigiert uns Gandhi, indem er bemerkt, daß »Spinnen und andere tägliche Pflichten« als »spiritueller Leuchtturm« betrachtet werden können, als Mittel, das Licht in die Dunkelheit auszustrahlen. In jeder Handlung kann der Mensch sich dieser »undefinierbaren, geheimnisvollen Macht« bewußt werden, die alles durchdringt.

Im Kontext der indischen Religionen ist Gandhis Verständnis von der Rolle des gemeinschaftlichen Gebets von besonderem Interesse. Abgesehen vom Brahmo Samaj ist gemeinsames Beten, wie es Gandhi zum spezifischen Bestandteil seines Tagesablaufs machte, der Hindu-Tradition fremd. Eine eigentlich private Sache wurde hier zur öffentlichen Praxis. Außerdem hielt Gandhi statt einer Homilie oder Predigt eine »Gebetsrede«, die praktische Fragen thematisierte, wie sie sich aus der täglichen Ashramroutine, den politischen Ereignissen des Tages oder den sozialen Herausforderungen, die man zu bewältigen hatte, stellten. Wenn das gemeinschaftliche Gebet den Gottesdienst fest im Alltäglichen lokalisierte, so war das Alltägliche nicht weniger in dem verortet, was auch *le milieu divin* genannt worden ist.

Einige Episoden aus Gandhis Biographie illustrieren, wie in ihm die Einsicht in die Kraft gemeinschaftlichen Betens reifte. Im Jahre 1896 schiffte sich die Gandhi-Familie in Calcutta ein, um nach Durban zu reisen. Als sich das Schiff der Küste von Madagaskar näherte, geriet es in einen schweren Sturm. Überall erhob sich der Klang von Gebeten, die Menschen verschiedenster Glaubensrichtungen sprachen. In der Not schmolzen die Glaubensunterscheidungen dahin, und alle riefen laut den Namen Gottes, jeder in seiner eigenen Sprache. Dies war zweifellos eine der prägenden Erfahrungen im religiösen Lebens Gandhis. Gandhi führte das Gemeinschaftsgebet in die Phoenix-Siedlung und die Tolstoi-Farm, seine südafrikanischen Ashrams, noch vor Beginn

des südafrikanischen *satyagraha*-Kampfes ein, wo er es als Mittel der Ein-
übung im Gebrauch der Waffe von *satyagraha* oder der »Seelenkraft« verstand. Diese Sitte wurde in den Ashrams, die er in Indien gründete, beibehalten und eigentlich überall, wo sich Gandhi und seine Mitstreiter niederließen.
Sie entsprang Gandhis Pädagogik des Teilens, der Ausbildung eines Gemeinschaftsgefühls, das die Leiden anderer zum eigenen werden ließ, und war eine
weitere Übung, um Kräfte freizusetzen, die entstehen, wenn Menschen ein-
mütig handeln. Später in seinem Leben formuliert es Gandhi so:[31] »Das Geheimnis des Gemeinschaftsgebetes ist, daß das Kraftfeld des schweigenden
Einwirkens aufeinander hilft, das eigene Ziel zu verwirklichen.« Gebet sei die
größte verbindende Kraft, sagte er bei anderer Gelegenheit. Mit Gott in Einklang zu sein, bedeute, in Einklang mit dem anderen zu sein. Dieser Punkt ist,
wie wir in Kapitel 7 sehen werden, für das Verstehen von Gandhis Haltung
zur Pluralität der Religionen wichtig, denn seine Gebetsversammlungen hatten oft interreligiösen Charakter. Abgesehen von den Gebetsversammlungen
im Ashram, initiierte Gandhi besonders gegen Ende seines Lebens Massenge-
betsversammlungen, die allen Berichten zufolge in totalem Kontrast zu den
Versammlungen der Erweckungsbewegung eines Billy Graham stehen und
auch völlig verschieden sind von dem, was eine päpstliche Audienz kennzeich-
net. Vor jeder Gebetsversammlung empfahl Gandhi, daß jeder die Augen schließen solle, um »den Blick nach innen zu richten«.[32] In einem Brief an Sardar
Patel schrieb er:[33]

»Das Gemeinschaftsgebet hat magische Kraft. Ich bin dessen täglich Zeuge. Es
sind Tausende, manchmal Hunderttausende von Menschen. Und doch herrscht
perfekte Ordnung, und man kann eine Stecknadel während des Gebetes fallen
hören – kein Anrempeln, kein Lärm. Es ist eine Offenbarung.«

Die Massenversammlungen waren ein Anschauungsunterricht in Selbstdisziplin. Der Pädagoge Gandhi wußte genau, was er tat. In Tagen, als die Gewalt
unter der Oberfläche brodelte, »sollte selbst der Schwächste vollkommenen Schutz
genießen«. Die ganze Versammlung sollte von einer gottgegebenen Furchtlosigkeit durchdrungen werden, und jene, deren Glaube schwach war, sollten gestärkt
werden. Warum kamen die Massen? War es nur, um *darshan* (»Schauen«, das
Segnung mit einschließt) des Mahatma zu bekommen? Gandhi war so bescheiden zu antworten: Selbst wenn dem so wäre, kämen die Massen, um mit einem
Mann des Gebets Gemeinschaft zu haben.

Die Gemeinschaftsgebete in den Ashrams, zuerst in Sabarmati und dann in
Wardha, fanden um 4.20 Uhr morgens und bei Sonnenuntergang statt. Das
Morgengebet begann mit der Rezitation eines *shloka* (Vers), der in der *Ashram
Bhajanavali* (Gesangbuch) abgedruckt war. Danach folgten ein *bhajan* (Hymne), *Ramadhun* (ein Gesang, der in der Wiederholung des *Rama-nama* besteht)
und eine Rezitation aus der *Gita*. Abends wurden die letzten neunzehn Verse
des 2. Kapitels der *Gita* rezitiert (*sthitaprajnasya ka bhasha*), dem folgten ein

bhajan, nochmals *Ramadhun* und eine Lesung aus einem heiligen Buch. Die Abendgebete am Tag, bevor das Fasten im Jahre 1924 beendet wurde, enthielten eine Passage der *Gita,* die gemeinsam rezitiert wurde, eine Hymne von Kabir, die einer aus der Versammlung sang, und eine Auslegung der *Katha Upanishad* durch Vinoba Bhave.

C. F. Andrews vermerkte, daß die jeweils Anwesenden zwar immer große Freude an devotionaler Musik hätten, Gandhis religiöse Versammlungen jedoch keinen Raum für Götterbilder ließen und diese auch nicht in Tempeln oder an geweihten Orten, sondern meistens unter freiem Himmel abgehalten wurden. Das Repertoir bestand aus Gandhis Lieblingshymnen aus der christlichen Tradition, nämlich »Rock of Ages«, »When I survey the wondrous Cross«, »Abide with me«, »He who would true valour see«, »Lead kindly Light«, und Hymnen aus der Gujarati- und Marathi-Literatur. *Ramadhun* war fester Bestandteil der »Gottesdienstordnung«. Es war für Gandhi ein Gebet, das auf den einfachsten Ausdruck reduziert war. Übrigens gibt es zwei interessante Variationen des trinitarischen Themas in Gandhis religiösem Denken. Das eine ist die Trinität von bösen Gedanken, Worten und Taten, gegen die das Gebet wie ein Schild schützt. Das andere bezeichnet Gandhi den »dreifachen Akkord von Stimme, Begleitinstrument und Gedankeninhalt« beim Singen von *Ramadhun.* Wie in der indischen Musik, die keine Harmoniegesetze zur Grundlage hat, benutzt Gandhi das Bild einstimmig gesungener Musik als Symbol der menschlichen Einheit. Sie ist ein Echo des inneren Einklangs, und zwar sowohl der Kräfte *innerhalb* der Seele (Abwesenheit von Konflikt) als auch *zwischen* den Menschen (Einheit der Herzen). Er glaubte fest daran, daß Gemeinschaftsgebet Kraft erzeugt, da alle gemeinsam auf Gott warten, und die so entstehende Atmosphäre charakterisierte er als »von Süße, Düften und Kraft durchdrungen«. Der Zusammenhang von Gebet, Kraft und Frieden war für Gandhi ebenso real wie zwischen dem individuellen und gemeinschaftlichen Beten. Eins stützt das andere. Hier liegt der Schlüssel zu zwei weiteren wichtigen Dimensionen in Gandhis religiösem Denken, nämlich seinem Verständnis der religiösen Pluralität und seiner praktischen Erfahrung mit derselben, und seiner Vision einer transformierten Gesellschaft.

Verschiedenheit der Gaben

Wir müssen vorausschicken, daß Gandhi sich nie mit dem »Problem des religiösen Pluralismus« wie es christliche Theologen heute tun, auseinandergesetzt hat. Ihm ging es nicht darum, rivalisierende Wahrheitsansprüche zu bewerten, offenkundig unvereinbare Visionen miteinander zu versöhnen oder ein intellektuelles Modell für eine »Welt-Theologie« zu entwerfen. Pluralismus ist für Gandhi kein intellektuelles Problem, denn der Jainismus setzt ihn als selbstverständlich voraus. Es wunderte ihn immer, daß jene, die dem Mann zu folgen vorgaben, für den alle Menschen Kinder Gottes waren, Grenzen zwischen Mensch und Mensch, Geretteten und Nichtgeretteten, zwischen verschiedenen Glaubensgemeinschaften und zwischen Christen und Menschen »anderen Glaubens« errichteten. Dem Hindu ist der Gedanke selbstverständlich, daß es verschiedene Gaben, aber nur einen Geist gibt, daß der Baum der Menschheit viele Zweige und jeder Zweig Millionen von Blättern hat. In der langen Geschichte der indischen Völker hat es niemals so etwas wie – um einen Ausdruck zu übernehmen – einen »Ptolemäischen Standpunkt« gegeben. Die Gefahr, wenn überhaupt, war eher das Gegenteil, nämlich eine Tendenz, echte Differenzen, die im Verlauf der Geschichte entstanden waren, durch einen Einheitsgedanken zu verwischen oder ein Wesen zu abstrahieren, das die feinen Besonderheiten der Traditionen nicht hinreichend zur Geltung kommen läßt, jene Elemente also, die nicht einfach als akzidentiell abgetan werden können.

Gandhi konnte sich mit der Interpretation des christlichen Evangeliums durch Paulus nie anfreunden. Es war die *Ur*-Botschaft, die ihn anzog – die Gottesliebe und die Nächstenliebe. Ohne daß er sich dessen bewußt gewesen wäre, beeindruckte ihn in seiner Begegnung mit dem evangelischen Christentum Südafrikas gerade der jüdische Hintergrund der neutestamentlichen Botschaft, eben diese zentrale Lehre, die bereits im Alten Testament zu finden ist. So spricht er ganz selbstverständlich von der »Feuersäule vor uns«[1] und sagt von Gott, daß er »ein eifersüchtiger Herr« sei.[2] Als Inder war er sich der Tatsache des religiösen Pluralismus zu bewußt, als daß ihm die Vorstellung eines möglichen Omega-Punktes hätte sinnvoll und wünschenswert erscheinen können. Dokes Urteil[3], der ihm als Freund nahestand und ihn in Südafrika aus der Nähe erlebt hatte, trifft auf den jungen Gandhi ebenso zu wie auf den Mahatma der späteren Jahre: Gandhis Sympathien seien so weit und katholisch, daß er einen Punkt erreicht habe, wo die abgrenzenden Glaubensformulierungen keinerlei Bedeutung mehr für ihn hätten. In gewisser Weise ist Gandhi niemals mehr geehrt worden als mit diesem Satz. Aber Gandhi hatte diesen Punkt, den Doke mit solch sicherem Gespür bezeichnet hatte, weder durch einen säkularistischen Kompromiß erreicht noch durch eine humanistische Weltanschauung, die im Naturalismus begründet gewesen wäre oder die Dynamik des Geistigen einer Superstruktur bzw. der Irrelevanz überantwortet hätte. Gandhis Beziehungen zu Menschen unterschiedlicher religiöser Überzeugung müssen im Licht seiner Experimente mit der Wahrheit interpretiert werden. Wir sollten ihn nicht als einen Pionier betrachten, der an theologischen Fronten kämpft, denn die Mentalität der Abgrenzung war seinem Denken in jeder Hinsicht ganz und gar fremd. Gott hat niemals Grenzen gesetzt, wie er einmal sagte. Außerdem muß der praktische Kontext der Situationen, mit denen er stets neu konfrontiert wurde, berücksichtigt werden. In Südafrika wie auch später in Indien mußten Menschen völlig unabhängig von Kasten- oder Glaubensunterschieden für die größere Sache, für die sie sich engagierten, zusammenarbeiten. Und gerade diese Differenzen konnten zu der Quelle von Kraft zurückführen, zu dem Brunnen der Talente, aus dem alle schöpfen konnten. Gandhis Aussagen über seine interreligiösen Erfahrungen klingen oft bekenntnishaft, und sie dürfen nicht systematisch-theoretisch überinterpretiert werden. Wir müssen berücksichtigen, daß Gandhi seine eigenen tiefsten Überzeugungen oft in dem, was er gerade las, widergespiegelt fand. Wenn dies geschah, wie z.B. besonders deutlich bei der Lektüre von H.D. Thoreaus Aufsatz »Über die Pflicht zum Ungehorsam gegen den Staat«, begrüßte er freudig diese Bestätigung und Vertiefung dessen, was er bereits selbst als wahr erkannt hatte. Ich erwähne dies, damit wir Gandhi nicht für einen Menschen halten, der für fremde *Einflüsse* ungebührlich offen gewesen wäre. Wenn er auf etwas Neues stieß, wie z.B. bei J. Ruskins Lehre, daß ein Leben der Arbeit die lebenswürdigste Lebensweise sei, dann sagte er dies auch. In religiöser Hinsicht bestand seine besondere Begabung darin, bei Menschen unterschiedlichster religiöser Prägung ein gemeinsames Streben und eine gemeinsame Antwort auf eine Kraft jenseits aller Vernunft zu erkennen. Indem er sich von der verwirrenden Vielfalt der Religionen nicht beirren ließ, konnte er umso bereitwilliger die verschiedenen Wege der Artikulation des Geistes im Menschen begrüßen. Bindung an gemeinsame ethische Werte war für ihn in keiner Weise mit der Pluralität religiösen Glaubens unvereinbar.

Es mag seltsam erscheinen, daß ein nationaler Führer, in dem die nationalen Hoffnungen ihre beredteste Stimme gefunden hatten, so tief an die Einheit der Menschheit geglaubt hat. Die Metapher des ozeanischen Zirkels, auf die wir uns schon früher bezogen haben, führt zur Ausweitung eines immer größeren Kreises ohne Begrenzung, so daß schließlich die ganze Welt umfaßt wird. Gandhi glaubte erstens, daß die Einheit der Menschheit in der Erkenntnis wurzeln muß, daß alle in gleicher Weise unvollkommen sind. Sich bewußt zu werden, daß auch andere eifersüchtig, habgierig, egozentrisch usw. sein können und dieselben Schwächen haben wie wir, ist ein Schritt auf dem Weg des Verstehens. Zweitens meinte Gandhi, daß jeder Mensch auch das positive

Vermögen zum Guten hat, die Fähigkeit zu gewaltloser Stärke, Furchtlosigkeit und Edelmut, die durch die Disziplin der inneren Läuterung und praktisches Training in konstruktiver Arbeit aktiviert werden müsse. Damit ist das Element der Hoffnung in bezug auf die menschliche Situation eingeführt. Drittens seien alle Menschen denselben Gesetzen des Wachstums unterworfen. Alle hätten ein Gespür für Entfaltung, das uns fühlen läßt, wann wir auf dem richtigen Weg sind, eine Kapazität also – beinahe im Aristotelischen Sinn – für das Tugendhafte, die zur zweiten Natur werden, den guten Entschluß bestätigen und den Menschen zum Fortschritt führen könne. Die Gesetze des Wachstums bedeuten sowohl eine Vertiefung des Glaubens, eine Verwurzelung in der eigenen Tradition, als auch eine Erweiterung der Sympathien zum anderen hin, die Gandhi in der Fähigkeit begründet sah, sich in den anderen hineinzuversetzen.

Gandhis Glaube an die Einheit der Menschheit war darüber hinaus mit der Überzeugung verbunden, daß die Nationen einander ergänzten. Diese Einsicht wurzelte in seiner imaginativen und hochherzigen Anerkennung der guten Eigenschaften anderer. Im kleinen spiegelt sich dieser Gedanke wider, wenn er im Land überall davon sprach, daß die Menschen die Weisheit eines Brahmanen, den Kampfesgeist eines Kshatriya, die Geschäftstüchtigkeit eines Bania und die Dienstbereitschaft eines Shudra erwerben sollten. Eine logische Entsprechung dazu wäre die Idee, daß verschiedene Religionen in bestimmter Hinsicht komplementär zueinander seien. Auch in seiner Idee der Treuhänderschaft spielt der Gedanke, daß die Talente zusammenkommen müssen, eine wichtige Rolle, und dies schließt natürlich auch das Zusammenkommen religiöser Einsichten ein. Betrachten wir seine Reden, die er vor verschiedenen religiösen Gemeinschaften hielt, dann hat eine solche Idee sein Denken stets mitbestimmt. Das Leitmotiv war jedoch, daß jeder in der Tradition bleiben solle, in die er geboren war. Hätte Gott uns anders gewollt, so würde er uns gewiß anders geschaffen haben. Wo einige in ihrer Religionszugehörigkeit mehr eine geographische Zufälligkeit zu sehen geneigt sind, ist Gandhi hier ganz anderer Meinung. Das Konzept von *svadharma* gibt eine Begründung dafür, daß man das Heil in der Gemeinschaft, in die man hineingeboren ist, suchen soll.

Wie weit aber trägt diese Vision einer alle einenden Menschlichkeit? Gandhi wußte, daß es innerhalb ein und derselben Gemeinschaft große Unmenschlichkeit geben kann. Als bestes Beispiel führte er dafür die Situation der Unberührbaren an, die schließlich auch Glieder der Hindugemeinschaft waren. Ein Beispiel ganz anderer Art, aber doch bezeichnend für Uneinigkeit innerhalb einer Gemeinschaft, sind die Beziehungen zwischen Katholiken und Protestanten im heutigen Nordirland. Was aber das Verhältnis von *unterschiedlichen* religiösen Gemeinschaften betrifft, so lag ihm die Beziehung von Hindus und Muslimen am meisten am Herzen, ein Problem, das schließlich zur

Teilung des Landes führen sollte. In beiden Fällen suchte Gandhi zuallererst immer nach ökonomischen und sozialen Ursachen dieser Uneinigkeit. Probleme, die oberflächlich betrachtet Glaubensfragen zu betreffen schienen, hatten oft einen tieferen unverkennbar ökonomischen Hintergrund. Es waren die ökonomischen bzw. die sozialen und politischen Mißstände, die nach Veränderung schrien. Wenn diese Probleme angemessen gelöst würden, so meinte Gandhi optimistisch, könne man auch die anderen Probleme überwinden. Doch die Mißstände von Jahrhunderten könnten nicht über Nacht beseitigt werden; Furcht, Vorurteil und die Überreaktionen auf Provokationen waren nicht durch bloße Ermahnungen auszugleichen. Es ginge nicht ohne das geduldige Vorbild schöpferischer Menschen, deren Beispiel zu folgen die Massen allmählich lernen würden. Gandhis unermüdliches Bemühen um die Einheit von Hindus und Muslimen gehört inzwischen zur Geschichte des indischen Subkontinents, und das Urteil der Historiker lautet, daß er gescheitert ist. Selbst wenn dem so wäre, beweisen gerade Gandhis Beziehungen zu Muslimen das weite Spektrum seines Geistes, was ich hier darzustellen versucht habe.

Bevor wir dies jedoch im Detail erläutern werden, müssen wir noch einen Blick auf Gandhis Haltung zum Säkularismus und zur Säkularisierung werfen. Wie man es auch immer beurteilen mag, diese Begriffe sind so eng mit anderen Konzepten wie Modernisierung, Westernisierung, wissenschaftliche Weltanschauung, Materialismus, Diesseitigkeit und einer desakralisierten Sicht des Universums usw. verbunden, daß es weder in westlichen Ländern noch in Indien leicht ist, dies alles aufeinander zu beziehen, was vielleicht ein Hinweis nicht nur auf die semantische Konfusion unserer Zeit ist, sondern mehr noch auf den sozialen Druck und die gewaltigen Veränderungen des 20. Jahrhunderts. Wir müssen, um Gandhi zu verstehen, weiter zurückgreifen. Das Ineinandergreifen der historischen Ereignisse war dergestalt, daß Gandhi erst allmählich zwischen westlicher Kultur und Imperialismus zu unterscheiden lernte. *Hind Swaraj* zeigt noch, daß er beide identifiziert. Aber indem er zwei typisch westliche Kulturstandards, nämlich Werkethik und Pünktlichkeit, in seine Lebensgestaltung integrierte, bewies er seine Offenheit, sich Fremdes anzueignen, wenn er es für nachahmenswert hielt und dies von den ärmsten der Armen praktiziert werden konnte. Seine Haltung zum Materialismus kann keineswegs als generelle Mißbilligung bezeichnet werden, wie es manchmal Historiker fälschlich den Hindus andichten. Er verurteilte die habgierige Gewinnsucht, wie er sie in den Gesichtern derer gesehen hatte, die nach Südafrika gekommen waren, um ihr Glück zu machen. Aber keine moderne indische Führungsgestalt hat *artha* (Wohlstand) derart betont wie Gandhi und, vielleicht mit Ausnahme von Swami Vivekananda, hat wohl keiner die Effekthascherei eines hochtrabenden Denkens im Kontext menschlichen Elends besser durchschaut als Gandhi. Er hat der modernen Wissenschaft nie den Rücken zugekehrt, sondern er wünschte, daß sie zum Dienst am Menschen nutzbar gemacht werde und nicht zu einem Ersatz menschlicher Arbeitskraft durch Maschinen beitrage – ein lebensnotwendiger Gesichtspunkt in einem Land, wo, wie er sich ausdrückte, die einzige Form, in der Gott den Armen erscheinen dürfe, die Arbeit ist.

Wenn wir Gandhis Versuch, den Prozeß der Säkularisierung zu verstehen, beurteilen wollen, müssen wir sorgfältig vorgehen, zumal solch ein Versuch zweifellos für viele zeitgenössische theologische Entwürfe charakteristisch ist. Die säkularen Mächte, mit denen es Gandhi im gewaltfreien Kampf sein Leben lang zu tun hatte, waren Formen der Ausbeutung wie Rassismus und Imperialismus. Diese Mächte könnten durch Kräfte, die im Menschen selbst potentiell angelegt sind, überwunden werden. Gandhi fügte der indischen Kultur neue Symbole hinzu, wie z.B. das Spinnrad, und hierin zeigt sich ein umgekehrter Prozeß zu dem der Säkularisierung. Das wirtschaftliche Leben gehört für Gandhi in den übergreifenden Rahmen des Religiösen. Diese Synthese ist für indisches Denken nicht neu. Der Schutz der Kuh ist ein klassischer Fall von ökonomischem Gemeinsinn, der mit religiösem Nimbus umgeben wird. Aber die Realitäten des Lebens – Armut, Beraubung und Ausbeutung – können die Aura der Religiosität, mit der die Renaissance-Denker Indiens, in deren Nachfolge Gandhi steht, den Aufbau der Nation umgeben hatten, leicht vertreiben. Nicht die Säkularisierung erwies sich in Indien als vorherrschende Tendenz, sondern die Politisierung. Aber dies geschah nach Gandhis Zeit, und wir dürfen hier nicht vorgreifen.

Gandhis bleibendes Verdienst ist es, daß er die Lebenswirklichkeit der wimmelnden Millionen Indiens nicht unter den bequemen Teppich der *maya* gekehrt oder der Lieblingsidee traditioneller Philosophen, der letztgültigen Realität, untergeordnet hat. Gandhi hat es nicht gereizt, den *sanatana dharma* im Lichte der *Wissenschaft* neu zu interpretieren, was eine Parellelübung zu dem gewesen wäre, was christliche Theologen in Antwort auf »die Herausforderung der Säkularisierung« hervorgebracht haben. Gandhi kommentierte die Neuinterpretationen der Schrift im Jahre 1927 und schrieb, daß viele Dinge in der Bibel neu durchdacht werden müßten »im Licht der Entdeckungen nicht der modernen Wissenschaft, sondern der spirituellen Welt, der direkten Erfahrungen, die allen Religionstraditionen gemeinsam sind«.[4] Hier steht Gandhi ganz in der Hindu-Tradition, die die Autorität von *anubhuti* (innere Erfahrung) oder das innere Licht, das den eigenen Pfad erleuchtet, hervorhebt. Er unterscheidet nicht zwischen Religion und Politik, was ein guter Säkularist unbedingt tun würde. Er stützt sich frei auf die Matrix religiöser Ideen des Volkes, wie es schon Bankim Chandra Chatterjee und Sri Aurobindo getan hatten. Indien kennt keine Parallele zu der proletarischen Einheitskultur, die im Schlepptau der Säkularisierung des Leben im Westen überschwemmt hat. Vielmehr gibt es in Indiens Dörfern eine Kontinuität von Glaubensinhalten und religiöser Praxis, die sich über die Jahrunderte bis zur Zeit Gandhis, ja bis heute, stabil erhalten hat. Gandhis religiöses Denken ist somit fest verwurzelt in seiner eigenen Kultur. Anders als seine »universalistischen« Zeitgenossen und gewiß ganz anders als Swami Vivekananda hatte er keinerlei Ambitionen, seine eigene Denkweise zu exportieren. Seine gesunde jainistische pluralistische Philosophie schloß dies aus. Was er hoffte, das Indien der Welt zeigen könne, war nicht eine moderne Form des Hinduismus, auch nicht, wie zeitgenössische Enthusiasten im Ausland es gerne hätten, eine neue Art von »Spiritualität«, sondern ein gewaltfreier Lebensstil, alt wie die Berge, der das neutralisieren sollte, was er als das Gift unserer Zeit betrachtete, nämlich den aggressiven Nationalismus und seinen unvermeidlichen Begleiter, den Krieg. Wenn es in Gandhis Leben und Persönlichkeit ein Paradox gibt, dann ist es nicht das des Heiligen und des schlauen Politikers, sondern das des nationalen Führers und des überzeugten Internationalisten, für den alle Grenzen zufällig und vom Menschen gemacht waren. Seine eigentlichen Mitbrüder waren nicht »heilige Männer«, sondern alle, die an die Gemeinschaft der Versöhnung glaubten, was immer ihr religiöses Bekenntnis und ihre Nationalität sein mochte. Mit anderen Worten: Gandhi wollte die bloß quantitative Demokratie durch eine tiefere Qualität versöhnen. Politik war für ihn weder Kunst noch Geschäft und noch weniger ein Spiel (ein Wort, das Tilak einst gebraucht hatte), sondern eine Mission.

Säkularismus und Säkularisierung haben im indischen Kontext eine eigene Prägung, die man berücksichtigen muß. Es war nicht der Versuch einer Abgrenzung des Staates gegenüber klerikalen Institutionen, die Indiens Verfassungsväter bewegte, als sie für einen säkularen Staat optierten. Es ging vielmehr um das friedliche Zusammenleben der verschiedenen Glaubensgemeinschaften, vorausgesetzt, Indien würde sich nicht in zwei Staaten aufspalten wollen. Eine Trennung zwischen dem Heiligen und dem Profanen ist dem hinduistischen Denken ebenso fremd wie dem muslimischen. Gandhi kannte sein Indien. Die indische *Gesellschaft* ist und war in ihrer Grundanschauung niemals säkular, wenn wir mit säkular meinen, daß Religion als ein eigenständiger Sektor betrachtet wird. Im gegenwärtigen Indien gibt der Staat beachtliche Summen aus, um religiöse Feste wie die Kumbha Mela, an der ein Großteil der Hindus beteiligt ist, zu unterstützen. Wenn das hinduistische und jainistische Reinheitsideal über den Bereich individueller Askese hinaus interpretiert wird, wenn die Idee der Interdependenz von ökonomischen, sozialen, politischen und religiösen Faktoren in der Gesellschaft prinzipiell anerkannt wird, beginnen wir zu begreifen, daß Gandhis Betrachtungsweise sich von denen unterschied, die das Hauptproblem der *Religion* im 20. Jahrhundert in der Auseinandersetzung mit dem Säkularismus sehen. Es gibt noch einen weiteren Grund für Gandhis Weigerung, Religion und Politik zu trennen. Die *Gita* zeigt, daß es verschiedene Pfade gibt, um das Höchste zu erlangen. Daraus folgt, daß auch die Politik als menschliche Aktivität, die mit dem Gemein-

115

schaftsleben des Menschen aufs engste verknüpft ist, ein gültiger Pfad ist. Gandhis persönliche Askese kam zweifelsohne nicht in einem Leben der Meditation, sondern im couragierten Engagement im Auf und Ab des politischen Lebens zum Ausdruck. Die Regenerierung der Politik sollte sich durch den Geist der Gewaltlosigkeit vollziehen. Es gab keine Grenze zwischen dem, was des Kaisers und dem, was Gottes ist.

Der säkulare Mensch im Westen hat versucht, eine moralische Grundidee aus den religiösen Traditionen herauszudestillieren und den Rest zurückgewiesen. Dabei wird die Rationalität des Menschen überbewertet und die Rolle von Selbstsucht und Gewalt im menschlichen Leben unterschätzt. Gandhi begeht diesen Fehler nicht. In seiner Gesellschaft fand er, daß ethische Prinzipien, seien sie jainistisch oder hinduistisch, unentwirrbar in ein religiöses Gewand gehüllt sind. Die Ambivalenz des Wortes *dharma* als ethisches und religiöses Konzept macht dies deutlich. Säkularismus versteht er deshalb nicht als sterile Hörigkeit gegenüber dem Rationalen und Wissenschaftlichen, als ängstliches Meiden des Heiligen, sondern als Respekt gegenüber allen Menschen und Glaubensrichtungen. So wie Kapitalismus und Sozialismus überwunden werden könnten, so, meinte Gandhi, könnten auch religiöse Differenzen überwunden werden. Die säkularistische Funktion der Religion sei nichts anderes als der aktive Aspekt der Religion selbst, wenn sie von Obskurantismus, Aberglauben und doktrinären Schranken befreit worden sei. Der religiöse Instinkt könne zur Lösung von Konflikten eingesetzt werden, weil mit ihm Sensibilisierung für soziale Ungerechtigkeit verbunden sei.

Gandhi beunruhigte in späteren Jahren nicht so sehr der Materialismus (Indien war durchaus eine reiche Gesellschaft), sondern die Gewalt, die eine sozial und ökonomisch ungerechte Gesellschaft mit sich bringt. Paradoxerweise ist Säkularismus, wie er ihn versteht, nämlich als Respekt für Menschen aller Glaubensrichtungen, davon *abhängig*, daß Menschen überhaupt ihren eigenen Glauben ernst nehmen. Es gibt, so möchte ich sagen, etwas Verbindendes in Gandhis Abneigung gegenüber allen Formen von Abgrenzung, sei es in bezug auf die Gaben und Kräfte im Innersten des Menschen, die sozialen, ökonomisch-politischen und religiösen Dimensionen des Lebens, oder sei es in bezug auf bestimmte Zuordnungen, durch die Menschen voneinander abgegrenzt werden. Die Weisheit liegt in einer gegenseitigen Durchdringung oder Befruchtung, einem Geben und Nehmen, das allein eine gesunde Gesellschaft herstellen kann. Gandhi sieht Religion als heilende Kraft, denn auf Grund unserer fragmentarischen Visionen von etwas Höherem streben wir danach, uns selbst und unsere Umgebung zu verändern. Diese Einsicht ist Grundlage für Gandhis Vision einer versöhnten Demokratie, in der jeder der Vision des anderen dieselbe Gültigkeit zugesteht, wie seiner eigenen.

Gandhis eigene Erfahrung scheint hier nicht stehengeblieben zu sein. Wie einige Jahre später Swami Abhishiktananda besaß er die Fähigkeit, eigene Erfahrung im Austausch mit andersartigen Entwürfen zu *vertiefen*. Er konnte, so wie ich es sehe, Begegnung und Dialog in einer Weise ausschöpfen, wie es in dem poetischen Ausspruch der Upanishaden angedeutet wird, daß *alles* Nahrung ist. Er lebte aus verschiedenen Traditionen und bezog daraus seine Nahrung. Das ist etwas ganz anderes als der Glaube an eine Konvergenz der Religionen an einem Punkt Omega, und unterscheidet sich auch von dem theoretischen Postulat des »Universalen in der Religion«, dem Essentialismus eines Bhagwan Das. Damit sind die Verschiedenheit der Gaben und eine Fähigkeit zum Wachstum anerkannt, was sowohl die Assimilation neuer Idiome in sich einschließt, als auch das, was in einem höchst suggestiven Ausspruch Gabriel Marcel das »innere Wachstum« genannt hat. Ich werde dies nicht an einem sehr einfachen Beispiel illustrieren, nämlich Gandhis Reaktion auf Christus und seine Lehre, sondern an einem für Gandhi als Hindu viel mutigerem »Experiment«, an seiner Antwort auf den Islam, seinem Versuch, Hindus und Muslime auszusöhnen. Um die Theorie von der Notwendigkeit zweier getrennter Nationen zu widerlegen, wurde das moderne indische Konzept des Säkularismus ausgearbeitet. Gandhis persönliches Wagnis in dieser Auseinandersetzung ging jedoch tiefer, und ich werde diesen Aspekt im folgenden näher beschreiben, dabei aber nicht auf das Mißlingen seiner politischen Mission – offenkundig in der Teilung Indiens – eingehen.

Gandhis Kontakt mit Muslimen begann bereits in seiner Kindheit, wo Menschen aller Glaubensgemeinschaften im Hause seines Vaters willkommen waren. Dies muß hervorgehoben werden, da es nicht für alle Hindu-Haushalte im letzten Viertel des vorigen Jahrhunderts selbstverständlich war. Als Gandhi 1893 in Durban ankam, wurde er von Abdullah Sheth empfangen, der den jungen Anwalt in seine Dienste genommen hatte. Gandhi notierte, daß ihm der Kontakt mit Sheth »ein gut Teil praktisches Wissen über den Islam« vermittle und daß sie oft religiöse Probleme diskutierten. Die indische Natal-Gemeinschaft war vorwiegend muslimisch. Er beobachtete an den schwer arbeitenden muslimischen Händlern aus Gujarat während seiner Kampagnen dieselben Bania-Tugenden, auf die er sich später im Leben oft bezog, und dazu gehörten Ehrlichkeit und die sorgfältige Führung von Finanzbüchern. Doch wußte er natürlich, daß die Banias als Händler traditionell auch für ganz andere »Qualitäten« bekannt waren. Möglicherweise sah er auch Ähnlichkeiten zwischen dem muslimischen Eifer, der jainistischen Vorstellung des Heroismus und der Kshatriya-Tugend der Ehre. Die Erfahrung der Seereise hatte ihn gelehrt, daß in der Not alle Menschen zu Gott rufen, wenn auch unter verschiedenen Namen. Was er im Koran und bei Thomas Carlyle über den Propheten las, bestätigte wiederum, was er bereits glaubte. Jahre später schrieb er:[5] »Ich lernte von ihm (Muhammad), daß nur der fasten kann, der einen unendlichen Glauben an Gott hat.« Auch die Erlebnisse während der sogenannten Zulu-Rebellion, wo er Kranke und Verwundete versorgte, hinterließen ihre Spur. Den Delegierten der Cawnpore-Sitzung des indischen Nationalkongresses im Dezember 1925 sagte er:[6] »Ich habe gesehen, daß ein Zulu, der Christ wird, nicht *ipso facto* mit allen anderen Christen gleich gestellt ist, während er, wenn er sich zum Islam bekehrt, sofort aus derselben Tasse trinkt und vom gleichen Tisch ißt wie jeder Muselmann.« Immer wieder verwies er darauf, was er an den Muslimen besonders bewunderte – die Glut der ersten Nachfolger, ihren Puritanismus, den praktischen Reformgeist des Propheten, »den unvermischten Glauben an die Einheit Gottes« und die praktische Umsetzung der Wahrheit von der Bruderschaft aller Menschen (jedenfalls für alle, die nominell zur Muslimgemeinschaft gehörten). Gandhi war so offen, daß er manchmal sehr überraschend islamische Begriffe übernahm. So wurde seine massive Kritik an der westlichen Zivilisation im *Hind Swaraj* (1909) durch folgenden Kommentar unterstrichen:»Den Lehren Mohammeds zufolge müßte sie als satanische Zivilisation betrachtet werden.«

Zurück in Indien war er sich der Tatsache bewußt, daß ohne die Einheit von Hindus und Muslimen Indien die Freiheit nicht erlangen könne. Sehr klar äußerte er sich dazu in einem Brief, den er aus dem Krankenhaus an Mahomed Ali, den Präsidenten des Kongresses, schrieb:[7] »Wir müssen ein unauflösbares Band zwischen den verschiedenen Gemeinschaften knüpfen, wenn wir die Freiheit erlangen wollen.« Aber wie sollte dieses Band geknüpft werden, und wie sollte es aussehen? Gandhi hatte diesbezüglich ganz konkrete Vorstellungen, und jeder Schritt in diese Richtung war ein neues Experiment. 1918 war in dieser Hinsicht ein interessantes Jahr. Hier einige Wegmarken: An Pandit Hridaynath Kunzru schrieb er aus Sabarmati zur Zeit der Kumbha Mela, der er selbst nicht beiwohnen konnte:[8] »Ich sehnte mich nach der Gelegenheit, den Hinduismus praktiziert zu sehen, und zwar sowohl in seinem dämonischen wie göttlichen Charakter.« Einen Monat später notierte Mahadev Desai:[9] »Der Hinduismus wird die Muslime durch seine Kraft des Mitleidens für sich einnehmen, denn das ist sein wirkliches Wesen. Dieser große Tag der Herzenseinheit wird jedoch nur dann kommen, wenn die Hindus ihr spirituelles Erbe neu für sich entdecken.« Beide Äußerungen stimmen mit Gandhis häufiger Mahnung überein, die Intention der Selbstkritik nach innen zu richten, und zwar in jeder Gemeinschaft – jeder müsse zuerst sein eigenes Haus in Ordnung bringen. 1918 ist auch das Jahr, in dem Gandhi in Ahmedabad während der Fabrikarbeiter-Kampagne für die Überwindung der dortigen Mißstände die Arbeiter aufrief, einen feierlichen Eid zu schwören, den Streik solange durchzuhalten, bis ein gerechtes Abkommen erreicht sein würde. Das Gelübde wurde »mit *ishvara* oder *khuda* als Zeugen« (hinduistische und muslimische Worte für Gott) abgelegt.[10] Ein einfaches Gelübde reichte nicht, denn es sollten die Kraftreserven, die im religiösen Glauben eines jeden Menschen verborgen sind, aktiviert werden. Gandhi war, wie auch Tilak, zur Konferenz der nationalen Führer, die der Vizekönig Chelmsford einberufen hatte, nicht eingeladen worden. Die Ali-Brüder waren noch inhaftiert. So schrieb er aus eigener Initiative an den Vizekönig und setzte sich für die Ali-Brüder und eine Lösung der Khilafat-Frage ein und nahm schließlich an der Konferenz teil, wo es um die Rekrutierungen für den Krieg ging. Es war ein Jahr, in dem Gandhi auf vielen muslimischen Versammlungen sprach und sich mit den muslimischen politischen Interessen identifizierte – immer in der Hoffnung, die Muslime in den Gesamtstrom der nationalen Bewegung einzubeziehen. Ob Pan-Islamismus jemals mit Nationalismus oder mit Internationalismus, an den Gandhi so leidenschaftlich glaubte, vereinbar sein könne, sind Fragen, mit denen wir uns hier nicht befassen können.

Im Fasten vom September 1924 für die Einheit von Hindus und Muslimen sah Gandhi einen Akt der Buße. Wie kann ein Fasten dazu beitragen, Frieden und guten Willen zu stiften? Durch die Überzeugungskraft, die darin liegt, daß jemand bereit ist, für seine Prinzipien zu sterben. Die detaillierte Geschichte der einundzwanzigtägigen Prüfung zeigt auch, wie Menschen unterschiedlichen Glaubens zu Gandhi strömten in der Sorge, daß dieser schmerzhafte Akt der Selbstbestrafung zu Ende gehen möge.

Die Reibungspunkte blieben bestehen – das Schlachten von Kühen durch Muslime, Konversionen zum Islam, das Problem separater oder gemeinsamer Wahlkreise, die von Hindus vor Moscheen gespielte Musik –, und Gandhi versuchte unentwegt, an allen Fronten ein friedlicheres Klima zu schaffen, in dem alle Glaubensgemeinschaften ihre Differenzen zugunsten der großen nationalen Sache begraben könnten. Die von ihm in öffentlichen Ansprachen über Jahrzehnte hinweg entwickelte Ausdrucksweise offenbart seinen Wunsch, sich in den anderen hineinzuversetzen und ihn mit dessen Augen zu sehen. Als er im Dezember 1924 zur Menschenmenge in Jallianwala Bagh sprach, geht er so weit zu sagen, daß er, wenn er den Quran-e-Shareef nicht entehren wolle, »zu ihm mit dem Auge eines Muslim aufschauen und tun müsse, was sie tun…« Dies geht weiter als nur anzuerkennen, daß Gott viele Namen hat, denn es betont das Gemeinsame im Menschen und wirft das Problem auf, ob Menschen die Erfahrungen Andersgläubiger wirklich teilen können. Gandhis Leben und Lehren war zu einem großen Teil von der pädagogischen Absicht getragen, Menschen verschiedener Glaubensüberzeugungen zu befähigen, einander zu *verstehen*. Dies zeigt sich auch in seiner lebenslangen Bereitschaft, von anderen zu lernen – den Briten, den Buren, den Lebensumständen anderer Menschen bis hin zum ärmsten Dorfbewohner, dessen endlose Geduld für ihn Spiegelbild der Geduld Gottes war. Parallel dazu, aber nicht weniger wichtig, steht seine Absicht, die wirtschaftlichen Ursachen hinter den Religionsstreitigkeiten aufzudecken und praktische Mittel zur Überwindung von Ausbeutung und Ungerechtigkeit zu finden, die damit verbunden waren. Nicht, daß Meinungsdifferenzen oder ideologische Unterschiede an eine »Superstruktur« verwiesen würden, aber die Streitenden wurden angehalten, noch einmal genauer auf den Gesamtzusammenhang der Meinungsverschiedenheiten zu schauen, anstatt die »religiösen« Aspekte einseitig als Quellen der Spannungen überzubewerten.

Gandhis Gebetsversamlungen sind für die Beurteilung seines religiösen Denkens wichtige Quellen. Als er 1947 auch Lesungen vom Koran einführte, geriet er ins Kreuzfeuer der Kritik. Er wurde von den Hindus zur Rede gestellt und als »Sklave von Jinnah-Saheb und ein Mann der fünften Kolonne« beschimpft. Auch einige Muslimfreunde hatten Bedenken, denn als Nicht-Muslim habe er nicht die Autorität, Verse vom Koran zu lesen. Im *Harijan* hatte Gandhi geschrieben, daß Vinoba und Pyarelal den Koran im Gefängnis studiert hätten und ihr hinduistisches Selbstverständnis dadurch bereichert worden sei. Hier wird also geltend gemacht, daß durch das Studium eines anderen Glaubens der eigene Glaube gewinnen kann. Seine Maßstäbe hat Gandhi gegenüber einem muslimischen Wissenschaftler klar ausgesprochen, daß man nämlich »absolut treu zum Text bleiben« und sich ihm »mit betendem und offenem Bewußtsein« nähern solle. Und er fuhr fort, daß niemand das Monopol der Wahrheit habe, und daß auch biblische Texte »noch immer korrigiert würden«.[11] Gandhi mußte sich schon früher in seinem Leben vor *Hindus* rechtfertigen, so z.B. als er Studenten des Gujarat National College das Neue Testament vorlas.[12]

Wenden wir den Blick wieder zurück nach Südafrika. Ein christlicher Priester, ein Imam und ein Jude begleiteten Gandhi einmal, um die Frau des Tamilenführers Thambi Naidoo, der im Gefägnis saß, zu besuchen, und Doke berichtet, daß »sich alle gemeinsam im Gebet beugten«. Was in Südafrika möglich war, wurde in der sich zuspitzenden Situation von 1946 und 1947 in Indien unmöglich. Gandhis heroische Kampagne in Noakhali seit November 1946, wo er sich um den Religionsfrieden in Ostbengalen bemühte, ist nun Geschichte. Er appelliert hier an alle, denen Unrecht getan worden war, Mut zu zeigen und nicht davon zu laufen, und er ermutigt sie, ein neues Leben aufzubauen, nachdem sie alles an die andere Glaubensgemeinschaft verloren hatten. Er drängt darauf, die gemeinsamen Anliegen als Weber, Fischer oder Farmer wahrzunehmen, statt ständig in religiösen Etikettierungen zu denken. Es sei eine Zeit, da die »religiöse Mitgliedschaft« vergessen werden müsse. So spricht er 1947.[13] Das Land hatte sich von der britischen Herrschaft befreit und war dabei der Vivisektion (Gandhis eigenes Wort) unterzogen worden. Was meint Gandhi, wenn er vom Vergessen der religiösen Mitgliedschaft spricht? Wie konnte ein Mann, für den alles Handeln *dharma* war, einen solchen Rat geben? Es sei an der Zeit zu erkennen, daß es zwischen Hindus und Muslimen keinen Interessenkonflikt in bezug auf Einkommen, sanitäre Einrichtungen und Recht geben könne, wenn es darum ginge, die Grundbedürfnisse der sich plagenden Millionen zu befriedigen.

Gandhis heilender Einfluß sollte nicht lange währen. Eines der aufschlußreichsten Ereignisse aus der letzten Phase seines Lebens ist der Versuch, eine arme muslimische Frau zu trösten, die den Tod ihres Sohnes bei den Unruhen in Calcutta mit eigenen Augen hatte ansehen müssen. Er sprach die Sprache, die sie unmittelbar verstand. Allah hatte ihr den Sohn gegeben, und Allah hatte ihn wieder genommen. Ein hartes Wort, vielleicht aber der einzige Satz, der sie in ihrer tiefen Trauer erreichen konnte. Nicht umsonst hatte Gandhi auf den Koran verwiesen, als er 1924 in Jallianwala sagte: »mit dem Auge eines Muslim«. Es war ein Hindu-Fanatiker, der Gandhi ermorden sollte und eine Gruppe repräsentierte, nach deren Meinung Gandhi den Muslimen zu weit entgegengekommen war. In seinen letzten Tagen hatte er die Hindus wegen ihrer Vergeltungsakte für das, was Hindus in Pakistan geschehen war, zur Verantwortung gezogen. Das Kabinett wurde von ihm genötigt, an Pakistan 550 Millionen Rupien aus dem Gesamtvermögen Indiens zu überweisen. Dies waren die letzten Handlungen eines Hindu, der bis zu seinem Tode der Sache der hinduistisch-muslimischen Einheit treu geblieben war, ein Mann, der nicht die wissenschaftliche Gelehrsamkeit eines Raja Rammohan Roy oder eines Maulana Azad besaß und wohl in keiner Debatte mit einem muslimischen Theologen hätte bestehen können, der aber in der islamischen Idee der Bruderschaft ein Prinzip erkannt hatte, das über die Grenzen der unmittelbaren Zugehörigkeit zu einer Religion oder Gemeinschaft gültig war. Für Gandhi war es eine Erfahrung, die ihm das Herz brach, als er an seinem Lebensabend erkennen mußte, daß in Indien, das ein Lichtstrahl in dieser Hinsicht hätte sein sollen, die Kräfte des Hasses überwogen. Aus seiner langen Lebenserfahrung konnte er aber die Richtung angeben, in die eine Erneuerung gehen müsse – geduldige Rekonstruktion des menschlichen Lebens auf der Dorfebene, die Überwindung allen Unrechts, die Wiederentdeckung der Würde des Nächsten und die bereichernden Möglichkeiten der Gemeinschaft mit dem Fremden.

Für den Rest dieses Kapitels wird Dokes einsichtsvolle Bemerkung über die Katholizität in Gandhis Wirken so etwas wie ein Leitfaden sein. In Südafrika lernte Gandhi die Bandbreite menschlicher Konflikte kennen – zwischen vertraglich gebundenen Arbeitern und Autoritäten, zwischen Briten und Buren, zwischen Zulus und Weißen, und dies schulte ihn. Das ist ein wichtiger Schlüssel zur Katholizität, von der Doke schrieb. Ich beziehe mich auf seine Erfahrung in Rechtsfällen. Der junge indische Rechtsanwalt machte sich unter anderem einen Namen als Mann, der den Streit außerhalb des Gerichtssaales schlichten konnte, der Gemeinsamkeiten aufstöberte, wo keiner mehr damit gerechnet hätte. Selbst in seiner Rechtspraxis, so scheint mir, ging Friedenstiften über eine bloße Konfliktlösung, indem er menschliche Beziehungen auf eine neue Basis stellte. Solch eine Methode verlangt das ehrliche Eingestehen des Unterschiedes und die Bereitschaft, sich weiterzuentwickeln. Dies, so glaube ich, befähigte ihn, in der Begegnung von Menschen unterschiedlichen Glaubens nicht einen Rechtsstreit zwischen rivalisierenden Glaubenssystemen zu sehen, sondern die Möglichkeit zur gegenseitigen Bereicherung. Wir müssen uns nun einigen Problemen zuwenden, die in diesem Zusammenhang auftauchen.

Gandhi war zutiefst davon überzeugt, daß »keiner ein Monopol auf die Wahrheit hat.«[14] Nur weil dies so ist, können wir voneinander lernen. Dieses Lernen geschieht auf verschiedene Weise. Zum einen, indem die unterschiedlichen Schriften andächtig studiert werden. Gandhi verlagert diesbezüglich die Schwerpunkte im Laufe der Jahre etwas. Als er 1925 in Calcutta zu Missionaren sprach und sich dabei offensichtlich auf ein früheres Stadium in seinem Leben bezog, sagte er:[15] »Ich sagte mir, wenn ich durch Vernunftargumente Gewißheit haben will, so muß ich die Schriften anderer Religionen ebenfalls studieren, um eine Wahl treffen zu können.« Ein Beispiel für eine These, die der Vernunft widerspricht, ist für ihn der christliche Glaube, daß Jesus »der einzige eingeborene Sohn Gottes« sei. Die Berufung auf die Vernunft ist für Gandhi typisch. 1946 z.B. stoßen wir auf dasselbe Thema:[16] »Religion leidet keinen Schaden durch die Kritik der Vernunft, sei sie gerechtfertigt oder ungerechtfertigt, sondern sie nimmt Schaden durch die Nachlässigkeit oder Indifferenz ihrer Anhänger.« Der Kontext dieser Bemerkung scheint mir im Zusammenhang mit der vorangegangenen Diskussion über Gandhi und die Muslime nicht unwichtig zu sein. Die Regierung von Sind hatte die Sindhi-Übersetzung von Dayananda Saraswatis Satyartha Prakash mit der Begründung verboten, daß das 14. Kapitel die Muslime verletzen würde. Als ehemaliger Journalist, Schriftsteller und Verteidiger der Rede- und Pressefreiheit war Gandhis Reaktion mutig aber angemessen.

Der Appell an die Vernunft war für ihn nicht das einzige Kriterium. Wir wollen zurückkehren zum Einwand des Muslim-Gelehrten, daß »ein Nicht-Muslim die Schrift (Koran) für seine eigenen Zwecke« nicht zitieren dürfe. Gandhis Antwort: »Gewiß ist es kein Schaden, solange ich dem Text absolut treu bleibe und meine Aufgabe mit andächtigem und vorurteilslosem Verstand angehe.«[17] Hier ergeben sich zweifellos einige Schwierigkeiten. Die Vorstellung des Treuseins gegenüber dem Text wirft Fragen auf, insbesondere im Kontext einer Hermeneutik nach Schleiermacher. Liegt jedoch der Schlüssel nicht im Zitat selbst? Andächtig und vorurteilslos zu sein, ist genau das, was »absolut treu gegenüber dem Text« meint. Aber kann dies ein Muslim für den Koran besser tun als ein Christ oder ein Hindu? Gandhi legt sich nicht eindeutig fest. Gebet und gewaltfreies Handeln des satyagrahi können sowohl individuell wie auch kollektiv erfahren werden. Abgesehen von seinen persönlichen Lesungen und Studien versuchte Gandhi besonders gegen Ende seines Lebens, Lesungen aus dem Koran in seine Gebetsversammlungen einzuführen. Welchen Effekt würde das haben? In einer Rede nach dem Gebet im Jahre 1946 sagt er,[18] das Geheimnis gemeinsamen Betens sei das Ausströmen einer schweigenden Kraft, die den Menschen bei der Verwirklichung ihrer Ziele helfen würde. Wenn wir zu buchstabieren versuchen, was dies bedeuten könnte, und dabei berücksichtigen, in welchem Jahr dies gesagt wurde, so scheinen wir hier einen Gandhi vor uns zu haben, der sich auf die Idee der Quäker stützt, daß das Zusammensein in einer betenden Gemeinschaft Kräfte freisetzt, die das tägliche Leben durchdringen. Man weiß, daß nur wenige Muslime an Gandhis Gebetsversammlungen teilnahmen. Wenn einer von ihnen Widerspruch anmeldete, so pflegte Gandhi gleich zur Rede, die nach dem Gebet vorgesehen war und die sich auf die Tagesereignisse bezog, überzugehen. Hier ging es nicht um die Herausforderung der Vernunft, sondern um ein Problem des Herzens, einen »Mangel an Herzenseinheit«, um Gandhis eigene Worte zu gebrauchen, der unterschiedliche Ursachen hatte wie wirtschaftliche Ungleichgewichte, Leiden, das man durch die anderen erfahren hatte, Furcht usw.

Anders stellt sich das Problem im folgenden dar. Gandhi übersetzte das Hymnenbuch seines Ashrams (*Bhajanavali*) für seine Freundin und enge Vertraute Mirabehn ins Englische. Ein Vers lautet: »*Jaya jaya karunanidhi*«, o Shri Mahadeva Shambho (Sieg Dir, O Shri Mahadeva Shambho, Ozean der Barmherzigkeit). Gandhi übersetzte *jaya, jaya* mit »Dein Wille geschehe« und erläuterte dies Kakasaheb Kalelkar so:[19] »Für einen Christen kann die beste Lesart nur sein ›Dein Reich komme‹ oder ›Dein Wille geschehe‹.« Weiter sagte er, die Hauptintention des Gebetes sei, daß »Gott immer in unseren Herzen siegen soll«. Mit dem »Übersetzen« des Vokabulars einer Religion in das einer anderen scheint er im wesentlichen ein pädagogisches Ziel verfolgt zu haben, und als einfühlsamer Lehrer paßte er die »Übersetzung« den Bedürfnissen des Schülers an. Schon viel früher interpretierte er einen verwandten Begriff in Amritsar im Dezember 1924, als die Menge die Worte »*Hindu-Muslim-ki jai*« wiederholte und Gandhi dazu bemerkte:[20] »Dieses *jai* bedeutet, daß Streiten *haram* (ein Anathema) für uns ist. Im Hinduismus, im Islam, in jeder Religion ist der Streit mit einer anderen Religion *haram*.« Dieses Beispiel zeigt, wie ein populärer Spruch, dessen Inhalt in den folgenden Jahren allzusehr verflachen sollte, beinahe reif dafür wird, in die »religiöse Sprache« aufgenommen zu werden. Die Bedeutung von *jai* wird hervorgehoben durch einen Ausdruck, der beiden Gemeinschaften verständlich ist, um die Botschaft zu vermitteln, daß gewisse Handlungen um jeden Preis vermieden werden müssen. Wir berühren mit den eben erwähnten Aussprüchen sicher keine theologischen Weisheiten, aber sie wegzulassen, so glaube ich, würde bedeuten, etwas Wichtiges zu übergehen, was zu Gandhis religiösem Denken gehört.

Wir haben gesehen, daß Gandhi die Harmonie zwischen verschiedenen religiösen *Gruppen* nicht nur im Interesse der nationalen Einheit anstrebte, sondern davon überzeugt war, daß Menschen unterschiedlichen Glaubens auch so zusammenkommen können. Er beschränkte sich also nicht darauf, die kommunalen Beziehungen (ich gebrauche das Wort *kommunal* hier, wie es im indischen Kontext üblich ist) unter dem Gesichtspunkt der Vermeidung von Konflikten zu betrachten, sondern hinsichtlich ihrer positiven Möglichkeiten.

Metaphysische Voraussetzung ist die allen Menschen gemeinsame Menschlichkeit sowie die allen zugängliche Wahrheitserkenntnis, die vom jeweiligen Wissensstand des einzelnen abhängig ist, der durch die anderen Traditionen ergänzt werden muß. Das ist der Hintergrund von Gandhis Maxime:[21] »Unsere Gebete für andere sollten niemals sein: ›Gott, gib ihnen das Licht, das Du mir gegeben hast‹, sondern ›Gib ihnen all das Licht und die Wahrheit, die sie für ihre geistige Reifung brauchen‹.« Gandhi geht es nicht um theologische Spitzfindigkeiten, sondern um Dinge, die jeder Mensch guten Willens praktizieren kann. Hier begegnen wir einem ganz charakteristischen Zug in Gandhis Denken überhaupt. Wir wollen nun verschiedene Möglichkeiten betrachten, wie die Vielfalt der Gaben voll zur Geltung kommen kann, und dies mit Gandhis Idee vom Zusammenbringen verschiedener Talente verbinden, die er sowohl im wirtschaftlichen Kontext der Treuhänderschaft als auch anderswo immer wieder anführte.

Es ist notwendig, die negativen Auswüchse der eigenen Tradition zu beseitigen. Der für den Hindu wohl gravierendste Auswuchs oder *upadhi* ist »die Sünde der Unberührbarkeit«. Doch sollte sich niemand einbilden, den Splitter im Auge des anderen entfernen zu müssen. Wir sollten vielmehr versuchen, »die Wahrheiten zu praktizieren, die wir in anderen Glaubenstraditionen erkennen«. Statt die Begrenzung der islamischen Idee der Bruderschaft auf die eigenen Religionsangehörigen zu kritisieren, sollten wir das Prinzip der Bruderschaft im eigenen Leben anwenden und niemanden als Fremden betrachten. Verfolgt ein Hindu dieses Ideal weiter, so kann er durch die Loyalität von Rama und Lakshmana inspiriert werden, die »Scheinwerfer« nach innen zu richten (ein Lieblingsbild Gandhis) und erkennen, daß Unberührbarkeit und Bruderschaft unvereinbar sind. Die kulturelle Assimilationsfähigkeit des Hinduismus ist von beinahe allen Gelehrten, die sich mit diesem komplexen Phänomen befaßt haben, vermerkt worden. Aber Gandhi plädiert in diesem Punkt für eine noch bewußtere und über die Grenzen der Hindugemeinschaft hinausgehende Kultivierung dieses assimilativen Prozesses. Leider sprechen sowohl Hindus als auch deren Kritiker in diesem Zusammenhang oft von »Toleranz«. Was aber Gandhi wirklich bewegte, so scheint mir, ist viel dynamischer und weitreichender als Toleranz.

Dabei sieht Gandhi in Vernunft und Wissenschaft starke Verbündete der Religion. Dies allein schon ist Kennzeichen seiner Originalität. Gewöhnlich wird vorausgesetzt, daß eine wissenschaftliche Weltanschauung Skeptizismus und einseitige Sichtweisen mit sich bringt und dem Mysterium oder den Glaubenswahrheiten unnachsichtig gegenübertritt. Vergegenwärtigen wir uns die Diskussion über Gandhis Experimente mit der Wahrheit, so sehen wir, daß Gandhi das Wort »Experiment« mit Bedacht gewählt hat. Er hielt es für möglich, in der Erkenntnis der Wahrheit mit den Methoden des Wissenschaftlers fortzuschreiten, der in Laborversuchen die Richtigkeit einer bestimmten Hypothese bestätigt oder widerlegt. Dieser *empirische* Zugang ist schon immer ein Aspekt der indischen Tradition gewesen. Die Geschichte von Gandhis Experimenten ist die Geschichte seiner inneren Läuterung. Sogar seine Launen und Schrullen, die manchen Beobachter erstaunt haben, waren Teil seiner *Askese*. Die wissenschaftliche Sichtweise verstärkt den religiösen Impuls, d.h. den Impuls zur Selbstreinigung und das Verlangen, dem *dharma* zu folgen, wenn wir selbst realisieren – und hier sind zwei Beispiele –, daß die Kontrolle der Zunge eng verbunden ist mit anderern Formen der Selbstkontrolle oder daß es keine begründete Basis für Rassendiskriminierung gibt. Es ist die Vernunft, die uns sagt, daß das Opfern unschuldiger Kreaturen, z.B. einer Ziege, nie Mittel zum Anhäufen von Verdiensten sein kann und auch nicht vereinbar ist mit unseren tiefsten Empfindungen dafür, was einer Gottheit wohlgefallen könnte. Gandhi führte dieses Beispiel an, nachdem er, angewidert vom Besuch des Kali Mandir in Calcutta, mit dem Finger auf diese »positive Irreligion« zeigte. Ebenso »positiv irreligiös« sei es, einen Großteil der Bevölkerung zu diskriminieren, seien es Frauen, Unberührbare oder andere unterprivilegierte Gruppen in der Gesellschaft. Die Vernunft hat jedoch ihre Grenzen, und zwar nicht die Kantischen Grenzen des Verstandes, die mangelnde intellektuelle Intuition, sondern die Grenze, daß sie nicht in der Lage ist, uns zu *bewegen*. Eines der aufschlußreichsten Worte Gandhis stellt dies heraus:[22]

»Ich bin zu dem fundamentalen Schluß gekommen, daß, wenn etwas wirklich Wichtiges getan werden muß, ich nicht nur an die Vernunft appellieren darf, sondern auch das Herz bewegen muß. Argumente sprechen mehr den Kopf an, aber die Durchdringung der Herzen geschieht durch Leiden. Es öffnet das innere Verstehen im Menschen.«

Zwei aktuelle Beispiele mögen veranschaulichen, wie wenig die Vernunft den Menschen bewegen kann. Es ist irrational, Nahrung zu vernichten, während Menschen gleichzeitig hungern müssen. Weiterhin ist es völlig inkonsistent, wenn das ökonomische Wohlergehen eines Landes an seiner Rüstungsindustrie hängt, während seine Bürger ein Lippenbekenntnis für die Unantastbarkeit des Lebens ablegen. Gandhi war zum Glück kein Berufsphilosoph. Das Vokabular, das er übernommen hat, entstammt der gewöhnlichen Sprache des gesunden Menschenverstandes, dem Verstehen des Herzens. Wo das Verstehen fehlt, ist das Herz nicht weit genug.

Nach dem Studium verschiedener Religionen, und dies schloß das Studium der Schriften und des Lebens der Propheten und anderer religiöser Meister ein, sagte er[23], er sei »zu dem Schluß gekommen, daß alle Religionen richtig wären und doch jede von ihnen unvollkommen sei, denn sie würden durch unseren begrenzten Verstand manchmal auch engherzig interpretiert, und noch öfter fehlinterpretiert.« Das äußerte er 1925 zu Missionaren in Calcutta. In Colombo empfahl er als Mittel, das Herz »zu öffnen«, das Studium anderer Religionen. All dies zeigt, daß Gandhi eine Isolierung einzelner menschlicher

Fähigkeiten ablehnte, indem er in der menschlichen Natur begründet sah, was Philosophen und Psychologen in separate Funktionen aufgeteilt hatten. Ich meine, es gibt eine Verbindung zwischen seiner Weigerung, Religion, Wirtschaft und Politik strikt zu trennen, und seiner Einsicht in die Vernetzung der menschlichen Kräfte. Daraus folgt die Notwendigkeit, *alle* Kräfte zu reinigen und zu stärken. Gefördert würde dieser Prozeß, wenn jeder demütig vom anderen zu lernen bereit wäre,[24] und zwar bewußt wie auch durch die unbewußten Kräfte, die er im Gemeinschaftsgebet am Werk sah. Eine solche Bereicherung unseres Lebens (ich sage bewußt nicht religiösen Lebens, da Gandhi diesen Aspekt nicht von den anderen Dimensionen des Lebens trennte), würde die Furchtlosigkeit in uns verstärken, eine Tugend, auf die Gandhi großen Wert legte, und die er in seiner eigenen Askese zu kultivieren suchte. Den anderen zu erkennen und zu lieben, bedeutet, ihn nicht länger zu fürchten. Daraus könnte das erwachsen, was man heutzutage in ökumenischen Kreisen *Erneuerung* nennt, und was sowohl Verwurzelung als auch ein Sich-Ausbreiten impliziert. Es ist bezeichnend, daß Gandhi gern die Metapher des Baumes verwendet, denn der Baum ist das vielleicht aussagekräftigste Natursymbol für Verwurzeltsein bei gleichzeitiger Ausbreitung, ein Symbol auch für die Verbindung zwischen Ausbreiten und Blühen. Er schrieb:[25] »Ich verstehe die großen Religionen der Welt als die vielen Zweige eines Baumes; jeder ist anders, obwohl doch alle den gleichen Ursprung haben.« Die Zweige wachsen, und jedes Blatt ist, wie uns auch die Wissenschaft lehrt, verschieden. Wir haben hier der Vorstellung von Gleichartigkeit, Ursprung und den Resonanzen der Entwicklung nachzugehen. Ursprung ist für Gandhi nicht Gott der Vater – obwohl diese Metapher in der Devotionalliteratur der Hindus und auch bei Gandhi keineswegs fehlt –, sondern das gemeinsame Streben der Menschen, das wiederum Antwort auf die göttliche Wirklichkeit ist, die sich in verschiedenen Formen manifestiert. Gandhi sagte wiederholt, daß »wir nur eine Seele haben«, und meint dies nicht im advaitischen Sinn, sondern drückt damit sein Empfinden aus, daß er sich nicht von »der elendesten Seele« loslösen dürfe,[26] sondern »die ganze Menschheit«in sein *satyagraha*-Experiment einbezogen sei. Dieses »Versammeln« – um ein Wort aus George Mathesons bekannter Hymne, die Gandhi liebte, zu gebrauchen – nahm in mikrokosmischer Form jene Gemeinschaft vorweg, die als Resultat menschlichen Bemühens und göttlicher Gnade, oder besser der in uns wirkenden göttlichen Gnade, zu erwarten wäre. Je nach Hörerschaft sprach Gandhi auch von Gott als »der Gesamtsumme aller Seelen«. Die Botschaft aber war immer dieselbe: der Mensch muß dem anderen dienen, und der Dienst am Mitmenschen ist Dienst an Gott.

Entwicklung meint, sich in eine bestimmte Richtung zu bewegen, zu wachsen. Was Gandhi vielleicht auf Grund eines Mißverständnisses am Christentum nie verstehen konnte, war die Vorstellung einer in der Konversionserfahrung ein für allemal geschehenen Erlösung, die sich unterschiedlich äußert, wie z.B. »Christus als seinen Heiland bekennen«, das Bekenntnis von Glaubensüberzeugungen usw. Vermutlich erst in der Bekanntschaft mit C.F. Andrews lernte er Christen kennen, für die religiöses Suchen endloses *Streben* war, eine fortwährende zermürbende Suche, wie sie Gandhi selbst erfahren hatte. Im Konzept von *svadharma* erhält die Idee der *individuellen* Suche, der für jeden einzigartige Pfad, eine metaphysische und ethische Untermauerung, worin sich der Respekt für die menschliche Individualität im indischen Denken niederschlägt, was nicht immer genügend beachtet worden ist. Heil geschieht nicht durch das Wirken eines Heilands, sondern durch den heilenden Glauben und die Werke des Suchers, unterstützt durch göttliche Gnade. Entwicklung ist für Gandhi meßbar an der zunehmenden Überwindung des Egoismus, in der wachsenden Fähigkeit, sich selbst auf Null zu reduzieren, und im Sinn für eine Öffnung zum anderen, was Gandhi in seiner persönlichen Askese und auch im Band der Gemeinschaft, um eine andere Tradition zu zitieren, erfahren hat. Die lockende Unendlichkeit war für Rabindranath Tagore, seinen Bruder im Geist, immer das Leitmotiv der Inspiration, und für Gandhi spiegelt sie sich in den unendlichen Kräften des Menschen wider. Entwicklung war beides, sich dem Ozean des Seins entgegenzustrecken, der seit Jahrhunderten die tiefste Sehnsucht in Indiens spekulativen Seelen entfacht hatte, und *allen* Mitmenschen die Hände zu reichen, unabhängig davon, in welchem Entwicklungsstadium sie sich befinden mochten. Wie Swami Vivekananda fand Gandhi bei den Ärmsten der Armen das beste Beispiel jener Geduld und Demut, die er selbst anstrebte. Wenn es Gleichheit in bezug auf die Unvollkommenheit gibt, da alle Werke menschlicher Kultur unsere Endlichkeit reflektieren, gibt es auch Gleichheit in allem menschlichen Bemühen um innere Entwicklung. Die *Gita* hatte Gandhi gelehrt, daß der *yogi, jnani* und *gunatita* alles mit gleichem Auge betrachten, einschließlich Freund und Feind. Auch in einem anderen interessanten Kontext bezog sich Gandhi auf die Gleichheit. In seiner Präsidentenansprache auf dem Belgaum-Kongreß sagte er:[27] »Gottes Gnade und Offenbarung sind nicht das Monopol einer Klasse oder Nation, sie werden allen gleich gegeben, die auf Gott warten.« Heute mag eine solche Bemerkung auf einer politischen Versammlung ungewöhnlich sein. Aber Gandhi setzte den Möglichkeiten menschlichen Wachstums nirgends Grenzen. Von unmittelbarer Bedeutung war immer das, was als nächstes getan werden mußte. Die Entwicklungsidee wird nicht von einem detaillierten eschatologischen Konzept begleitet. Aber sie ist eng verbunden mit seiner Vision von einer idealen menschlichen Gesellschaft, wie wir im nächsten Kapitel sehen werden.

Die Gleichheit aller Dinge zu betonen, war für Gandhi unbedingt vereinbar mit der Anerkennung und dem Respekt für die Verschiedenheit der Gaben. Seine Experimente mit der Wahrheit verstand er nie als Modell für andere. So interpretierte er sein Experiment von *brahmacarya* gegen Ende seines Lebens als eine letzte Waffe gegen den Versuch Jinnahs, die »Vivisektion« Indiens zu vollziehen. Die Erkenntnis, daß die Experimente dem spezifischen Charakter eines Menschen entsprechen und von seiner inneren Überzeugung getragen werden müssen und daß, wie die Erfahrung von Generationen lehrte, Disziplinen wie Fasten usw. innere Stärke erzeugten, war jedoch allgemein gültig. Seine umfangreiche Korrespondenz zeigt, daß er seine eigenen Erfahrungen weitergibt, den Fragenden aber anhält, selbst herauszufinden, was für ihn in Fragen der Diät, der Zeiteinteilung oder der persönlichen Frömmigkeitsübung am besten sei. Die Sorge um das leibliche Befinden stand anderen Problemen, die seine Briefpartner zur Sprache brachten, in keiner Weise nach, und man bekommt hier den Eindruck von einem Menschen, der beraten möchte, damit der psycho-physische Organismus auf bestmögliche Weise arbeiten kann. Denn nur dann können alle Anlagen im Menschen zur vollen Entfaltung kommen. Der Christ wird hier an Jesu Speisung der Fünftausend denken müssen.

Mahadev Desai, Gandhis Sekretär, schrieb einmal[28] über Gandhis Fähigkeit, »Differenzen durch die Schaffung eines Klimas des Verstehens zwischen Menschen verschiedener Anschauung abzumildern und somit überall Freundschaft zu stiften«. Dies geschah vor allem durch das Übernehmen gemeinsamer Aufgaben, denn die Differenzen von Kaste und Glaube konnten so in die richtige Perspektive gestellt werden. Im gemeinsamen Handeln hatte jeder die Möglichkeit, das zu praktizieren, was er glaubte. Gandhi charakterisiert seine Aufgabe in der letzten Phase seines Lebens als »ein Überbrücken der sozialen Distanz in Übereinstimmung mit dem religiösen Glauben… durch ein Verlassen meines Weges, damit eine gemeinsame Basis für die Politik gefunden werden kann«.[29] Der verbreitete Ausdruck »den Streit begraben« ist hier nicht unpassend. Man kehrt die Differenzen nicht unter den Teppich, wenn man sich gemeinsamen Aufgaben widmet, sondern verhindert, daß sie sich der Gemeinschaft in den Weg stellen, einer geistigen Gemeinschaft, die Gandhi in seinen Freundschaften mit den verschiedensten Menschen erfahren hatte, und die ahnen ließ, wie eine transformierte Gesellschaft aussehen würde. In der Terminologie der heutigen Ökumene sprach Gandhi vom gemeinsamen Zeugnis, nur beschränkte er dies nicht auf die Annäherung der Konfessionen einer einzigen Tradition (der Christen), sondern sprengte alle Grenzen und Festlegungen. Aus diesem Grund scheint mir Gandhi über Begegnung und Dialog hinauszugehen, indem er sich ganz selbstverständlich ein gegenseitiges Teilhaben vorstellte, da Gott in jedem Menschen wohnt.

Gandhi hatte nichts übrig für die *maya*-Lehre des Advaita Vedanta. Aber er betrachtet Unwissenheit und Vorurteil als Schleier der Illusion, der Menschen voneinander trennt, wozu auch unsere religiösen Bindungen unglücklicherweise beigetragen hätten. Er liebte eine alte Hymne, die von früheren Generationen gesungen wurde und folgende Zeile enthält: »Wir werden einander besser erkennen, wenn die Nebel sich verzogen haben.« Für Gandhi hatten sich manche Nebel gelichtet – Resultat war eine Verbindung religiöser Begriffe aus den unterschiedlichen Traditionen, wie sie in seinen täglichen Aussprüchen erkennbar wird. So nannte er einen echten Anhänger der *Gita,* »wer immer in ewiger Freude und Frieden, der alle Vernunft übersteigt, wohnt«.[30] Etwas schelmisch fragte er einen katholischen Pater:[31] »Ist nicht das ganze Universum eine Moschee? Und was ist mit dem großartigen Baldachin des Himmels, der sich darüber ausbreitet? Ist das etwa weniger als eine Moschee?« Und hier noch ein ähnlicher Satz. Einem amerikanischen Gegner organisierter Religion sagte er, daß der Körper des Menschen »zu Recht der Tempel des heiligen Geistes genannt worden ist«.[32] Bruder Lawrence's Satz vom »Erfülltsein mit der Gegenwart Gottes« und Trines »in Übereinstimmung mit dem Unendlichen sein« zitierte er ständig. So verwundert es nicht, wenn er Rabindranath Tagores Rede vor dem Parlament der Religionen in Calcutta zustimmend aufnimmt.[33] Tagore hatte gesagt:

»Gott ist groß in Seinem Austeilen von Liebe, und Seine Mittel der Kommunikation mit den Menschen enden nicht in einer Sackgasse, die plötzlich an einem Punkt der Geschichte aufhört. Sollte die Menschheit jemals von der universalen Flut eines bigotten Exklusivismus überschwemmt werden, dann muß Gott für eine andere Arche Noah sorgen, um seine Geschöpfe vor der Katastrophe einer spirituellen Verödung zu retten.«

Das Eschaton, das Gandhi vorschwebte, war eine Gemeinschaft besonderer Art auf Erden. Dieser Vision müssen die verschiedenen Gaben, die aus dem einen Geist kommen, und die vereinten Energien der Menschen guten Willens zur Verfügung gestellt werden. Wir wollen nun die wesentlichen Konturen dieser Vision Gandhis näher beschreiben.

Die großartige Vision

Gandhi wies immer wieder darauf hin, daß Worte und Taten, Praxis und Bekenntnis des Glaubens oft nicht übereinstimmten. Eine Trennung der bewuß-
ten Suche nach spirituellen Erfahrungen, seien sie mystisch oder anderer Art,
von den Aktivitäten des täglichen Lebens war Gandhis Denkweise absolut
fremd. In dieser Hinsicht weicht er radikal von einem Image ab, das nicht
wenige »heilige Männer« Indiens und ihre Nachahmer aus anderen Kulturen
verbreitet haben. Er sagte einmal:[1]

»Spirituelle Erfahrungen teilen wir, ob wir wollen oder nicht, durch unser
Leben und nicht durch unsere Worte mit, die eine Erfahrung nur unvollkom-
men weitergeben können. Spirituelle Erfahrungen gehen tiefer als sogar das
Denken.«

Obwohl Gandhi das Sprechen und Singen im gemeinsamen Gottesdienst
förderte und in der *Ashram Bhajanavali* die *bhajans* von Muslimen, Sufis
und Fakiren, Guru Nanaks Gedichte und christliche Hymnen vertreten waren, war es doch das *Leben*, das die Menschen am engsten zusammenführte.
Spiritualität, wenn man dieses Wort denn gebrauchen muß, verglich Gandhi
mit dem Duft einer Blüte, dessen sich die Blüte selbst nicht bewußt sei, sondern den nur *andere* wahrnehmen. Gandhi kritisiert damit einen religiösen
Lebensstil, der vom gewöhnlichen Leben abgehoben ist, und er tut dies, obwohl er sensibel zwischen dem Niederen und dem Höheren, dem Natürlichen
und dem, was nach der letztgültigen Wahrheit strebt, unterscheidet. Zu den
spirituellen Erfahrungen, die tiefer als das Denken sind, gehören nicht, wie
man vermuten möchte, exklusive Erlebnisse, sondern die Sorge um Kranke,
das Trösten der aller Hoffnung Beraubten, die Wiederherstellung der Ehre der
Entrechteten oder die schweigende Kameradschaft derer, die mit ihm nicht
nur Stunden, sondern Tage im Gefängnis und während seiner Fasten wachten.
Gandhi gehörte nicht zu denen, die von Natur aus leicht Freunde gewinnen.
Doch, so fühlt man, gibt es in seinem Leben einen goldenen Faden, der sein
ganzes Lebenswerk durchzieht – die Suche nach einer neuen Lebensform, einem Zusammenleben, an dem die Ärmsten teilhaben könnten. Dies ist ein
charakteristischer Zug seines »religiösen Denkens«, etwas, das viel tiefer als
das Denken selbst ist. Solche Suche ließ ihn Familienbande und andere menschliche und natürliche Bande intimer Beziehung (hier erinnert er an Paulus) als
Formen menschlicher Verbindung sehen, die transzendiert werden müssen,
wenn die ideale Gemeinschaft verwirklicht werden soll. Seine fortlaufenden
Experimente mit dem Ashramleben und außerhalb davon sowie die Vielfalt
seiner menschlichen Beziehungen sind als Ersatz für Familienleben gedeutet
worden. Da er den Titel »Bapu« akzeptiert hat, scheint dies etwas für sich zu

haben. Doch das kann uns hier nicht weiter beschäftigen. Wir wollen uns vielmehr der Frage zuwenden, was ihm als die ideale Gemeinschaft vorschwebte, und die Hypothese untermauern, daß solch eine Gemeinschaft die großartige Vision war, von der er zutiefst glaubte, daß sie das menschliche Leben ganz neu gestalten könne – ein Weg, der so alt sei wie die Berge, der aber noch nie eine echte Chance gehabt habe. Diese Vision kam nicht, wie bei Paulus, als plötzliches Konversionserlebnis. Sie kam langsam, wie mit Schritten eines Pilgers, die ihren Abdruck hinterlassen. Es steckte jedoch viel mehr dahinter als, wie es auf den ersten Blick scheinen mag, ein tollkühner Plan für die Gründung »himmlischer Dörfer« auf Erden. Auch würde man der Sache nicht gerecht, wenn man das Irdische, was »des Kaisers ist«, einfach ausgrenzte, weil Gandhi eine solche Trennung nicht zuläßt. Gandhis Vision ist in einer Weise praxisorientiert, daß er zuzeiten den Eindruck erweckte, den Marxisten nahe zu stehen. Seine Praxis aber ist weder durch das »naturalistische Mißverständnis« gekennzeichnet noch ingnoriert sie die »immateriellen Dinge«, wie Ruskin sagen würde, die über materielle Erfüllung hinausgehen. Das macht Gandhis religiöses Denken nicht leichter durchschaubar, sondern bedeutet eine umso größere Herausforderung.

Die Vision gründet in einer Metaphysik der Existenz, die das Anorganische, das Organische, das Individuelle und die Gesellschaft umfaßt – umgeben von der göttlichen Dimension, in der sie ihr Sein haben. Daß das Anorganische und das Organische einen Anspruch auf den Menschen haben, hat Ruskin in seinem *Fors Clavigera* herausgestellt:[2]

»*Moderne Maler* lehrten uns den Anspruch der niederen Natur auf die Herzen der Menschen – des Felsens und der Welle und der Pflanze als Teil des notwendigen geistigen Lebens. In allem, was ich euch nun zu tun heiße, die Erde zu kleiden und sie zu erhalten, erfülle ich, was ich damals begonnen habe.«

Henry Polak hatte Gandhi Ruskins *Unto this last* zur Lektüre auf seine Reise von Johannesburg nach Durban im Jahre 1904 mitgegeben. Gandhi berichtet in seiner Autobiographie, daß dies das erste Buch Ruskins war, das er gelesen hat, und daß Polak sich bei Ruskin gut auskannte. Es ist unklar, ob Gandhi jemals Ruskins andere Werke gelesen hat, doch hat er seinen eigenen Worten zufolge einige seiner »tiefsten Überzeugungen« in *Unto this last* wiedergefunden, und wir wissen, daß er Ruskins Werk ausgiebig mit Polak diskutiert hat. Der Ackerbauer und der Handwerker gehen in einer Weise mit dem Organischen und dem Anorganischen um, die dem »Kopfarbeiter« fremd ist.

Gandhi hatte über den Unterschied von Anorganischem und Organischem bereits im Kontext der Jain-Tradition nachgedacht. Die Diätexperimente und sein Interesse an Kompost sind nur zwei Beispiele, die illustrieren, daß er sich des Zusammenspiels beider Komponenten bewußt war. Daß Gandhi gerade auch den therapeutischen Wert manueller Arbeit schätzte, für ihn persönlich war es das Spinnen, ist hinlänglich bekannt. Der Mensch ist von der anorgani-

schen und organischen Natur in besonderer Weise abhängig. Für Gandhi ebenso
wie für Gustave Thibon sorgt der Boden für die tiefste Verwurzelung des
Menschen im Anorganischen. Es ist der Boden, mit dem der Bauer ringt und
den er bestellt, und derselbe Boden gilt auch als Ursymbol für Heimatverbun-
denheit. Die Berge symbolisieren das Streben, und Meer und Himmel die
Unendlichkeit. Es sind Schlüsselsymbole nicht nur für den Dichter Tagore,
sondern auch für Gandhi, den Politiker, der den Kontinent durchwandert. Das
Organische ist Sache des Bauern, der Lebendes pflegt, und des Vegetariers,
dessen besonderes Interesse den Pflanzen als Quelle der Nahrung gilt, aber
auch des indischen Dörflers, der gewissen Bäumen besondere Kräfte zuspricht.
Die Tiere sind vom Menschen abhängig, direkt z.B. die Rinderherden und indirekt die wilden Tiere, die auf einen vom Menschen unberührten Lebensraum angewiesen sind. Gandhi redet vom Tierreich jedoch in verschiedenen
Nuancierungen, wenn er etwa auf eine altertümliche und überholte Sprache
zurückgreift und vom »Biest« im Menschen spricht, aber dann in der Kuh ein
»Gedicht des Mitleids« entdeckt, ein Muttersymbol, das Reichtum und Demut zugleich symbolisiert. Gandhi hielt den Menschen für ein Wesen, dessen
Aufgabe darin besteht, die Kräfte der anorganischen und organischen Natur
zu *lenken,* und dessen edelste Fähigkeiten vor allem in Gemeinschaft mit seinen Mitgeschöpfen zum Vorschein kommen würden.

Gandhis Interesse an der Idee von *Kräften* haben wir schon gestreift. Er hat
hier eine Subtilität erreicht, die nicht immer hinreichend gewürdigt worden
ist. Im traditionellen hinduistischen Denken, besonders auf der eher volkstümlichen Ebene, spielen übersinnliche Kräfte (*alaukika*) eine große Rolle.
Die Natur oder die körperlichen Funktionen kontrollieren zu können, hat im
Volksbewußtsein, besonders in der tantrischen Tradition, stets Bewunderung
hervorgerufen. Gandhi glaubte an ein Wunder ganz anderer Art – an die Fähigkeit gewöhnlicher Menschen, ihre gewaltfreie Stärke zur Transformierung
der menschlichen Gesellschaft zu entdecken und einzusetzen. Dies war kein
Wunder im Sinne einer Durchbrechung der Naturgesetze, sondern ein Beweis
für das Naturgesetz in seiner höchsten Manifestation. In der anorganischen
Natur werden die gewaltigsten Kräfte durch Spaltung des Atoms freigesetzt.
Das haben wir seit Hiroshima und Nagasaki gelernt. Die Kräfte im Menschen
jedoch werden durch den entgegengesetzten Vorgang frei, nämlich durch den
Prozeß des Zusammenfügens, durch ein Leben in Harmonie. In beiden Fällen
verursacht die Kraft einen Wandel und schafft ein neues Gleichgewicht. Da
Konflikte die Kräfte der Disharmonie mobilisieren, meinte Gandhi, daß eine
neue *tapasya* notwendig sei, die nicht nur auf individuelle Vervollkommnung
gerichtet wäre, sondern die Kraft zur Transformation der Gesellschaft erzeugen würde.

Experimente mit der neuen *tapasya,* dem Gemeinschaftsleben, ließen Gandhi eine Reihe von Siedlungen in Südafrika und später in Indien gründen,

deren Bedeutung als Schlüssel für sein religiöses Denken nicht unterschätzt werden darf. Denn diese Gemeinschaften hatten *exemplarischen* Charakter. Hier wurden die notwendigen Elemente des Trainings eines *satyagrahi* ausgearbeitet, hier auch suchte Gandhi in der Auswahl der Mitglieder, die verschiedenen Rassen und Religionen angehörten, seinen Glauben an die Möglichkeit der Einheit eines »Musters« zu verteidigen, das aus verschiedenen Farben zusammengesetzt ist, um es in einem Bild Gandhis von 1947 zu sagen. Traditionell ist der Ashram eine Waldeinsiedelei, abgeschnitten von der Welt, dem Fleisch und dem Teufel. Diese Idee wurde jedoch in der Moderne von bedeutenden indischen Geistesgestalten abgewandelt. Gokhales *Servants of India Society*, Tagores *Santiniketan* und Swami Shraddanandas *Gurukula at Kangri* in Hardwar gingen auf solche Reformen zurück. C.F. Andrews hat einmal die Vermutung geäußert, daß diese bedeutenden Männer, von denen hier die Rede ist, damit Einfluß auf das Leben anderer ausüben konnten. Dies mag so sein. Aber für Gandhi muß festgestellt werden, daß er in seinen Siedlungen und Ashrams keine »Gurufigur« war. Dies ist besonders von Mirabehn hervorgehoben worden. In Südafrika wurde er erstmals »Bapu« (Vater) genannt, und hier traten auch seine mütterlichen Eigenschaften deutlich hervor. Der Gandhische Ashram war alles andere als ein Rückzug von der Welt, sondern er war mitten in ihr.

Es muß vielleicht angemerkt werden, daß sich ein Ashram grundsätzlich vom Konzept der *ecclesia* unterscheidet. Er ist kein »mystischer Leib«, von dem Außenstehende ausgeschlossen wären. Der Ashram gleicht vielmehr einer Großfamilie, die Menschen unterschiedlichen Glaubens und verschiedener Begabungen einschließt. Als Institution handhabt er die Möglichkeiten zum Beitritt sehr flexibel, gleichzeitig ist der Lebensstil aber für Ashrambewohner äußerst verpflichtend. Der Gandhische Ashram sollte vor allem ein Speicher von Energie und Seelenkraft sein, ein Ort, wo die Batterie aufgeladen werden konnte. Aber wir wollen das ausgereifte Ashramkonzept der Indienjahre nicht vorwegnehmen. Die Pionierarbeit Gandhis begann im *Phoenix Settlement* und in der *Tolstoi Farm* in Südafrika, einer Realisierung seiner Antwort auf Ruskin und Tolstoi. Die Geschichte dieser Experimente erzählt uns von den ersten Schritten der Suche Gandhis nach einem *wahrhaftigen Gemeinschaftsleben*.

In Gandhis Autobiographie heißt es, daß er als unmittelbare Reaktion auf die Lektüre von Ruskins *Unto this last* die Druckerei des *Indian Opinion* auf eine Farm verlegte, wo »jeder arbeiten und denselben Lohn erhalten und sich in Mußestunden der Arbeit in der Druckerei widmen sollte«.[3] Gandhi wird von seinen Kritikern manchmal als Anti-Intellektueller abgestempelt, aber der Bericht, wie diese Zeitung auf einer isolierten Farm, in einem Dschungelgebiet voller Schlangen vierzehn Meilen von Durban entfernt, herausgebracht wurde, ist ein bewegendes Zeugnis dafür, wie manuelle Arbeit mit einer typisch intellektuellen Aufgabe – der Erziehung der Öffentlichkeit – verbunden werden konnte. Es ist richtig, Phoenix war mehr Siedlung als Ashram. Gandhi konnte nicht permanent in Phoenix leben. In diesem Lebensabschnitt wechselten Experimente und neue Ideen einander laufend ab. Die Sehnsucht nach einem einfachen Lebensstil, der in der Phoenixsiedlung exemplarisch vorgelebt wurde, drückte sich auch darin aus, wie sein Haushalt in Johannesburg geführt wurde. Bald nachdem er die Mitglieder seiner »heterogenen Familie« zum Heiraten ermutigt hatte, sollte Gandhi eine Wende in seinem Leben erfahren durch den Dienst im indischen Ambulance Corps, das den Natalverbänden während der Zulu-Rebellion 1906 angeschlossen war. Gandhi hatte schon zuvor während des Burenkrieges in einem Ambulance Corps gedient, und zwar in einem sechswöchigen Lager nach der Aktion von Spion Kop, wo das gesamte Corps von den Generälen Olpherts und Buller für seine Furchtlosigkeit ausgezeichnet worden war. Gandhi, den es zeitlebens zur Krankenpflege hinzog, sah hier eine weitere Möglichkeit zum Dienen, und das hier erlebte Elend zeigte ihm, was seine zukünftige Bestimmung sein würde. Wer »der Menschheit mit seiner ganzen Seele dienen« will, muß sich selbst strikte Disziplin auferlegen. Gandhi schreibt in seiner Autobiographie:[4] »Mit einem Wort, ich konnte nicht beides tun, nach dem Fleisch und nach dem Geist leben.« Gandhis »Bekehrungs«erfahrungen drückten sich oft in einer neuen persönlichen Askese aus, und diese Askese war seine ureigenste Reaktion auf die Herausforderung von Ereignissen. Während seines ersten Ambulance-Corps-Dienstes entwickelte er die lang erstrebte Furchtlosigkeit, und in der zweiten Periode des Dienstes reifte in ihm die Einsicht, daß die Freuden eines *grihastha*-Lebens unvereinbar mit dem Lebensstil eines Mannes seien, der den Menschen dienen wollte. Gandhi selbst schätzte beide Perioden der Ambulanz-Arbeit insofern, als erstere ihm eine Verbindung zu den unter Vertrag stehenden Indern auftat, und letztere ihm Kontakt zu den »Zulufreunden« verschaffte, d.h. solchen, die nicht kriegsverwundet, sondern im Verhör geschlagen worden waren, und außerdem zu den weißen Soldaten, die die Rebellion niederschlagen sollten. Das Phoenix Settlement behielt seinen Tagesablauf bei, während Gandhi mit anderen Dingen beschäftigt war, die selbstauferlegte Disziplin um das Gelübde von *brahmacarya* vermehrte und den menschlichen Kontakt in den neuen Begegnungen seines Alltags bewußt suchte. Der traditionelle Hinduismus zeigt, wie sehr der Hindu Enthaltsamkeit bewundert und mit der Bewahrung von Energie und der Fähigkeit zu parapsychischen Handlungen (*alaukika*) verbindet. Allerdings finden wir in der Hindu-Kultur auch genau entgegengesetzte Tendenzen. Für Gandhi war *brahmacarya* nicht Selbstzweck, obwohl auch er traditionsverbunden genug war, um sagen zu können, daß Enthaltsamkeit »voll wunderbarer Potenz« sei. Gandhi versteht *brahmacarya* als notwendigen Aspekt der inneren Läuterung, zu der ein Diener an der Gesellschaft verpflichtet ist, als Entsagung, die Vorbedingung für eine totale Hingabe an die Sache des Menschen sei, die seine Bestimmung war. Das Beispiel des Phoenix Settlement sagt uns bereits viel über das erste Aufkeimen seiner Vision, die hier etwa folgende Gestalt hat: zuerst die Gründung einer wegbereitenden Gemeinschaft, deren Leiter (aber nicht Gurufigur) er bleibt, obwohl er nicht immer persönlich anwesend ist; zweitens das Ausweiten des Engagements auf Angelegenheiten außerhalb dieser Gemeinschaft; drittens die persönliche Askese im Interesse der vollen Ausnutzung aller Energien für die konkreten Ziele, die er als gottgegebene Aufgaben verstand. Alle drei Faktoren beeinflußten einander.

Die transzendente Dimension in seiner Vision wird vielleicht in der Gründung der Tolstoi Farm deutlicher, seinem zweiten Experiment gemeinschaftlichen Lebens, das auf das Jahr 1910 zurückgeht. *Hind Swaraj* war zwei Jahre zuvor abgeschlossen worden, und Gandhi wendete sich mit der ihm eigenen positiven Orientierung der Frage zu, wie die Alternative zu einer erwerbsorientierten Gesellschaft, die seiner Meinung nach mit der modernen Zivilisation einhergeht, aussehen müsse. Gandhi und Tolstoi korrespondierten bereits miteinander, und jeder sah im anderen einen Mitstreiter im Verbreiten des Evangeliums der Gewaltlosigkeit. Jeder fühlte sich vom Pilgergeist des andern angezogen, und beide glaubten, daß menschliche Charaktereigenschaften wie Neid und Haß durch Kräfte neutralisiert werden können, die in jedem Individuum angelegt sind. Wie Tolstoi glaubte auch Gandhi, daß das Reich Gottes inwendig ist; beide glaubten fest an das Gesetz der Liebe. Der unmittelbare Anlaß zum Beginn dieses neuen Experiments war die Notwendigkeit, die Familien der *satyagrahis* zu unterstützen, die wegen ihrer Kampagne gegen das Einwanderungsgesetz ins Gefängnis gehen mußten. Das Phoenix Settlement war dafür zu weit von Johannesburg entfernt. In dieser kritischen Situation kam Gandhis Freund Hermann Kallenbach zu Hilfe und kaufte eine Farm wenige Meilen außerhalb von Johannesburg, wo mehrere Familien wohnen konnten. Es ergaben sich interessante Probleme, die einem, der mit indischem Leben nicht vertraut ist, seltsam anmuten müssen. Die Art und Weise, wie Gandhi damit umging, zeigt, wie er sich die Vereinfachung des Alltagslebens vorstellte und wie unter den Mitgliedern einer Gemeinschaft das Bewußtsein von Gleichheit entwickelt werden kann. Die Probleme betrafen unterschiedliche Speisegewohnheiten, Abfallbeseitigung, welche Sprache gesprochen werden sollte und die Art der Kindererziehung. Und hier auf der Tolstoi Farm beschloß Gandhi auch, daß Frauen im politischen Kampf ins Gefängnis gehen könnten. Ich werde nur auf Gandhis Experimente bei der religiösen Erziehung von Kindern näher eingehen.

Die Kinder gehörten hinduistischen, muslimischen, parsischen und christlichen Familien an. Gandhi meinte, sie sollten nicht nur in ihrer eigenen, sondern auch in den anderen Traditionen unterrichtet werden. Dies betraf nur die intellektuelle Ebene. Gandhi hielt aber das, was er »Training des Geistes« nannte, für die Charakterschulung wichtiger als das bloße Lesen von Schriften oder Singen von Hymnen, obwohl beides Bestandteil des schulischen Alltags war. Im Zentrum der Ausbildung stand also »das Training des Geistes«[5], und Gandhi pflegte dies mit körperlichen Übungen zu verbinden, woraus einige Interpreten einen »Athletizismus« in Gandhis religiösem Lebensstil ableiten wollten. Das »Spiel der Muskeln« war allerdings kein Selbstzweck, denn der *satyagrahi* hatte es schließlich mit praktischen Aufgaben zu tun. Auf dem Hintergrund seiner südafrikanischen Erfahrung machte Gandhi eine seiner deutlichsten Aussagen über die Rolle der Religion im Leben:[6] »Religion muß entweder die Autobahnen und auch die kleinen Wege besetzen, das ganze Leben also, oder abdanken.« Als Lehrer, Berater und Leiter pendelte Gandhi zwischen dem Phoenix Settlement, Tolstoi Farm und Johannesburg hin und her. Zu dieser Zeit unterstand ihm auch die Publikation des *Indian Opinion*, der zur Tolstoi Farm verlegt worden war. Zusätzlich studierte er zur eigenen Weiterbildung und um die ihm anvertrauten Kinder unterrichten zu können die wichtigsten religiösen Traditionen der Welt. Einige Jahre zuvor, 1906, hatte er seinen Aufsatz »Das Band der Sympathie« geschrieben, der äußerst scharfsinnig das konsolidierende Band der Sympathie mit der Kultivierung von Imagination verbindet. Die Tolstoi Farm bot besonders gute Gelegenheit, Gefühle anderer wahrzunehmen. Die Idee, an den religiösen Pflichten und Gebräuchen des anderen teilzunehmen, bezog sich mehr auf den Alltag als auf Rituale, da Gandhi Ritualen gegenüber stets ungeduldig wurde, wenn sie keinem praktischen Zweck dienten. Um die Gemeinschaft mit den Muslimen während des Ramadan aufrecht zu erhalten, kamen die Nicht-Muslime überein, auch nur eine Mahlzeit am Tag einzunehmen. Übrigens war es eine gewisse Ironie, daß Gandhi selbst in diesem frühen Stadium seines Werdegangs von einem muslimischen Freund kritisiert werden sollte. Sein Exemplar des Koran lag neben anderen Büchern, die er studierte, auf dem Tisch. Als er darauf hingewiesen wurde, daß dies eine Respektlosigkeit sei, hing Gandhi das Buch in einer Tasche an die Wand, um das muslimische Empfinden nicht zu verletzen.

Jede Neugründung einer Siedlung entsprang einer besonderen Situation. Der *Satyagraha Ashram* wurde im Mai 1915 im Dorf Kochrab in der Nähe von Ahmedabad gegründet. Gandhis Arbeit in Südafrika war vorbei, und er war gespannt darauf, die Methoden, mit denen er außerhalb von Indien experimentiert hatte, nun in Indien zu erproben. Indischer Tradition folgend nannte er seine Siedlungen nun Ashrams. Regeln und Observanzen wurden festgelegt. Ahmedabad war ein Zentrum der mechanisierten Textilindustrie. Gandhi spürte, daß eine Herausforderung in der Luft lag, und als »gewaltfreies Kampfroß«, das er war, hielt er es für angemessen, den Ashramiten das Spinnen von Hand als wesentliche Disziplin zu verordnen. Dies schien sich wirtschaftlich auszuzahlen. Doch nicht lange, und es gab Aufregung im Taubenschlag. Eine unberührbare Familie trat in den Ashram ein, was einen Nicht-Hindu nicht weiter aufregen mag. Aber Gandhis gewaltfreier Kampf gegen die Unberührbarkeit sollte sein Leben lang das eigentliche Mittel zur Läuterung der Hindugemeinschaft werden. In seinem ersten Ashram auf indischem Boden hatten die Insassen die Grundbegriffe von Selbsthilfe und innerer Reinigung zu lernen. Letzteres war mit einer weiteren Ironie verbunden. Die orthodoxen Hindus, die panische Furcht vor Verunreinigung haben, mußten nun lernen, daß innere Reinigung für sie bedeutet, »so weit zu gehen, mit den Unberührbaren zu essen«. Darin zeigt sich ein anderer Grundzug von Gandhis Lebenshaltung. Es kann so lange keine Annäherung zwischen Männern und Frauen verschiedener Überzeugungen oder gar wirkliche Teilhabe am Leben des anderen geben, bis nicht jeder sein oder ihr eigenes Haus in Ordnung gebracht hat. Der Ashram war das Experimentierfeld für jene, die nach Wahrheit suchen wollten, eine Heimat oder Basis, von wo ausgebildete *satyagrahis* und konstruktive Arbeiter hinauszogen, und speziell in bezug auf die Unberührbarkeit war er beispielhaft für die gesamte Hindugemeinschaft.

Als eine Seuche im Dorf ausbrach, wurde der Ashram in die Nähe des Sabarmati-Zentralgefängnisses verlegt, wo er bis 1933 blieb. Gandhi mochte die Vorstellung, in die Nähe eines Gefängnisses zu gehen nicht nur, weil der Ort sauber war, sondern weil »ins Gefängnis zu gehen verstanden wurde als das normale Los von *satyagrahis*«.[7] Nicht anders als die frühen Christen unter den Römern gingen die *satyagrahis* in Indien ständig für ihre Überzeugung ins Gefängnis. Die Symbolik des *Gebundenseins* hat viele Konnotationen. In der hinduistischen Philosophie ist das Leben überhaupt ein Leben in Gebundenheit. Gandhis persönliche Askese war die Suche nach Befreiung von der Bindung an das Ich. Außerdem kannte Indien das Gebundensein durch eine imperiale Macht. Im Gegensatz zu diesen Aspekten gibt es die freiwillige Gebundenheit derer, die in ihrem gewaltfreien Widerstand gegen Ungerechtigkeit ins Gefängnis zu gehen bereit sind, oder die das disziplinierte Leben in einem Ashram auf sich nehmen. In den kommenden Jahren nannte Gandhi das Yeravda-Gefängnis *Yeravda Mandir* (*Mandir* bedeutet Tempel). Aus diesem Gefängnis führte er die Unabhängigkeitsbewegung in einer kritischen Phase ihrer Geschichte, und auch der wöchentlich erscheinende *Harijan* wurde von hier aus lanciert. Das Gefängnis war für Gandhi ein Ort des Dienens und der Anbetung. Wie für die frühen Christen war der Ort der physischen Gebundenheit der Ort, wo die Betroffenen, und das schließt die Gefängniswärter ein, in engster Verbindung zueinander und zu Gott standen; hier wurden liebende Bande gestärkt. Die neue Gesellschaft würde nicht ohne Leiden geboren werden. Aber, wie wir früher gesehen haben, unterscheidet sich das Leiden, zu dem man von außen gezwungen wird, vom Leiden, dem man sich freiwillig aus selbstlosen Motiven unterzieht, und das nicht im arroganten Streben nach individueller Selbstvervollkommnung gründet, sondern im Geist der Demut zum Nutzen aller.

Gandhis Ashram muß verstanden werden auf dem Hintergrund seiner spezifischen Diagnose der Tragödie des religiösen Lebens im 20. Jahrhundert. Für ihn besteht das Problem nicht in der Inadäquatheit von Konzepten, sondern darin, daß die Glaubenssysteme wenig oder keinen Einfluß auf die wirkliche Lebensgestaltung haben. Er sieht dies natürlich ganz aus der Perspektive seiner Zeit und eigenen Situation. Länder, die vorgaben, christlich zu sein, betrieben imperialistische Politik. Die Hindugesellschaft legte ein Lippenbekenntnis von der Einheit allen Lebens ab, behandelte aber einen Großteil ihrer Glieder als Unberührbare. Traditionen, die groß von Bruderschaft tönten, schlossen eifrig aus ihrer Mitte aus, wer bestimmte Lehrmeinungen nicht teilte. Nicht nur, daß der Mensch von seinem Ursprung her gebunden ist, sondern er schmiedet neue Ketten in Gestalt ungerechter ökonomischer Systeme und dogmatischer Konstruktionen, die aller Vernunft widersprechen. Der Gandhische Ashram war keine utopische Gesellschaft, sondern eher eine Pionier-Gemeinschaft. Gandhis Tätigkeit führte ihn in alle Gegenden Indiens. Aber er kehrte in die Ashrams zurück und leitete dieselben auch in seiner Abwesenheit durch eine Bände füllende Korrespondenz. Wir wollen nun die Form der kollektiven *tapasya*, die mit dem Ashramleben verbunden war, näher betrachten und sehen, inwiefern die Ashrams als Vorhut einer neuen Gesellschaft gelten können.

Der Hinduismus wird oft und zurecht als eine nicht-institutionalisierte Religion gekennzeichnet. Gandhi glaubte jedoch, daß konstruktives Handeln institutionell gestärkt werden muß, und dies stimmte mit seiner Suche nach Wahrheit überein, die sowohl innere Verwirklichung als auch äußere Transformation sein sollte. Die bestehenden Institutionen sollten so offen wie möglich sein. Ein Symbol dafür waren seine Gebetsversammlungen und die sich anschließenden Ansprachen, die für jedermann zugänglich waren. Das Ashramleben war transparent. In den Ashrams fanden oft wichtige Treffen während der nationalen Unabhängigkeitsbewegung statt, wo bedeutende Entscheidungen gefällt wurden. Über Jahrzehnte hinweg gründete Gandhi zahlreiche Institutionen, die besondere Aufgaben hatten, insbesondere im Kontext des ländlichen Wiederaufbaus, und aus ihrer Geschichte können wir schließen, welche zukünftige Rolle Gandhi ihnen zugedacht hatte. Eine Institution sollte nach außen wirken, möglichst innovativ sein und mit ihren Projekten Menschen verschiedenen Glaubens zusammenzubringen; und bezeichnenderweise sollte eine Institution aufgelöst werden, wenn sie ihren Zweck erfüllt hatte. Gandhi wußte aus Erfahrung, daß Institutionen von einmal eingefahrenen Interessen dominiert werden konnten, und aus diesem Grunde hielt er Offenheit für ein wichtiges Korrektiv. Die Ashrams sind einerseits Antwort auf solche Überlegungen, andererseits stehen sie für seine Überzeugung, daß das Streben nach Vollkommenheit, d.h. die Reduktion des Ich auf Null, und der Aufbau einer gerechten Gesellschaft keine Alternativen seien, sondern zusammen gehörten und gleichzeitig in Angriff genommen werden mußten. 1925 sagte er zu Ashramiten,[8] daß

Ashrams wie der ihre gegründet worden seien, um eine Lebensweise zu propagieren, die mit dem *dharma* übereinstimmt. Sie müßten in sich den Geist des Brahmanen, d.h. Wahrheit und Glauben, aber auch den des Kshatriya, nämlich Stärke und Gewaltlosigkeit, haben. Gandhis Sekretär Mahadev Desai, der den Lebensstil im Sabarmati-Ashram vielleicht am besten beurteilen konnte, notierte, daß jeder Ashrambewohner seine spezifische Aufgabe und eigene Prinzipien hatte, daß aber die gemeinsamen Aktivitäten alle zusammenbrachten, und dies waren das Spinnen und das gemeinschaftliche Gebet.

Zwischen 1926 und 1929 schrieb Gandhi eine Reihe von Briefen an die Ashram-Schwestern. Hauptthemen waren die Rolle des Gemeinschaftslebens, daß Erziehung vor allem aus Charakterbildung bestehe, die Entwicklung von Fertigkeiten für das alltägliche Leben, damit man der Gesellschaft nicht zur Last falle, und daß man sich dem Bösen nicht öffnen dürfe. Als Methoden nannte er körperliche Arbeit, Fleiß, einfachen Lebensstil und Selbstkontrolle. Außerdem legte Gandhi Wert auf Pünktlichkeit, Konzentration, das Auswendiglernen von Versen und korrekte Aussprache. Die Ashramgelübde, die den Mitgliedern des Sabarmati Ashrams zugeleitet wurden, als Gandhi im Gefängnis saß, beinhalteten Bindung an die Wahrheit, Gewaltlosigkeit, Mäßigung, Besitzlosigkeit und Nicht-Stehlen. Diese Gelübde waren auch regelmäßig Thema seiner Vorträge. Die übrigen Gelübde betrafen die Kontrolle der Zunge, Furchtlosigkeit, Beseitigung der Unberührbarkeit, Brotarbeit, Gleichheit der Religionen und *svadeshi*. All dies sollte eine Lebenseinstellung formen, die über Familienbindungen hinausging. Gandhis Briefe vermitteln dem Leser, daß er sehr wohl wußte, wie viele Reibungsflächen sich ergeben, wenn Menschen in einer Gemeinschaft zusammenleben. So riet er:[9] »Der erste Schritt der inneren Läuterung besteht in der Selbsterkenntnis und dem Auslöschen aller negativen Gefühle, die man anderen gegenüber hat.« Dies ist der erste Schritt in der von Gandhi so genannten *Erziehung des Herzens*, von der er glaubte, daß sie die Intellektuellen nicht selten am nötigsten hätten. Im folgenden werden geradezu neutestamentliche Töne angeschlagen:[10] »Sprich mit dem, der nicht mit dir spricht; besuche den, der nicht zu dir kommt; versöhne dich mit dem, der ärgerlich mit dir ist.«

In Gandhis Ashrams gab es keine Tempel. Wie hätte es auch anders sein können, da Menschen verschiedenen Glaubens dazugehörten? Aus demselben Grunde konnte es auch keine Anbetung von Götterbildern geben. Weil Bauern und Arbeiter sehr früh am Morgen aufstehen müssen, sollte auch »ein Anbeter der Wahrheit oder Diener des Volkes« früh aufstehen. Die Ashramgebete um 4.20 Uhr morgens und bei Sonnenuntergang bildeten den Rahmen für die täglichen Aktivitäten. Den liturgischen Ablauf der Gebete haben wir bereits im 6. Kapitel beschrieben. Nach dem Abendgebet wurde namentlich geprüft, wieviel jeder am Tag gesponnen hatte, ob er also das tägliche *yajna* (Opfer) geleistet hatte. Die Verbindung von Arbeit und Gottesdienst, die Betrachtung des *dharma* als Dienst, Gandhis Vorträge nach dem Gebet über die täglichen Vorkommnisse im Ashram und die gegenwärtige politische Situation – all dies zeigt, wie sehr der Ashram als Energiequelle für die übrige Gesellschaft gedacht war.

Aus der gesamten uns bekannten Menschheitsgeschichte wissen wir, daß es immer Einrichtungen gab, wo die Gesellschaft ihre Führungskräfte, abgesondert von der Allgemeinheit, ausgebildet hat. Diese Kader wurden entweder im Militär trainiert, oder es waren Wissenschaftler, Priesterkandidaten bis hin zu Bürokraten, Technokraten und Ideologen. Diese weltlichen und nichtweltlichen Eliten zu klassifizieren, die die Menschheit herausgebildet hat, würde hier zu weit führen. Indiens hierarchisch gegliederte Gesellschaft hat die Idee einer Gesellschaft in der Gesellschaft, deren Aufgabe es wäre, den Teig zu durchsäuern, nie unterstützt. Auch Wettbewerbsgesellschaften konnten sich mit einer solchen Idee nicht anfreunden. Doch die Geschichte beweist den kulturprägenden Einfluß monastischer Gemeinschaften auch außerhalb der Klöster, sei es in der Landwirtschaft, der Chemie, des Weinanbaus oder der Erziehung durch das geschriebene Wort. Gandhis Ashrams waren trotz ihrer strikten Disziplin keine monastischen Gemeinschaften im üblichen Sinn, was ein Blick auf die Aktivitäten der *satyagrahis* zeigt.

Schon bald nach den Auseinandersetzungen mit konservativen Hindus im Ashram wegen der Aufnahme von Unberührbaren in die kleine Kommunität und einem entsprechenden Streit mit einigen Machtinhabern bei der Eröffnungszeremonie der Benaras Hindu University wurde Gandhi nach Champaran in Bihar für eine Kampagne anderer Art gerufen, zum Kampf der Bauern, die auf den Indigoplantagen arbeiteten. Es war eines von Gandhis Grundprinzipien, daß die von der Last einer besonderen Ungerechtigkeit Betroffenen ihren gewaltfreien Widerstand selbst leisten mußten. In Champaran begann er, eine neue Methode des Widerstands zu erproben. Ortsansässige Freiwillige kamen nur langsam, und es gab viel zu tun. Außer der Sammlung von Daten über die Ungerechtigkeiten für ein Gerichtsverfahren mußten konstruktive Arbeiten organisiert werden, wie die Instruktion der Dorfbewohner in Grundfragen der Hygiene, das Aufstellen von Küchen und die Eröffnung von Schulen für die Kinder. Nicht nur, daß Kasturba und Mahadev von Gujarat zur Aushilfe abkommandiert wurden, sondern, wie einer der Freiwilligen, Acharya Kripalani, beschrieben hat, begannen alle »ein Ashramleben zu führen«.[11] Das bedeutete: es wurden keine Diener eingestellt, die Nahrung wurde aufs einfachste reduziert und der Tagesablauf so organisiert, daß jeder ein Maximum an Dienst leisten konnte. Der springende Punkt ist hier, daß die Lebensqualität des *satyagrahi* nicht nur im Ashram sichtbar wird, sondern in der Gesellschaft als Ganzer. Die konkreten Lebenssituationen fordern eine Reaktion von denen, die Ohren haben zu hören. Oder, um die Worte von George Eliot etwas abzuwandeln: menschliche Aktivität ist eine Reaktion sowohl auf

140

die dringenden Forderungen einer Situation, als *auch* auf die Dichte dieser Situation.

Ich habe Champaran nicht nur erwähnt, weil es Gandhi erstmals bei einer größeren Aktion zeigt, nachdem er sich auf Gokhales Rat hin nach seiner Ankunft in Indien zunächst dem Studium der indischen Verhältnisse gewidmet hatte, sondern auch aus zwei anderen Gründen. Gelegentlich wird behauptet, und die Richtigkeit sei dahingestellt, daß im Hinduismus die Pflichten und nicht die Rechte betont werden. Je nachdem, eine Weltanschauung, die ein ganzes Netzwerk von Pflichten vorschreibt, einschließlich der Pflichten gegenüber den Göttern und allen lebenden Kreaturen, mag auf den ersten Blick die Egozentrizität des Menschen erfolgreich im Zaum halten; doch wird ein Liberaler hier bestürzt eine Lebensform finden, die dem Protest oder dem Schutz des Individuums vor den Autoritäten wenig Raum läßt. In Champaran begegnet uns ein Gandhi, der die Besitzlosen ermutigt, für ihre Rechte einzutreten, und ihnen aufträgt, ihr eigenes Haus in Ordnung zu bringen. Gandhis Lebenswerk kann weithin als Kampagne für soziale, politische und wirtschaftliche Rechte betrachtet werden, mit der Maßgabe, daß dies immer ergänzt wird durch »konstruktive Arbeit«, die mühsame Arbeit, das Bestmögliche zu tun, um die Situation zu verbessern und um etwas aufzubauen, was die alten Strukturen der Gesellschaft ersetzen kann. Wie sonst sollten die Menschen wissen, *wofür* sie kämpfen? Gandhi hat seine Erfahrungen von Champaran so zusammengefaßt:[12] »Es ist keine Übertreibung sondern die reine Wahrheit, wenn ich sage, daß ich in dieser Begegnung mit den Bauern Gott, *ahimsa* und der Wahrheit von Angesicht zu Angesicht gegenüberstand.« Das Herz auszuweiten, heißt, alle Geschöpfe als Glieder in der Kette des Seins zu betrachten. Mit Gandhis eigenen Worten:[13] »Alle Kreaturen sind miteinander verbunden. Wenn ein Glied der Kette schwach ist, dann ist die ganze Kette schwach.« Wenn die Handlungen der Menschen ein untrennbares Ganzes bilden und alle Kreaturen so miteinander verbunden sind, daß, wenn ein Glied leidet, alle leiden, dann kann der Aktivismus nicht als religiös-politische Taktik gesehen werden, der man zustimmen kann oder nicht. Er wird vielmehr ganz natürlich in jedem erblühen, dessen Herz kein Stein ist, sondern der im »mit« die tiefste Bestätigung eines »innen darin« findet. Aus Motihari, dem Distrikthauptquartier von Champaran, schrieb Gandhi in nachdenklicher, beinahe poetischer Stimmung an seinen alten Freund Hermann Kallenbach,[14] mit dem er seine ersten Erfahrungen im Gemeinschaftsleben geteilt hatte, von den Blättern eines Baumes, die jedes ihr eigenes Leben haben, die auf den Baum angewiesen sind und doch jedes abfallen und vertrocknen. Der Baum ist Teil des Waldes. Trotz des Wandels und der Vergänglichkeit, die in einer von Gandhis Lieblingshymnen anklingt, ist das, was bleibt, »das Ewige in uns«. Gandhi schreibt, daß er »viel Trost« aus diesem Gedanken gewonnen hätte. Bevor er Bihar verließ, war er darum bemüht, das konstruktive Programm auf eine feste Basis zu stellen. Inwieweit das Werk gedeihen würde, wenn er wieder in Gujarat war, konnte man nur vermuten. Aber langfristig würde der Geist des Menschen triumphieren. Das war es, was Gandhi tröstlich fand.

Ich habe Gandhis Ashrams ziemlich detailliert vorgestellt, weil die Rolle von Kommunen, Kirchen und anderen Gemeinschaften in der Gesellschaft viele kritisch Denkende am Ende des 20. Jahrhunderts umtreibt. In gewissem Sinne sind Institutionen dieser Art, und hier gibt es natürlich viele Varianten, Symptome eines Rückzugs aus Zuständen, die man für ungerecht hält. Durch seine Begegnung mit evangelikalen Gemeinden in Südafrika hatte Gandhi eine weltverneinende Einstellung kennengelernt, nach der ein Gläubiger »die Welt« zu meiden habe. Allerdings hindert eine solche Haltung, die von Zeit zu Zeit die westlichen Gesellschaften heimsucht, nicht daran, Kapital zu akkumulieren, wie auf der anderen Seite die philosophische Lehre von *maya* die Hindus nie davon abgehalten hat, nach Wohlstand zu streben. Gandhis Vision einer neuen Gesellschaft war gegen jede Art von Arche-Noah-Mentalität gerichtet. Seine Vorstellung von einer kleinen, gewaltfreien und weitestgehend wirtschaftlich autarken ländlichen Gemeinschaft setzt sich ab von den militanten Gewerkschaften, denen es um das Aushandeln von *Rechten* geht, oder von romantisch inspirierten Gruppen, wie sie Rousseau und de Toqueville im Auge hatten. Gandhi unterscheidet nicht zwischen dem Heiligen und dem Profanen. Die Botschaft seiner Harijan-Tour von 1933 und 1934, als er die Kastenhindus in ganz Indien drängte, für jahrhundertelange Ausbeutung der Unberührbaren zu sühnen, war eine »spirituelle Botschaft«. Obwohl selbst kein »Tempelgänger«, setzte er sich für das Recht der Harijans ein, Tempel betreten zu dürfen, denn wie sonst könnten sie spüren, daß sie für ein freies Indien von morgen von Bedeutung seien? Andernfalls wäre jedes Lippenbekenntnis von Gleichheit eine Farce. Dies entspricht seiner Überzeugung, daß jeder seinen rechtmäßigen Platz in der eigenen Gemeinschaft haben müsse, bevor die Frage nach der Hinwendung zu anderen Religionen überhaupt gestellt werden könnte. Seine Differenzen mit Ambedkar in dieser Frage sind inzwischen Geschichte.

Die Ashrams unterstreichen Gandhis Ansicht von der Heiligkeit der Arbeit. Er bestand auf der Würde der Arbeit, besonders der manuellen Arbeit, gerade weil diejenigen, die schmutzige Arbeiten verrichten mußten, verachtet wurden, und manuelle Arbeit geringer bewertet wurde als die intellektuelle Tätigkeit eines Rechtsanwaltes oder Lehrers. Gandhi kam nicht aus einer Bauernfamilie, trotzdem machte er sich zum Anwalt der großen Mehrheit seiner Landsleute, die Dorfbewohner waren. Seine Analyse des Wesens der modernen industriellen Zivilisation und der Agrarlandschaft Indiens stärkte seine Überzeugung, daß Indien, und wir können dies auf die heute sogenannte Dritte Welt ausdehnen, ökonomisch so umstrukturiert werden kann, daß das Dilemma westlicher Volkswirtschaften vermieden wird. Dieses Dilemma ist auch heute, Jahrzehnte nach Gandhis Tod, das einer politischen Ökonomie, die durch die Maschinerie der Rüstung und des Krieges in Gang gehalten wird. Das widerspricht den Einsichten aller religiösen Traditionen und macht die tiefste Sehnsucht und Kreativität des Menschen zunichte. Gandhis Logik ist hier kompromißlos. Wenn intensive Industrialisierung Hand in Hand geht mit der Zentralisierung machtimperialistischer Handelspraktiken und mit politischen Konflikten, dann muß das Heilmittel genau entgegengesetzt sein. Natürlich wußte Gandhi, daß man die Uhr in Wirtschaftssystemen, die bereits im industriellen Sog sind, nicht zurückdrehen kann. Er konnte und wollte nicht vorschreiben, ob oder wie man dem für solche Gesellschaften typischen Konsumdenken Einhalt gebieten kann. Er dachte an Indien, wenn er sagte:[15] »Die einzig annehmbare Form, in der Gott hungernden und arbeitslosen Menschen erscheinen darf, ist Arbeit und das Versprechen von Nahrung zum Lohn.« Die Lehre Ruskins und Tolstois über manuelle Arbeit fiel bei ihm, der mit der Theorie selbstlosen Handelns in der *Gita* vertraut war, auf fruchtbaren Boden. Für Gandhi ist Brotarbeit, also daß man sein Brot durch eigener Hände Arbeit verdienen muß, göttliches Gesetz, und dies beweist, wie das Religiöse für ihn ins alltägliche Leben eingebettet ist. Heute backen in vielen Ländern Menschen wieder ihr eigenes Brot, spinnen Wolle und erleben in der Handarbeit einen Zuwachs an Kreativität – sie sind mit Gandhi auf derselben Wellenlänge. Für ihn war eine solche Haltung auch Zeichen der Solidarität mit der Mehrheit der Menschen, die mit ihren Händen arbeiten und ohne deren Mühe alle weiteren kulturellen Leistungen der Menschheit unmöglich wären. In all dem steckt mehr als der Ruf desillusionierter Zeitgenossen nach einem »Zurück zur Natur«! Die Alternative kennen wir. Es ist eine von nationalen Interessen beherrschte Welt, in der menschliche Gier die Form offener Konflikte annimmt.

Gandhis reife Reflexion über den Begriff der Arbeit läßt erkennen, wie weit entfernt religiöses Leben für ihn vom Mystizismus war.[16] Dies hängt wesentlich auch daran, wie er die Rolle der Frau in der Gesellschaft definierte, ein Thema, das gegenwärtig Klerus und Laien beunruhigt. Wir übertreiben nicht, wenn wir sagen, daß Gandhis Hoffnung in die Rolle, die Frauen in Zukunft spielen würden, seine Vision der Zukunft mitgeprägt hat. Wenn er auch nicht frei von gewissen Stereotypen war, wie z.B., daß Frauen mehr die emotionale Seite des Lebens verkörpern als Männer, und er mit Paulus die Tendenz zur Selbstkasteiung im Interesse »höherer Dinge« gemein hatte, so betrachtet er andererseits Frauen als »Inkarnation von 'ahimsa'«, insofern *ahimsa* für unendliche Liebe steht, was wiederum die Fähigkeit zu leiden bedeutet. Es ist nicht so, daß die Rolle der Frau traditionell darin besteht, wie Simone de Beauvoir gesagt hat, eine häusliche Atmosphäre zu schaffen. Mehr als jeder andere indische Nationalpolitiker ermutigte Gandhi die Frauen, ihre Häuser zu verlassen und eine aktive Rolle in der Politik zu spielen. Als er auf seiner Tour in Ostbengalen gebeten wurde, eine Gruppe von Frauen in Noakhali zu trösten, deren Männer im kommunalen Konflikt ermordet worden waren, verhärtete sich sein Gesicht, als er antwortete, er sei nicht gekommen, eine Botschaft des Trostes, sondern der Ermutigung zu bringen. Mut war für den *satyagrahi* eine wesentliche Eigenschaft, die Gandhi beständig in sich selbst zu entwickeln trachtete. Während mit Mut gewöhnlich Militanz assoziiert wird, verband Gandhi Mut mit Geduld und Standhaftigkeit, Tugenden, die gelegentlich als »mönchisch« abgetan werden. Die Gesellschaft von morgen müsse alle menschlichen Anlagen mobilisieren, auch die mit der Führung eines Haushaltes und dem Zusammenhalten einer Familie verbundenen Fähigkeiten – Kompetenz, Festigkeit und den Geist der Vergebung. Hier bezieht sich Gandhi auf die eigene Kindheitserfahrung mit einer heiligen Mutter, den duldsamen Charakter seiner eigenen Frau und ein religiöses Erbe, das die Gottheit oft als Mutter abbildet, als Hilfe der Hilflosen und Quelle von Liebe und Stärke.

Gandhi war erstaunlich modern, wenn er die traditionelle Rollenzuweisung der Gesellschaft an Mann und Frau überschritt und kontinuierlich vom ganzen Menschen sprach, der viele Eigenschaften in sich vereinigt, die traditionell Frauen zugeschrieben werden. Tätigkeiten wie Fegen, Spinnen und andere Formen der Brotarbeit oblagen allen in gleicher Weise. Gandhi meinte, daß übergreifende anonyme Strukturen den konstruktiven Kräften im Menschen nicht genügend Raum zur Entfaltung lassen würden. Am klarsten werden diese Ideen in einem Artikel ausgedrückt, der am 22. Juli 1946 im *Harijan* unter dem Titel »Inhalt der Unabhängigkeit« erschien, in einer für die Geschichte Indiens kritischen Zeit. Der Vizekönig war um eine Interims-Koalitionsregierung im Zentrum bemüht, und eine Woche später würde die Muslim-Liga über »direct action« entscheiden, um einen neuen Staat Pakistan zu schaffen. Bisher hatte Gandhi die *Methoden* zum Aufbau einer neuen Sozialordnung mit *satyagraha* im Mittelpunkt betont. Jetzt legte er den Inhalt der neuen Ordnung und die Werte, die sie verkörpern sollte, dar. In der dezentralisierten Wirtschaft seiner Vision war »das Individuum die letzte Einheit«. Trotz der hierarchischen Struktur des Kastensystems ist der Hinduismus stets auch individualistisch gewesen, da er die Bestimmung des Menschen als *individuelle* Befreiung vom Zyklus der Geburten und Tode definierte. Gandhi meinte mit dem Individuellen aber etwas anderes als eine auf sich selbst bezogene Kreatur. Das Individuum muß wissen, was es will, und »keiner sollte irgendetwas wollen, was andere nicht auch durch gleiche Arbeit erlangen können«. Die folgende Passage bringt die Kerngedanken von Gandhis Zukunftsvision:

»Das Leben soll nicht wie eine Pyramide sein, deren Spitze von der Basis gestützt wird, sondern ein ozeanischer Zirkel, dessen Zentrum das Individuum ist, das immer bereit ist, sich für das Dorf aufzuopfern; das Dorf soll bereit sein, sich für den Kreis von Dörfern aufzuopfern, bis schließlich ein aus Individuen zusammengesetzter Organismus das Ganze bildet. Diese Individuen werden niemals aggressiv in ihrer Arroganz, sondern sind demütig, während sie an der Majestät des ozeanischen Zirkels als dessen integrale Einheiten teilhaben. Deshalb soll der äußerste Zirkel keine Macht ausüben, um den inneren zu unterdrücken, sondern er soll die im Inneren stärken und selbst durch sie gestärkt werden.«

Gandhi beschwört hier viele Ideen und Symbole aus der Hindutradition und stellt sie in den Kontext seiner neuen Vision. Im Zentrum steht der *stithaprajna*, aber ein *stithaprajna*, der sich der Bedürftigkeit seiner Mitgeschöpfe bewußt ist. Er ist bereit, für seine Freunde zu sterben und seine Feinde durch Liebe zu gewinnen. Das Modell ist weder linear noch hierarchisch. Obwohl der Kreis eine geschlossene Figur ist, ist die Ausbreitung konzentrischer Kreise unbegrenzt. Horizonte bewegen sich in dem Maße, wie man sich selbst bewegt. Das Schicksal des Individuums ist, in einer visuellen Metapher, eine Welt sich erweiternder Horizonte. Indem es den Blick auf immer weitere Szenen des Engagements richtet und selbst nationale Grenzen übersteigt, ist es doch ein Fußgänger par excellence, d.h. ein Mensch, der sich mit beiden Füßen auf dem Boden befindet. Seine Hände sind mit praktischen Aufgaben beschäftigt, und seine Ohren sind offen für die Rufe der Bedürftigen.

Kein Modell könnte mit seinen Intentionen und Zielen von der Realität in den meisten Ländern heute weiter entfernt sein, denn tatsächlich liegt die Macht in den Händen von Bürokratien und Juntas, die von der Entscheidungskompetenz des Individuums, die im wesentlichen auf das Ritual an der Wahlurne reduziert wird, weit entfernt sind. Gandhis Vorstellung gründet im Glauben an die moralische Autonomie des Individuums und seine Fähigkeit, andere zu beeinflussen, d.h. er glaubt an das Individuum als Ort der Macht, die anders als materielle Kräfte wirkt. Gandhi entdeckt Gewaltlosigkeit als die Kraft, die sich erfolgreich mit den Autoritäten messen kann, wenn diese ihre Macht mißbrauchen. Könnte sie vielleicht auch für die Förderung gegenseitiger Hilfe eingesetzt werden? Gandhi kannte noch nicht die Einrichtungen des heutigen Wohlfahrtsstaates, wo Waren und Dienstleistungen sozusagen aus den Kassen der Regierung rieseln, aber selten, abgesehen von Steuern und der Wahlstimme, umgekehrt, wo demokratische Gemeinwesen unfähig sind, Korruption einzudämmen und Gewalt zu kontrollieren – seien es der Guerillakrieg und die sinnlose Kriminalität in den Städten oder die Revolten von entrechteten Teilen der Bevölkerung. Er erkannte klar, daß ein Einbahnverkehr zwischen Staat und Individuum, ob im Interesse der Ausbeutung oder bei der Verteilung von Wohltaten, ungesund ist, da er die Freiheit des Individuums nicht fördern kann.

In einem noch späteren Dokument, seinem berühmten Artikel »Die Position des Kongresses« vom 27. Januar 1948, gebrauchte Gandhi die interessante Formulierung vom »schwierigen Aufstieg zur Demokratie«, als ob Demokratie nicht der Felsengrund sei, von dem alles ausgehen müsse, sondern das *Ziel* aller Anstrengung. Zwei Gesichtspunkte sind hier zu bedenken. Zum einen gründet Gandhis Demokratieverständnis darin, daß Wahrheit fragmentarisch ist. Gerade *weil* niemand die ganze Wahrheit besitzt, haben wir nicht das Recht, unsere Ansichten anderen aufzuzwingen und müssen nach dem Willen aller fragen. Zum anderen kreist der ganze Artikel, in dem es um die Zukunft der Kongreßpartei nach dem Erreichen der nationalen Unabhängigkeit geht, um das Problem einer Verbindung von Demokratie und Dienen. Nur Stunden vor seinem Tode dachte Gandhi über die Zukunft derer nach, die er im nationalen Freiheitskampf geschult hatte. Ökonomische, soziale und moralische Freiheit galt es noch zu erringen. Denn das Gesetz des Fortschritts zeigt, daß sich neue Horizonte auftun, wenn ein bestimmtes Ziel erreicht ist.

Wir sind nicht so weit von Gandhis religiösem Denken abgekommen, wie es zunächst scheinen mag. Gandhi glaubte an eine geheimnisvolle Übereinkunft zwischen den kreativen Kräften im Menschen und den göttlichen Kräften im Universum. Wenn der Mensch durch Kooperation und gegenseitige Hilfe diese positiven Kräfte entfaltet, bekommt er Zugang zur göttlichen Kraftquelle. Hier ergibt sich eine Parallele zur Frage eines deutschen Autors des 20. Jahrhunderts: Wie kann der moderne Mensch »ein Gefäß werden, um das Einströmen der transzendenten Kräfte zu empfangen«?[17] Gandhis Antwort wird uns ins Zentrum seiner neuartigen Denkweise führen, seiner im Kontext indischer Religionen ungewöhnlichen Interpretation des zentralen Begriffes *moksha*.

Moksha neudurchdacht

Einige Interpreten meinen, daß für Gandhi *moksha* und nicht *dharma* der Angelpunkt sei.[1] Das wollen wir nun prüfen. Im traditionellen indischen Denken werden die Werte in vier Kategorien eingeteilt: *artha, kama, dharma* und *moksha*. Zweifellos ist *moksha* für die orthodoxen indischen Philosophen der zentrale Begriff, so wie *Gerechtigkeit* für Plato. *Artha* und *kama* sind Werte, die sich auf die Ebene alltäglichen Verhaltens beziehen. Ohne *dharma* würde selbst das tägliche Leben chaotisch sein, denn *dharma* betrifft *samaja* (die Gesellschaft), und ohne *dharma* könnte es *moksha* nicht geben. Die Ideen von *dharma* und *moksha* sind nie getrennt voneinander behandelt worden, auch nicht von Gandhi. Aber seine so typische Interpretation von *moksha* in Verbindung mit *svaraj* bringt viele neue Gesichtspunkte. Insbesondere zwei Faktoren haben sein Denken in dieser Beziehung geprägt – sein jainistischer Mentor Raychandbhai und die Gesänge der von ihm so innig verehrten Dichter-Heiligen Indiens. Eines der Bücher, das Gandhi von Raychandbhai zu Beginn ihrer Korrespondenz von 1893-1894 zugeschickt worden war, war *Mumukshu prakarana* aus *Yogavasishtha*, das *purushakara* (menschliche Anstrengung) empfiehlt, um den Problemen der Welt entgegenzutreten. Die Jains glauben an *videhamukti*, Befreiung *vom* Körper, was den Glauben an den Wert eines asketischen Lebens zur Folge hat. Die extremste Form desselben ist das Fasten bis zum Tod. Eine solche Philosophie sieht den Körper nicht als Tempel der Seele, sondern als Fessel. Gandhi war mit der christlichen Terminologie so vertraut, daß er Ausdrücke wie »Tempel des Heiligen Geistes« ganz selbstverständlich in seinen Wortschatz aufnehmen konnte. Es wäre mit einem Leben des Dienens völlig unvereinbar, den Körper als etwas zu begreifen, das möglichst bald abgelegt werden muß. Gandhis Diätexperimente zeugen nicht nur von Härte und strenger Disziplin, dem Verlangen, die Bedürfnisse des Körpers zu minimieren und die Entbehrungen der Armen zu teilen, sondern auch von dem Wunsch, die ökonomisch effizienteste Lebensweise für den Körper zu erproben. Der Einfluß des Jainismus bleibt sichtbar in Gandhis Betonung der Reinheit. So schrieb er im Jahre 1942 an seinen Freund Sheth Jamnalal Bajaj aus dem Gefängnis:[2]

»Moksha ist Befreiung von unreinem Denken. Vollständige Überwindung des unreinen Denkens ist unmöglich ohne ununterbrochene Bußübung. Es gibt nur einen Weg, dies zu erreichen. In dem Augenblick, da sich ein unreiner Gedanke erhebt, begegne ihm mit einem reinen! Das ist nur mit Gottes Gnade möglich, und Gottes Gnade kommt durch unaufhörliche Gemeinschaft mit Ihm und vollkommene Selbsthingabe.«

Es ist vielleicht erwähnenswert, daß Gandhi einem anderen Freund erzählte, Bajaj sei einer der wenigen ihm bekannten Menschen gewesen, der dem

Zustand eines *mukta*, einer befreiten Seele, sehr nahe gekommen sei. Dasselbe sagte er von Raychandbhai.

Aber auch Vaishnava-Einflüsse hatten wir bei Gandhi bereits festgestellt. Einer der Gujarati-*bhajans*, der im Ashram gesungen wurde, lautet:[3] »Aber Menschen Gottes bitten nicht um Erlösung; sie sehnen sich nach Wiedergeburt, um ewig dienen, rühmen und singen zu können, und Gott von Angesicht zu Angesicht zu begegnen.« Im Gegensatz dazu haben sowohl der Anspruch der evangelikalen Christen auf einmalige Erlösung als auch das Verlangen des traditionellen Hindu nach Befreiung aus dem Kreislauf der Wiedergeburten paradoxerweise selbstbezogene Konnotationen, weil in beiden Fällen das Streben nach Höherem die Ausgangsbasis für die eigene Erfüllung ist. Das Sehen Gottes von Angesicht zu Angesicht bedeutet für Gandhi wie für Swami Vivekananda und Mutter Teresa, das Antlitz Gottes in den Ärmsten der Armen zu erkennen. Rabbinische Weisheit und auch Hindu-Weisheit sind reich an Geschichten über die Verkleidungen Gottes. Der Gläubige kann aber diese Masken immer durchschauen und die Identität des unbekannten Besuchers, des Bettlers, des singenden Bettelmönchs ausmachen.

Einige weitere Beispiele seien hier erwähnt, insofern sie Gandhis Abrücken von der üblichen Furcht des Hindu vor vielen Wiedergeburten unterstreichen und belegen, wie er Wiedergeburt als Chance interpretiert, die Sphären des Dienens auszuweiten. Im Hymnenbuch des Ashrams finden wir diese Zeilen:[4] »Nishkulanand sagt: Gesegnet ist, wer all sein Verlangen nach körperlichem Wohlbefinden aufgibt und *sannyasa* annimmt. Er hat, das ist wahr, seine Familie verlassen, dafür aber eine unvergängliche Familie gewonnen.« Der *sannyasa* des Dienens, für den sich die *Gita* verbürgt, führt zu immer weiteren Loyalitäten, die für Gandhi wie auch für Swami Vivekananda die Menschheitsfamilie betreffen. Narsinh Mehta, der Dichter-Heilige Gujarats, hatte gesungen:[5]

»Der ist ein gotterfüllter Mensch,
der nicht *mukti* sondern weitere Geburten wünscht,
damit er mit Lust, O Gott, Deine Herrlichkeit
besingen und immer beten kann.«

Von allen Künsten liebte Gandhi die Musik am meisten. Das war eines der stärksten Bande in seiner Freundschaft mit Romain Rolland und Mirabehn. Er wählte eine musikalische Analogie, wenn er vom *sadhana* des Spinnrades sprach. So wie sich viele Gläubige durch ihre Tambura (ein Saiteninstrument) und Manjira (eine Zymbel) zur Harmonie mit dem Unendlichen einstimmen, so liebte Gandhi den Gedanken, im fortwährenden Summton des Spinnrades eins mit Gott zu werden.[6] Wer sich mit dieser Form von Musik nicht befreunden kann, sollte wissen, daß Gandhi das Spinnrad nicht als eine Art Gebetsmühle betrachtete, sondern als Mittel, durch das die Ärmsten der Armen ihren Lebensunterhalt verdienen konnten. Die Botschaft des Spinnrades ist für die Armen eine Botschaft zur Selbsthilfe.

Ein anderer Text aus der *Ashram Bhajanavali* zitiert Tukaram:[7] »Ich verlange weder nach Erlösung noch nach Reichtümern oder Wohlstand – laß mich immer vom Guten erfüllt sein. Tuka sagt: ›Unter dieser Bedingung magst Du mich wieder und wieder zur Erde senden‹.«

In Surdas' *bhajan* »Lerne Du eine Lektion vom Baum« taucht ein Symbol auf, das Gandhi gern gebraucht. In einer Artikelserie »Gedanken für den Tag«, die er auf Bitten seines Freundes Anand T. Hingorani geschrieben hatte, finden wir dazu diese Bemerkung: »Den *bhajan* ›Lerne Du eine Lektion vom Baum‹ sollten wir uns zu Herzen nehmen. Der Baum erträgt die Hitze der Sonne und spendet uns doch kühlen Schatten. Was tun wir?« Die Baumsymbolik ist in der Volkstradition wie auch in den klassischen Traditionen Indiens weit verbreitet. Daß bestimmte Bäume heilig sind, unter dem Segen eines besonderen Gottes oder einer Göttin stehen, oder lebensbewahrende Kräfte in sich bergen, sind Glaubensvorstellungen, denen wir z.B. auch im Alten Testament begegnen, in Kulturen also, wo die Menschen wegen des Klimas auf den Schatten der Bäume angewiesen sind. Auf die Symbolik von Verwurzelung und Wachstum werden wir später eingehen. Hier lenkt Surdas den Blick auf das immense Leiden des Baumes, der in der Hitze des Tages ausharrend dem müden Dorfbewohner Schatten spendet. Ein Christ wird in dieser Symbolik zusätzliche Bedeutungen finden. Die Assoziationen eines Hindu reichen jedoch bis zur Hitze von *tapasya*, dem Leiden im Opfer, dem Yogi, der auf einem Bein stehend meditiert – ein Bild, das in einem berühmten Gedicht von Tagore begegnet und sich auf den *Tal*-Baum bezieht –, bis zur Kühle des *stithaprajna*, der ruhig und mutig alles erträgt. Dies läßt sich weder mit *moksha* als Flucht aus der Bindung zusammendenken, noch mit dem Schicksal des heimatlosen Pilgers, noch mit der Belohnung erduldeter Leiden durch Seligkeit; man denkt hier eher an die Erfüllung der *svadharma*-Praxis, die ein lebender Baum verkörpert.

In Gandhis Denken schwingen, wie wir bereits gesehen haben, Resonanzen aus verschiedenen Kulturen mit, die unterschiedlich weitergeführt werden. Die Akkorde aber schlägt er selbst an. Sie klingen so neu und frisch in den Ohren wie das Werk eines bahnbrechenden Komponisten. Nichts illustriert dies besser als die Einarbeitung seiner Vorstellung von *svaraj* (Selbstregierung) in das Konzept von *moksha*. Nirgends sehen wir klarer, daß sein religiöses Denken vom Ganzen seiner Persönlichkeit, seinem Leben und Denken, nicht getrennt werden kann. Bereits 1920 erklärt er:[8] »Beherrschung des Selbst ist wahrhaftig Swaraj, ist gleichbedeutend mit Moksha oder Erlösung.« Ebenso stellt er fest:[9] »Swaraj eines Volkes bedeutet die Gesamtsumme von Swaraj aller Individuen.« Hieraus zu schlußfolgern, daß er dem Fehler der Vermischung unterschiedlicher Konzepte erlegen sei, würde uns auf die falsche Spur führen. Wir müssen vielmehr sein Denken von innen heraus zu verstehen suchen.

Die Disziplin eines *satyagrahi* haben wir bereits angesprochen. Er muß furchtlos, demütig, selbstkontrolliert sein, seine Grenzen kennen, nicht anhaften, selbstlos und barmherzig sein. All diese Qualitäten bedürfen eines endlosen Prozesses der Kultivierung. Nicht umsonst unterscheidet Gandhi zwischen »spirituellem Erkennen« und »spirituellem Erlangen«.[10] Spiritualität sei »eine Angelegenheit der Herzenskultur«, und was er damit meint, erschließt sich aus seinen häufigen Verweisen auf die Vaishnava-Poeten Gujarats, die den Menschen rühmen, dessen Herz angesichts der Leiden eines anderen dahinschmilzt. Wenn man hier einen Mangel an Freude vermuten wollte, im Gegensatz etwa zu der seligen Freude (*ananda*), die ein *advaitin* erwartet, dann muß man sich nur die Freude Gandhis in der Gemeinschaft mit Kindern vergegenwärtigen, oder wie er im Zusammensein mit Dorfbewohnern auflebte bzw. wie intensiv er Freundschaften pflegte, um zu wissen, daß ihm Freude keineswegs fremd war. Diese Beispiele sind bezeichnend, denn Freude war für Gandhi nicht etwas Herausgehobenes. Es war, so würde ich wagen zu behaupten, weder *ananda* noch *sukha*, weder Seligkeit noch Glück, sondern Wärme, wie man sie in der Gemeinschaft mit Freunden fühlt, der stille Jubel, der im alltäglichen Erfolg mitschwingt, oder die Erfüllung, die im bereitwilligen Selbstopfer erfahren wird. Erfolge aber konnten auch einen zu hohen Preis haben. Wenn sie mit Gewalt einhergingen, war es in Wirklichkeit eine Niederlage und kein Erfolg. Bezeichnenderweise konnte Gandhi nicht jubeln, als die Unabhängigkeit kam. Das Land war geteilt, Tausende waren ermordet worden oder hatten ihr Heim verloren. Man hatte politische Unabhängigkeit erreicht, nicht aber *svaraj*.

Was aber sollte *svaraj* denn sein? Gandhi erläutert:[11] »Es scheint, daß der Versuch, Swaraj zu erlangen, Swaraj selbst ist. Je schneller wir ihm entgegeneilen, desto länger erscheint der Weg, der überwunden werden muß. So ist es mit allen Idealen.« Zwei Dinge können uns hier weiterhelfen – Gandhis Glaube an die Kontinuität von Mitteln und Zielen und die Vorstellung vom Horizont. Gandhi meinte, daß der Mensch zwar die Mittel, selten aber oder überhaupt nicht die Ziele kontrollieren könne. Wieder greift er zurück auf eine Analogie aus dem organischen Bereich, das Bild vom Samen und dem Baum, und vergleicht diese Beziehung mit der zwischen Mitteln und Zielen, die eine unauflösliche Verbindung eingehen. Man müsse das Ziel kennen. Gandhi persönlich hatte zu jeder Zeit eine klare Vorstellung vom Ziel, sei es in der Kampagne in Südafrika oder auch während seiner langen Führungsrolle in der indischen Unabhängigkeitsbewegung. Aber er maß den nächsten Schritten, die notwendig wurden, allergrößte Bedeutung bei und glaubte, daß der fortlaufende Einsatz guter Mittel – er sprach gewöhnlich von der Reinheit der Mittel – schließlich zum gesteckten Ziel führen würde. Obwohl nicht detailliert ausgeführt, gefährden zwei Faktoren die Kontinuität von Mitteln und Zielen, der Zeitfaktor, da sich die Zukunft unserer

Kontrolle entzieht, und das Handeln anderer Menschen. Nach den Ereignissen von Jallianwalabagh konnte kein Mensch die Ereignisse von Chauri Chaura drei Jahre später vorhersehen. Dies war ein Rückschlag, und Gandhi widmete sich daher umso beharrlicher der Vorbereitungsarbeit, dem konstruktiven Aufbau, also den Mitteln. Es war leichter, das Wesen von *svaraj* für den einzelnen darzulegen, als es für Gruppen zu definieren, weil im letzteren Fall ein Wandel politischer Faktoren eine Rolle spielte. Gandhi reflektiert seine eigenen Aussagen über *svaraj* als nationales Prinzip und erinnert daran, daß er stets das Spinnrad, die Prohibition und *svadeshi* (den Gebrauch im eigenen Land produzierter Güter anstelle importierter Ware) gefordert habe. Furchtlosigkeit und ähnliche Eigenschaften seien in jedem Fall erforderlich. Das Gesetz des Wachstums gelte für Individuen und Nationen. Die Freiheit zu irren sei die universale Bedingung allen Fortschritts. Es ist bemerkenswert, daß in einer Kultur, in der das zyklische Zeitverständnis dem linearen Fortschrittsgedanken kaum Raum läßt, Gandhi einen solchen Glauben an ein Fortschreiten des Menschen und sein Schicksal wie an einen Horizont entwickeln konnte. Aber Gandhis Verständnis der Situation hatte nichts gemein mit den mechanistischen Prinzipien, die mit der Idee des Fortschritts im 19. Jahrhundert verbunden waren. Wir bewegen uns nicht automatisch und unausweichlich auf ein Ziel zu. Das ist der tiefere Grund dafür, daß Gandhi oft auf organische Metaphern zurückgreift. Wenn sich im Individuum oder der Gesellschaft eine Fehlentwicklung abzeichnet, wird dies mit der Krankheit eines lebendigen Organismus verglichen und nicht mit der Fehlfunktion einer Maschine oder dem Anhalten eines mechanischen Prozesses. Der Mensch ist kein Roboter, er hat unendliche Möglichkeiten zum Guten. Diese können aber nur in solchen Formen sozialer Organisation gefördert werden, wo sich Talente in kleinen Gruppen entfalten können. Gandhi hat übergreifenden anonymen Strukturen gegenüber dasselbe Mißtrauen wie ein E.F. Schumacher.

Gandhi begreift das Leben des freien Menschen in seiner Einheit unterschiedlicher Dimensionen, wobei die wirtschaftlichen, sozialen und politischen Aspekte so geordnet sind, daß Ausbeutung überwunden und das Wohlergehen aller gewährleistet wird. Dazu müssen ethisch-religiöse Werte wie Furchtlosigkeit in den Bereich des alltäglichen Lebens übertragen werden, und zwar mit allen strukturellen Erneuerungen, die dafür notwendig sind. *Svaraj* wäre dann »die Frucht von Geduld, Ausdauer, mühseliger Kleinarbeit, Mut und intelligenter Beurteilung der Umwelt«[12]. Auch hier fordert Gandhi die Kultivierung des ganzen Menschen und geht damit über den einseitigen Rationalismus hinaus, der gewöhnlich mit Modernismus und wissenschaftlicher Weltsicht verbunden ist, und dies trotz seines Insistierens auf die Beachtung der Forderungen der Vernunft. Jedes einzelne Wort, das Gandhi in dem oben genannten Zitat gebraucht, ist meiner Meinung nach bezeichnend, weil das Gesamtpotential der menschlichen Psyche angesprochen wird, und nicht nur die Fähigkeit zum theoretischen Denken, noch weniger die Reduktion des Menschen auf ein sprechendes Tier. Das Leben im 20.

Jahrhundert fordert vom Menschen in einmaliger Weise das ganze Potential seiner Begabungen, damit er es den großartigen Visionen entsprechend gestalten könne. Gandhis Mißtrauen gegenüber der modernen Zivilisation gründet darin, daß er die Menschheit in eine Sackgasse geraten sieht, insofern die Gesellschaft viel Wissen angehäuft hat, aber unfähig ist, den Krieg zu verhüten. Das sei Resultat einer beklagenswerten Vernachlässigung jener menschlichen Gaben, die die Kreativität fördern und das Potential zum Guten im arbeitenden Volk eines jeden Landes entfalten können.

Der freie Mensch wächst in der Selbstüberwindung und sucht andere durch Liebe für seine Sache zu gewinnen. Vernunft und Gewissen sind hellwach. Seine betende Achtsamkeit gegenüber allem, was ist, befähigt ihn zu konstruktiver Intervention angesichts der Herausforderungen der Gesellschaft. Ähnlich wie Simone Weil sieht Gandhi die Fähigkeiten des freien Individuums nicht so sehr auf dem Prüfstand, wo es eine klare und eindeutige Wahl zwischen dem Guten und dem Bösen gibt, sondern dort, wo komplizierte Situationen zu meistern sind, z.B. zwischen mehreren guten Möglichkeiten entschieden werden soll oder Handlungsabläufe beurteilt werden müssen, die Schaden begrenzen können. Solche Gelegenheiten bedürfen eines sachkundigen und sensitiven moralischen Scharfblicks.

Gandhi, der sich sein ganzes Leben leidenschaftlich für Minderheiten einsetzte, lehnte vordergründigen Utilitarismus ab. Das Kriterium der Gewaltlosigkeit ist in seinem positivsten Sinn, nämlich der Überzeugungskraft der Liebe, die bereit ist zu leiden, um die Gräben zwischen den Menschen zu überwinden, Gandhis Schlüssel, wie ein »erleuchteter Anarchist« vorgehen soll. Diese Strategie will die realen Zustände verändern, nicht aber nur oberflächlich an existierenden Strukturen herumflicken, um Ungleichheiten, Ungerechtigkeiten und Unterdrückung zu mildern. Es besteht kein Zweifel daran, daß Gandhis Sozialphilosophie eine radikale Neustrukturierung der Gesellschaft meint: die Umverteilung des Wohlstandes durch den Prozeß der Treuhänderschaft, die Schaffung einer durch und durch dezentralisierten sozio-ökonomischen Struktur und Gesellschaft, deren Gesundheit daran gemessen wird, inwieweit sie ihre einfachsten Glieder dazu befähigt, der Autorität zu widerstehen, wenn diese mißbraucht wird. Gandhi war Anarchist in dem Sinne, daß er den ethisch begründeten Ungehorsam gegenüber dem Staat rechtfertigte; er sprach von zivilem Ungehorsam als »dem Schatzhaus der Macht«. Trotz der transzendenten Verwurzelung seines Denkens, seines Glaubens, daß es letztlich die Liebe ist, die im Universum am Werke ist, verteidigte Gandhi nie eine Theokratie. Wie hätte er auch, da er doch im freien Individuum die Achse sah, auf die alle Hoffnung einer neuen Gesellschaft gerichtet war.

Wie andere zeitgenössische Denker, z.B. Paolo Freire und Gustavo Gutierrez, beklagte Gandhi, daß der Mensch des 20. Jahrhunderts dehumanisiert sei. Gandhis Heilmittel hat viel gemein mit Freires Idee der *conscientization* und Gutierrez' *Theologie der Befreiung*. Dadabhai Naoroji und Bal Gangadhar Tilak hatten das Wort *svaraj* schon vor Gandhi gebraucht. Aber Gandhi war es, der die inneren Quellen des freien Menschen als etwas definierte, das mehr ist als die Freiheit von politischer Unterwerfung. Und er beschrieb aus der Erfahrung seiner Kampagnen an sozialen, ökonomischen und politischen Fronten bis ins Detail, was Selbstbestimmung im alltäglichen Leben bedeutet. So dürfe *artha* in keiner Situation außer acht gelassen werden. Der Wohlstand müsse gerecht verteilt und den Ärmsten der Armen Arbeit gegeben werden, damit sie neue Zentren gewaltfreier Macht entwickeln könnten. Politische Freiheit dürfe an nationalen Grenzen nicht enden, da auch Gott keine Grenzen errichtet habe, sondern müsse konsequent in einer internationalen Politik münden, wo der ozeanische Zirkel schließlich auf die ganze Menschheit ausgeweitet wird. Hier unterscheidet sich Gandhi von anderen Denkern der indischen Renaissance, besonders von Bakim Chandra Chatterjee, der den Patriotismus mit einer religiösen Aura umgeben hatte. Obwohl er eine Nation führte, schaute Gandhi doch mit Erwartung auf die Zeit, in der die Idee von *svaraj* die *gesamte* Menschheit inspirieren würde. Der Mikrokosmos des Ashrams, seine wertvollen Freundschaften und die lebenslange Bereitschaft, von Engländern, Buren, Jains und Muslimen zu lernen, ermöglichten es ihm, die ganze Welt als sein Zuhause zu betrachten.

All dies zeigt, daß Gandhi in einem anderen Kontext über Befreiung nachdachte, als z.B. manche Kirchenführer des 20. Jahrhunderts. Der Hinduismus ist keine institutionalisierte Religion. Die Frage, ob eine Kirche sich außerhalb ihrer eigenen Mauern engagieren solle, entspringt der Unterscheidung zwischen »weltlich« und »göttlich«, die Gandhis Denken ebenso fremd war wie der Kultur, deren innovativer Exponent er war. Ebenso fremd wären ihm Probleme wie »gemischte« Heiraten, oder Kontroversen über Liturgie usw. gewesen. Sein Rezept kennen wir: die Verantwortung der Religion zunächst innerhalb der eigenen Traditon, das Prinzip der Vereinfachung und die Rolle des *satyagrahi*, der nie abseits stehen dürfe und dessen Berufung es sei, andere mit Mut zu inspirieren, damit sie ihre Situation meistern können. Doch wenn niemand bereit ist zu hören, soll er, wie Tagore in seinem berühmten Gedicht sagt, seinen Weg allein gehen.

In der Begegnung mit Materialisten, Atheisten und Humanisten, die in jener Zeit Kirchenleute in Atem hielten, gehörte Gandhis Sympathie auch denen, die im Dogma einen Stolperstein sahen. Seine berühmte Umkehrung von »Gott ist Wahrheit« in »Wahrheit ist Gott« geht zurück auf eine Diskussion mit Kriegsdienstverweigerern in Lausanne, die sich an keinen orthodoxen Glauben binden wollten, aber leidenschaftlich für den Frieden eintraten. An seinen Gebetstreffen nahmen auch »Nichtgläubige« teil, die damit ihr Gemeinschaftsgefühl mit allen, die sich für die gemeinsame nationale Sache einsetzten, zum Ausdruck brachten. Einem Mann, der Gandhi bekannte, daß er kein Mensch des Gebetes sei, erwiderte Gandhi, das einzig Nötige sei die Bereitschaft, für die

Wahrheit, so wie man sie sieht, zu sterben. So würde das Reich Gottes auf Erden verwirklicht werden. Gandhi ließ sich vom nagenden Intellekt der Freidenker, um ein etwas altmodisches Wort zu gebrauchen, nie beunruhigen. Was ihn beunruhigte, war die Verhärtung des Herzens, der Mangel an Phantasie und der Schwund von Sympathie. Dies waren die wirklich dehumanisierenden Faktoren in der Weltanschauung des 20. Jahrhunderts. Gandhi sah das Heil des Menschen in einer Wiederbelebung dieser Kräfte im menschlichen Individuum, was nur in dieser Welt geschehen könne.

Das Wort *svaraj* hat ganz bestimmte politische Konnotationen, und Gandhi steht für die Spiritualisierung der Politik. Zahllose Reden an Mitglieder der Kongreßpartei und die Öffentlichkeit könnten zur Stützung dieser These angeführt werden. In seinem Vorwort zu einem Band von Gokhales Reden – Gokhale war für Gandhi beinahe so etwas wie ein politischer Mentor – schrieb Gandhi:[13] »Jeder hatte verstanden, daß ein Volkserwachen nur durch politische Aktivität erreicht werden könne. Wenn solch eine Aktivität spiritualisiert würde, könnte sie den Pfad zu *moksha* zeigen.« Gegen Ende seines Lebens erläuterte er, was spiritualisierte politische Aktivität und umgekehrt wäre:[14] »Laßt den Kongreß seinen Mitgliedern und der Welt verkünden, daß er nur Gott dient. Wenn er sich auf plumpes Machtgeplänkel einläßt, wird er sich eines Morgens nicht mehr vorfinden.« Ähnlich sprach sich Gandhi auch gegen die Ausbeutung der Religion für politische Zwecke aus, wenn er die Aktivitäten des Rashtriya Sevak Sangh (RSS) kritisiert:[15] »Religion ist eine persönliche Angelegenheit, die keinen Platz in der Politik haben sollte.« Der Kontext dieser Aussage muß natürlich berücksichtigt werden. Gandhis Wunsch, die Politik zu spiritualisieren, steht auch im Zusammenhang mit der Schwäche des parlamentarischen Regierungssystems, wo Millionen von Wählern betroffen waren. Aus diesem Grunde setzte er sich, zusätzlich zu dem obligatorischen Gang zur Wahlurne alle fünf Jahre, für die Brotarbeit aller ein, für die Praxis der Gewaltfreiheit in der Konfliktbewältigung, das Recht des Schwächsten zum Widerstand gegen die Autorität, wenn diese mißbraucht würde, eine Arbeitsethik, die jedem daß Gefühl vermittelt, daß er in der Gesellschaft gebraucht wird, und die Möglichkeit zur Entfaltung der von Gott gegebenen Kreativität, wodurch sich der Mensch als Teilhaber an Gottes Werk erfährt. Der demokratische Geist würde wachsen nicht unter dem Schutz eines bürokratischen Schirmes, sondern unter zwei Bedingungen: der Entwicklung der Macht *von unten*, von Straße zu Straße, von Dorf zu Dorf, und *von innen* durch die Kultivierung eines offenen und tapferen Herzens. *Svaraj* bedeutete für Gandhi ständiges Bemühen um Unabhängigkeit von Regierungskontrolle, sei es einer ausländischen oder nationalen Regierung.

Gandhi lebte nicht lange genug, um die Politik Indiens nach der Unabhängigkeit mitgestalten zu können. Aber sein langes politisches Wirken läßt erkennen, wohin sein Denken tendiert hätte: z.B. die Gründung von Friedenskomitees in Ostbengalen zur Zeit der kommunalen Unruhen; sein Glaube, daß eine

Partei aufgelöst werden müsse, wenn ihr Zweck erfüllt sei; seine Überzeugung, daß ein politischer Erzieher die Menschen über ihre Rechte und Pflichten aufklären müsse; daß durch den Gesetzesapparat die konstitutionellen Rechte geschützt werden müßten; daß Selbsthilfe der Abhängigkeit von fremder Hilfe vorzuziehen sei; und daß gewaltfreie direkte Aktionen das letzte Mittel sein sollten, wenn alle anderen Methoden der Einflußnahme gescheitert wären. Dies sind nur einige der wesentlichen Prinzipien. Vor allem aber, und dies unterstreicht die Voraussetzungen seines politischen Denkens, glaubte er, daß das moralische Gesetz im Herzen des Menschen gesellschaftlich festgeschriebene Gesetze aufheben könne und solle. Wie auch aus anderen Traditionen bekannt, identifizierte Gandhi das moralische Gesetz mit der Stimme Gottes. Ein solches Denken sanktioniert die politische Aktivität zivilen Ungehorsams und die konstruktive Arbeit zum Aufbau neuer Strukturen. In beiden Fällen kennt Gandhi keine geistige Enge. Protest, Buße und konstruktive Arbeit gehörten für ihn untrennbar zusammen. Sie konstituieren die *tapasya* des freien Menschen.

Wenn das Leben als unteilbares Ganzes gesehen wird, bedarf das Engagement des Gläubigen in den rauhen Unwägbarkeiten der Politik keiner Rechtfertigung. Wie Gandhi 1934 schrieb:[16] »Mein Leben ist ein unteilbares Ganzes und all meine Aktivitäten gehen ineinander über. Sie entspringen meiner unstillbaren Liebe zur Menschheit.« Gandhis vielfältiges Engagement in jedem Aspekt des menschlichen Lebens, von der Diät und Hygiene bis hin zum Bemühen, die imperiale Macht aus dem Sattel zu heben, kann als seine spezifische Art verstanden werden, der menschlichen Unvollkommenheit entgegenzuwirken. Alle religiösen Traditionen sprechen von der Gebrochenheit menschlicher Existenz. Gandhi bezieht sich darauf unter dem Begriff der Sünde, der Schwäche des Willens oder der Gebundenheit in Unwissenheit. Des Menschen gebrochene Natur zeigt sich in all seinen Aktivitäten, den sozialen, ökonomischen und politischen. Das Besondere an Gandhi ist sein enormer Glaube an die Kehrseite dieser Medaille, an ein unendliches Reservoir positiver Kräfte, die geweckt werden müssen – an bisher noch nicht gespielte Akkorde, die die Verheißung einer neuen Musik in sich tragen. Dieses Vertrauen in die ursprüngliche Größe des Menschen rührt an neue Saiten in Kulturen, die von der Sündhaftigkeit des Menschen ausgehen, oder die, wie in jüngster Zeit weit verbreitet, die allgemeine Dekadenz für eine hinnehmbare Zeiterscheinung halten, oder die, wie in Indien, den Menschen in einem unentrinnbaren kosmischen Netz gefangen sehen. Es gab schon immer die Tendenz, als Alternative dazu die eine oder andere Form von Entweltlichung zu propagieren. Im christlichen Glauben ist die Idee grundlegend, daß der Mensch Bürger zweier Reiche ist und daß seine letztgültige Bestimmung in einer kommenden Welt erfüllt wird. In anderen Denkmustern erwarten auch die Menschen in Indien die Beendigung des Kreislaufes von Geburt und Tod. Die indischen Philosophen waren darum bemüht, die anthropomorphe populäre Vorstellung des Himmels als »Ort« von etwas Höherem, einem Zustand des Bewußtseins, abzugrenzen. Gandhi reagiert auf die Unvollkommenheit nicht mit der Sehnsucht nach einem Zustand, wo alle Unvollkommenheiten überwunden sein würden, sondern mit dem Streben nach Vollkommenheit im Naheliegenden, also im Menschen selbst und seiner unmittelbaren Umgebung. Diesseitigkeit wird in Indien traditionellerweise mit dem Streben nach Wohlstand assoziiert. Anders bei Gandhi – die Welt ist der Ort, wo ich bin, *die* Gelegenheit zur inneren Läuterung. Die Geschichte des Weges seiner inneren Läuterung liest sich wie die Schilderung der Taten des Herkules. Es war eine lange Lehrzeit, in der Gandhi unbeirrbar seinen Weg ging. Wie verhält sich diese approximative Interpretation von *moksha* zur klassischen indischen Tradition, und welches Licht wirft sie auf das Leben des Glaubens, wie er es sah? Wir müssen uns nun auf diese Fragen einlassen.

Im Jahre 1929 unternahm Gandhi mehrere Reisen durch Indien und sprach jedesmal zu großen Menschenmengen. Er forderte die Menschen auf, *svadeshi*-Güter zu gebrauchen und schärfte den Mitarbeitern des Kongresses ein, die Organisation auf der Dorfebene zu verbessern. Die Verhandlung über die Meerut-Verschwörung hatte begonnen, die Pläne für den Salz-*satyagraha* mußten noch ausformuliert werden. Für Gandhi war dieses Jahr mit Aktivitäten an vielen Fronten ausgefüllt, einschließlich der Arbeit am Abschluß seines Kommentares zur *Bhagavad Gita*. Im Juli desselben Jahres sagte Gandhi,[17] daß er es für die Erfüllung des Menschen halte, den *dharma* und das letztgültige Ziel des Lebens, Wahrheit und *svaraj*, in Übereinstimmung zu bringen – *svaraj* und die Regierungsgeschäfte, das Wohlergehen des Landes und aller Menschen. Dieser Weg allein würde zu *moksha* führen, und nur dies sei für ihn wichtig. Wenn wir uns in Erinnerung rufen, daß die philosophischen Traditionen Indiens, besonders die advaitische, großen Wert auf die Unterscheidung zwischen *vyavaharika* (die weltliche) und *paramarthika* (die absolute oder transzendente) Ebene gelegt haben, erscheint diese Erklärung Gandhis in einem besonderen Licht. Er schrieb dies zu einer Zeit, da sein Engagement in verschiedensten Bereichen nicht hätte größer sein können. Alle seine Aktivitäten in diesem Jahr werden von einem gewissen Rhythmus geprägt. Von Sind reist er nach Calcutta und Burma, von Andhra bis Bombay ist er ständig in Bewegung. In Almora und Agra gönnt er sich etwas Ruhe, und überall begleitet ihn eine große Menschenmenge. Die Sammlung von Geldern geht weiter. Schließlich vollendet er seinen *Gita*-Kommentar in der kurzen Ruhepause von einer Woche in den Bergen. Das Jahr sollte mit der berühmten »Poorna Swaraj«-Resolution (vollkommene Unabhängigkeit) in der Sitzung des Kongresses zu Lahore enden. Und in einem solchen Jahr beteuert Gandhi, daß die Größe des Menschen in seiner Fähigkeit liege, sein Tun (*dharma*) mit seinem Streben nach dem Letzgültigen in Einklang zu bringen. Dieses Lebensgefühl erinnert an Niebuhrs Verständnis des Menschen, der am Kreuzweg von Natur und Geist steht. Gandhis Blick ist fest auf den Weg gerichtet, und der sollte ihn nach Dandi zum Salz-*satyagraha* führen. Das Jahr war unruhig. Gandhi wußte noch nicht, was der nächste Schritt sein würde. Selbst im Januar 1930, als ihn sein Freund Rabindranath Tagore in Sabarmati besuchte, sagte er dem Gast:[18] »Mein Denken ist voller Unrast. Ich sehe nirgends Licht in der alles umgebenden Dunkelheit.« Es überrascht nicht, daß Gandhi in der bekannten Hymne Newmans seine eigenen Erfahrungen widergespiegelt findet – wie weit kann man den Weg tatsächlich absehen? Bestenfalls zeigt sich der nächste Schritt darin, was zu tun ist.

Wer so empfindet, richtet seinen Blick nicht bewußt auf *moksha* aus. Der *sannyasa* des Dienens gibt zwangsläufig eine andere Richtung vor. Auf dem Weg, wie er sich gestaltet, gibt es zwar Orientierungspunkte, aber der Mensch überschaut immer nur eine kurze Strecke. Gandhi drückt die Herausforderungen des jeweiligen Augenblicks ganz natürlich in religiöser Terminologie aus. Der Augenblick der Wahrheit liegt in dem, was der *dharma* jetzt vorschreibt. Göttliche Gnade öffnet sich und steht dem Menschen bei, wenn er am hilflosesten und dazu bereit ist, Seinen Willen zu tun. Wenn dies nicht mit allen Fakten übereinstimmt, die ich absichtlich sehr detailliert angeführt habe, so dürfen wir nicht vergessen, daß Gandhi die politische Frage nach *svaraj* im umfassenderen Kontext der vollen Befreiung ansiedelt. Jainistische und buddhistische Akzente sind hier nicht überhörbar. Wie wir handeln, entspricht unserem ureigensten Charakter. Das Risiko zum Irrtum besteht immer. Aber wer die Wahrheit, wie er sie sieht, erfaßt, und gewaltfrei im Denken, in Worten und Taten bleibt – eine Neuformulierung der Lehren aus dem *Zend Avesta* durch Gandhi –, ist auf dem richtigen Weg. Das Kriterium ist hier also mehr als ein existentialistischer Appell an Authentizität. Die letztgültige Bestimmung ist uns verborgen, wie sich die Berge des Himalaya dem Blick des Bergsteigers auf dem Weg entziehen. Den nächsten Schritt zu verfehlen, bedeutet das Risiko, in die Tiefe zu stürzen. Der Weg erlaubt gelegentlich nur winzig kleine Schritte und bringt auch Umwege mit sich, die vom Ziel wegzuführen scheinen. Solcher Art ist die Suche nach *svaraj*, solcher Art ist die Suche nach *moksha*.

Gandhis Denken ist eine Herausforderung für alle, die Gesinnungsethik und Erfolgsethik entgegensetzen oder von der Autonomie des Ethischen ausgehen. Die Ethik der *Gita* schließt eine Erfolgsethik aus, und Gandhis Verständnis der Wahrheit scheint auf eine reine Gesinnungsethik hinauszulaufen. Doch der indische Begriff des Weges oder *marga* läßt andere Interpretationsmöglichkeiten zu. Die *marga*-Idee ist angesiedelt zwischen den deontologisierenden und teleologischen Positionen, indem sie weder unmittelbar einleuchtende Pflichten noch ein vollentwickeltes *telos* des Guten oder der als gut begriffenen Dinge bezeichnet, sondern *Prinzipien* vorgibt, nach denen man handeln soll. In den jainistischen und buddhistischen Traditionen werden diese Prinzipien im Detail spezifiziert. Gandhi gebraucht das allgemeinere Konzept von *dharma* und füllt es mit dem Prinzip der Gewaltlosigkeit aus. Bezüglich der Autonomie des Ethischen geht Gandhi deutlich von einer ethisch-religiösen Position aus, und das Konzept von *dharma* zeugt hier von der Konvergenz des Ethischen und des Religiösen im hinduistischen Denken. Mit Kant sieht auch er, daß der moralische Mensch sehr wohl zu dem Gedanken eines *Göttlichen* Wesens *geführt* wird, wobei das Tun des Guten nicht in der *Furcht* Gottes begründet sei, weil dann für Kant und auch für Gandhi das Gute, das in unserem Handeln liegen kann, geleugnet würde. Von Furcht Gottes läßt sich aber in einem anderen Sinne sprechen, nämlich auf der Linie des Alten Testaments oder auch Kierkegaards, wo das Tun des Guten aus der Erkenntnis geschieht, daß es Gottes Wille ist – ein Gedanke, der bei Gandhi oft begegnet.

Weil aber Gandhi die Suche nach Wahrheit oder das Leben in der Wahrheit mit der Ethik des Atheisten und säkularen Humanisten verbindet, mag die Tendenz mehr in Richtung des Ethischen als des Religiösen gehen. Wenn dem so ist, hat es, wie mir scheint, folgenden Grund. In Erfüllung seiner nationalen Aufgabe mußte Gandhi sehr unterschiedliche Kräfte zusammenführen. Nicht alle konnten akzeptieren, daß Gott viele Namen habe, und für andere war der Gottesgedanke überhaupt ein Hindernis. Das Problem stellt sich heute ähnlich. Für Gandhi bildete die Idee der Wahrheit und Gewaltlosigkeit die optimale Grundlage, Menschen unterschiedlichster Überzeugung zur Treue zu inspirieren, ohne sich dabei auf theologische Fragen einlassen zu müssen, die die Sicht nur verdunkelt hätten. Gandhi setzte selbstverständlich voraus, daß der Blick des Menschen wie durch ein Glas getrübt ist. Das bedeutet aber nicht, daß wir überhaupt nichts sähen. Er sprach oft so, als ob die Summe der fragmentarischen Sichtweisen ein Gesamtbild ergeben könne. Obwohl das Bild der Summierung inadäquat sein mag, ist es doch hilfreich, da das religiöse Bewußtsein als *menschliches* Phänomen erkannt und die Notwendigkeit der Verknüpfung vieler Sichtweisen vermittelt wird. Das Letztgültige würde dann für den Hindu nicht in einer Vision *sub specie aeternitatis* erfaßt, weil in diesem Stadium die Sprache des Seins angemessener ist als die der Schauung. Gandhi ist so bescheiden, daß er sich als Arbeiter in der Höhle betrachtet – allerdings könnte die Assoziation mit Plato in die Irre führen. Die Höhle des Herzens ist in der Hindu-Tradition der Ort des Rückzugs, der *innere* Raum. Wie kann folgende Aussage Gandhis im *Young India* im April 1924 dann verstanden werden?

»Ich habe kein Verlangen nach dem vergänglichen irdischen Reich. Ich strebe nach dem Himmelreich, das *moksha* ist. Um mein Ziel zu erlangen, muß ich nicht den Schutz einer Höhle suchen. Ich trage eine mit mir herum, wenn ich sie doch kennen würde.«

Gandhi war im Februar jenes Jahres aus dem Gefängnis entlassen worden. Es gab Schwierigkeiten in der Kongreßpartei mit der sogenannten Svarajisten-Gruppe unter Chittaranjan Das und Motilal Nehru, die Beteiligung an den gesetzgebenden Körperschaften und Verweigerung von Kooperation für nicht unvereinbar hielten. Gandhi stand mitten in den Auseinandersetzungen. Das Leben im Gefängnis war trotz seiner Krankheit friedlicher gewesen.

In der Tat konnte er gar nicht anders, als »seine Höhle« mit sich zu tragen. Einige Monate später, im September, unterzog er sich in Delhi einem 21-tägigen Fasten, das er als Bußhandlung für die kommunale Gewalt betrachtete, die vor allem in den nordwestlichen Grenzprovinzen ausgebrochen war.

Der Rhythmus von aktivem Engagement in *satyagraha*-Bewegungen und Perioden konstruktiver Arbeit (ländliche Rekonstruktion) entsprach einem Rhythmus in Gandhis Leben, der sich bis in seinen täglichen Tagesablauf niederschlug. Gebete, Perioden des Schweigens, seine Fähigkeit zur inneren Regeneration durch verschiedenste Kanäle, insbesonders durch persönlichen Kontakt und Freundschaften, zeugen von seiner Gabe, aus seinem Innersten in einer Weise zu schöpfen, die sich vom »abgesonderten Leben« der traditionellen heiligen Männer Indiens oder der Mitglieder eines religiösen Ordens unterscheidet. Der oben zitierte Satz verrät etwas von der Eigenart Gandhis, seiner persönlichen Sehnsucht nach *moksha*, aber auch von seinem Glauben, daß er als Mensch dazu bestimmt sei, sich im Alltäglichen ganz zu engagieren. Obwohl ihm die Welt oft zu eng wird, ist es gerade diese Welt und nirgends sonst, wo er seine Kräfte erproben muß. So trifft das Wort *Höhle* hier im doppelten Sinn zu: die Höhle der Welt, der Ort, wo er sein muß, und die innere Höhle, die Höhle des Herzens[19], wo er das Aufsprudeln von Energien ebenso erfährt wie das Zuströmen transzendenter Kräfte. Man sucht nach Worten, die den Nerv von Gandhis innerer Erfahrung hier am besten treffen könnten. Er scheint zu erfahren, was Gabriel Marcel als »inneres Wachstum« beschreibt, und wie Marcel erfährt er dies wesentlich in den Bindungen zwischen Mensch und Mensch, in der tragenden Kraft, die er als Funktion der menschlichen Beziehungen entdeckt. Er erfährt sie auch in den selbst auferlegten Bindungen, den Gelübden, durch die er wie ein Athlet sich selbst zu disziplinieren sucht. Vor allem aber wird die Seelenkraft in ihrer aktivsten Form in den Aufgaben gefunden, denen man sich gemeinsam stellt, wo die gewaltfreien Kräfte einer Gruppe freigesetzt werden.

Am umfassendsten entwickelt Gandhi sein Verständnis von *moksha* in den Schriften aus der Zeit vom 5. November 1926 bis zum 20. Januar 1927[20], als er ein freies Jahr im Ashram von Sabarmati verbrachte, vor allem in seinen *Discourses on the Gita*. Auf die Sensibilität seiner *Gita*-Interpretation haben wir schon an anderer Stelle hingewiesen. In diesem Kommentar konzentriert er sich auf die *Suche* nach *moksha* und weniger auf Spekulationen darüber, wie der *moksha*- Zustand beschrieben werden könnte. Er betont die Kultivierung der *sattvischen* Qualitäten und identifiziert sie mit dem Dienst an anderen, ohne daß man sich des Dienens bewußt wäre. Und Gandhi führt die Idee der *Eignung* zu *moksha* ein:[21]

»Ich bin zu dem Schluß gekommen, daß keiner ein *mukta* genannt werden kann, solange er noch am Leben ist. Alles, was gesagt werden kann, ist, daß jemand für *moksha* geeignet sei... Die Notwendigkeit zur Befreiung bleibt solange bestehen, wie noch eine Verbindung mit dem Körper existiert.«

Wie auch in seinen späteren Schriften taucht hier die Metapher vom Duft auf:[22] »Bis das Tor des Körpergefängnisses geöffnet wird, ist der Duft von *moksha*...jenseits unserer Erfahrung.«

Daß neben politischem Scharfsinn auch moralische Einsicht von dem nach *moksha* Suchenden, der den Kampf für *svaraj* als Teil seines *dharma* begreift, gefordert ist, wird hier deutlich:[23] »Und wenn das Interesse des eigenen Landes nicht im Konflikt mit den Interessen der übrigen Welt steht, führt einen der Dienst am eigenen Land näher zu *moksha* hin.« Gandhi glaubte, es sei das Interesse der Welt, daß die Menschen jedes Landes frei von Ausbeutung sein sollen. Wenn dies so wäre, dürfe der Freiheitskampf eines Landes nicht mit den Interessen des *Volkes* eines anderen Landes in Konflikt geraten. Das schließt nicht aus, daß ein solcher Freiheitskampf durchaus gegen die Interessen eines anderen *Staates* gerichtet ist. Gandhi wußte, daß die Textilindustrie nicht nur die Menschen im Weberhandwerk Indiens hart getroffen hatte, sondern auch dem Weberhandwerk auf den britischen Inseln bereits den Todesstoß versetzt hatte. Da die ganze Welt leidet, wenn ein Land leidet, und das bewahrheitet sich auch auf der wirtschaftlichen Ebene, wird auch der Geist der Gewaltlosigkeit und Selbsthilfe von Menschen eines Landes den Menschen in anderen Ländern nützen. Gandhi glaubte, daß alle Menschen Glieder einer Kette wären. Das entspricht der klassischen indischen Vorstellung, daß *tapasya* eines einzelnen oder einiger weniger Rückwirkungen auf die Gesellschaft habe, derer sie sich kaum bewußt sei. Diese Theorie spielt auch in der Moderne eine Rolle: Ein bekannter Hindu-Wissenschaftler, der nicht religiös gesinnt war, sagte mir einmal, daß die Gebete aller religiösen Menschen, seien sie *sadhus*, Heilige, *sannyasins* oder Laien, nach dem Gesetz von Ursache und Wirkung ganz gewiß Resultate erzeugen würden, obwohl wir noch nicht in der Lage seien, diesen Einfluß genauer zu beschreiben. Ähnlich glauben die Sikhs, daß der Klang der dargebrachten Gebete auch den Außenstehenden nütze, wenn sie die Gebete nur hören – das Mikrophon als Produkt der modernen Technologie erhält damit einen Heiligenschein!

Gandhis Leidenschaft für Wahrheit und Gewaltlosigkeit fließt, wie zu erwarten, in seine Interpretation von *moksha* ein. Shankara hatte von der Geduld gesprochen, die den *moksha*-Suchenden auszeichne, Gandhi aber spricht von der Geduld, die derjenige entwickeln müsse, der das Ideal vollkommener Gewaltfreiheit anstrebt. In beiden Fällen ist *vairagya* (Entsagung) vonnöten. Die Ideen von *ahimsa*, Wahrheit und *moksha* sind bei Gandhi so miteinander verbunden:[24] »*Ahimsa* bedeutet *moksha*, und *moksha* ist die Realisierung von Wahrheit.« Hier spielt auch die Gottesidee hinein, aber in einer Weise, die für einen Nicht-Hindu möglicherweise kaum nachvollziehbar ist. Gandhi sagt an anderer Stelle:[25] »Gewaltlosigkeit bedeutet *moksha* und *moksha* bedeutet, *Satya-Narayana* zu verwirklichen.« Für Gandhi sind also Wahrheit und der persönliche Gott ein und dasselbe. Gewaltlosigkeit ist der Weg (*marga*), darum kann ein Mensch, der Gewalt in seinem Herzen trägt, nicht beanspruchen, gut oder Gott entsprechend zu sein. Wie sich ein Utilitarist besonders in bezug auf die Gesetzgebung mit den Hindernissen zum allgemeinen Glück auseinandersetzt, so geht es Gandhi um die Hindernisse für *moksha*. Die Philosophie des »ein Schritt ist genug für mich« bedeutet notwendigerweise die Konzentration auf die gerade anstehende Aufgabe. Alle Symptome des Egoismus, seien es Zügellosigkeit, Besitz von Eigentum oder offene Formen von Ausbeutung, sind Hindernisse auf dem Weg zu *moksha*. Gandhi sieht auch die Unmenschlichkeit, die darin besteht, das Sterben anderer zuzulassen, die unausgesprochene Gewalt, die anderen Menschen durch Beraubung der Lebensgrundlagen oder durch indifferentes Schweigen angetan wird. Barmherzigkeit sei das Wesen der Religion, und er zitiert dafür eher Tulsidas als den Buddha.

Im Streben nach *moksha* müssen eine Reihe von Stadien durchschritten werden, oder, vielleicht zutreffender formuliert, es ist ein Leben des ständigen Sich-Mühens. Eine hilfreiche Glosse dazu steuert Mahadev Desai, Gandhis Sekretär, in einem Artikel von 1926 bei.[26] Er schreibt, daß Gandhi von Abstufungen der spirituellen Freiheit rede: von demjenigen, der sich vor einer Tempelgottheit beugt und »verloren in Gott« ist; demjenigen, der angesichts des reinen Himmels frohlockt und keines anderen Symboles bedarf; und »dem Menschen, der alles, was er braucht, aus der Schau des inneren Himmels empfängt«. Desai interpretiert:

»Diese drei Stadien bedeuten in ihrer Stufenfolge eine immer größere (spirituelle) Freiheit. Und alle können in einem Menschen gleichzeitig existieren. Der Grund ist, daß ein Individuum bewußt oder unbewußt vom Gröberen zum Subtilen voranschreitet.«

Wenn wir Gandhis eigene Askese im Licht des eben Gesagten hinterfragen, zeigt sich: Gandhi hatte großen Respekt vor der einfachen Frömmigkeit des Dorfbewohners, da er durch die Symbolik derselben hindurchschaute und wußte, daß das einfache Volk Indiens nicht einfach »Stöcke und Steine« anbetet. Der Mensch, der sich an der Unendlichkeit des Himmels und des Meeres berauscht, ist in seinem engen Freund Rabindranath Tagore verkörpert. Gandhi selbst ist zu sehr ein Mann des Volkes, um sich auf den inneren Himmel zu beschränken. Er ist durch den »zarten Faden der Liebe« – sein eigenes Bild, das vielleicht eine subtile Neuformulierung der hinduistischen Vorstellung des heiligen Fadens ist – mit dem Volk verbunden, von dem er sagt, daß er fühle, »zu einem Gefäß seiner Sehnsucht« geworden zu sein. In einem Brief führt er dies weiter aus:[27] »Ich würde alles Interesse am Leben verlieren, wenn ich fühlte, daß vollkommene Liebe für mich auf Erden nie zu erreichen wäre. Was letztlich zählt, ist, daß unsere Fähigkeit zum Lieben ständig wächst.« Wie wir schon im Zusammenhang mit Gandhis Metapher des ozeanischen Zirkels erwähnt haben, benutzt er die Idee der Expansion, um schließlich bei dem Gedanken einer gerechten Gesellschaft, die keine nationalen Grenzen kennt, zu enden. Wir werden nun sehen, wie in seinem Denken über *moksha* die Terminologie der Expansion oder Erweiterung einmal mehr eine Rolle spielt, diesmal nicht, um der Idee der Hierarchie entgegenzutreten, sondern um eine Alternative zu der viel gebräuchlicheren religiösen Terminologie vom Aufstieg anzubieten.

Wir müssen hier weiter ausholen. Das Zitat aus Mahadev Desais Artikel sprach von einer Bewegung vom Groben zum Subtilen. Diese Begrifflichkeit entspricht besonders dem jainistischen Verständnis der allmählichen Reinigung der Seele. Man muß nur an das Fegefeuer oder an St. Augustinus' Analogie der Ölpresse denken, um ein Gefühl dafür zu bekommen, was die Jains damit meinen. Die Rede von einem Aufstieg entspricht mehr dem jainistischen Stil der Askese als anderen Askeseformen in der großen Familie indischer Religionen. Während dies zwar die Bandbreite der Wahrnehmung vergrößern kann, insofern selbst im scheinbar Anorganischen der Same des Lebens aufgespürt wird, so ist doch die Ausrichtung auf ein Ziel, das sozusagen unabhängig von der leiblichen Sphäre gedacht wird, eine schwache Garantie für eine Lebenseinstellung, die von Barmherzigkeit im mitmenschlichen Engagement bestimmt ist. Außerdem ist der Begriff des »Subtilen« im Jainismus sehr spezifisch definiert, nämlich als »Verdünnung« des Materiellen. Obwohl Gandhi von einer »Reise ins Land der ewigen Freiheit und des ewigen Friedens«[28] spricht, war er überzeugt, daß »wir mit unseren begrenzten Kräften, mit beiden Beinen auf dem harten Boden, arbeiten müssen«.[29] Die vaishnavitischen Dichterheiligen hatten Gandhis Bewußtsein nachhaltig geprägt, denn es waren Menschen geringer Herkunft, die das religiöse Leben ganz wesentlich auf eine Ausweitung des zwischenmenschlichen Gemeinschaftsgefühls hin ausrichteten und Gott als Freund betrachteten. Es ist ihr Einfluß, daß Gandhi die Bestimmung des Menschen als das Werden »eines Ozeans der Freundlichkeit« beschreiben kann. In diesem Ozean aber wird die individuelle Identität keineswegs aufgesogen. Freundschaft setzt Unterscheidung voraus. Sie beruht auf der Möglichkeit des Aufeinander-Zugehens, dem Schmieden von freiwilligen Banden der Gemeinschaft, deren höchster Ausdruck in Indien traditionell mit »Süße« assoziiert wird.

Weil das Streben nach Vollkommenheit ein endloser Prozeß ist, erfährt der Mensch dabei immer wieder, wie das Ziel zurückweicht. Gandhis Erfahrung war, daß der Suchende, wenn er auf dem richtigen Weg ist, d.h. wenn er in einer spezifischen Situation nach dem Kriterium der Gewaltlosigkeit handelt, ein Gefühl von »Ausweitung« erleben würde. Dies bezieht sich zweifellos auf den Raum des Herzens, jenes Wachsen des Gemeinschaftsgefühls, in dem Gandhi die Hoffnung für die Zukunft der Menschheitsfamilie sah. Gandhi war alles andere als sentimental, obwohl das Gefühl besonders dann für ihn wichtig wurde, wenn es um den Respekt vor Gefühlen anderer ging. Vernünftiges Erkennen der Situation, Sympathie mit den Leidenden und ein Intervenieren, damit sie ihre eigene gewaltfreie Stärke erkennen können – dies sind die Merkmale eines Menschen, der anderen auf dem Weg zur Freiheit, der politischen, sozialen und ökonomischen, beisteht und dabei selbst in seiner fortschreitenden Selbstemanzipation wächst.

Gegen Ende seines Lebens und Wirkens wurde Gandhi von Freunden gebeten, detailliert zu erläutern, was er unter *moksha* verstehe.[30]

Er antwortete, das Verlangen nach *moksha* sei wirklich gegeben, aber das beziehe sich nur auf das Individuum. Die Welt sei an den Früchten interessiert, nicht aber an der Wurzel. Was den Baum angeht, so müsse das Hauptaugenmerk nicht der Frucht, sondern der Wurzel gelten. Der individuelle Mensch solle sich auf die Tiefe des eigenen Wesens konzentrieren, die mit dem Wasser seiner Mühe und seines Leidens genährt werden müsse. Die Wurzel sei die Hauptsache.

Wir sahen bereits, wie Gandhi die Metapher von der Wurzel, dem Baum und der Blüte liebte. So schwingen in der eben zitierten Passage viele Bedeutungen mit. Wir finden hier den Gedanken des Nichtanhaftens an den Früchten des Handelns, wie ihn die *Gita* vorträgt. Wir müssen innerlich akzeptieren, daß die Resultate unseres Handelns oft anders sind, als wir beabsichtigt hatten. Gandhi hat dies selbst bitter erfahren müssen. Es geht um das radikale Anliegen, das für Gandhi das letztgültige ist – die eigene innere Läuterung. Die Geschichte seiner langen Pilgerschaft, seiner Experimente mit der Wahrheit, bringt nichts anders zum Ausdruck. Aber das radikale Anliegen bedeutet auch, in der Gemeinschaft, dem Land und unserer je eigenen Aufgabe verwurzelt zu sein. Hier, so scheint mir, steht er Denkern wie William Cobbett, Gustave Thibon und Simone Weil sehr nahe. Das Streben nach *moksha* ist nicht die Askese des einsamen Individuums wie in der jainistischen Tradition oder die Suche nach Arhatschaft wie im frühen Buddhismus.[31] Es bedeutet vielmehr, die großartige Vision einer Gemeinschaft freier Menschen zu realisieren. Und das ist *moksha* im sozialen Sinn. Eine solche Gemeinschaft könne nur von religiösen Menschen geschaffen werden, die von Hingabe inspiriert sind und daran glauben, daß ihr Wirken einer transzendenten Kraft im Universum entspricht, die nicht denkerisch erfaßt werden kann, die sich aber deutlich im Edlen, das im Herzen der Menschen wohnt, zeigt.

Epilog

In den vorangegangenen Kapiteln habe ich versucht, Gandhis religiöses Denken in seiner eigenen Sprachgestalt zu erörtern und das Ungewöhnliche einer Persönlichkeit zu beschreiben, deren Denken aus dem traditionellen religiösen Leben Indiens schöpft und gleichzeitig auf Zeiten weist, die erst noch kommen werden. Methodologisch habe ich eine analytisch-konzeptuelle Vorgehensweise vermeiden wollen, weil ich glaube, daß man damit einem Menschen wie Gandhi in keiner Weise gerecht werden könnte. Ich hoffe, daß als Nebenprodukt dieser Arbeit indirekt eine Methode bestätigt worden ist, deren Ziel die Offenlegung von Wesensstrukturen des Denkens ist, wobei diese Strukturen in ihrer Entwicklung verfolgt werden müssen, um ein Gefühl für den Kontext, die Geschichte zu bekommen.

Ich glaube nicht, daß es in einer Studie wie dieser notwendig ist, nach Standpunkten in Gandhis Denken zu suchen, die auf gegenwärtige philosophische und theologische Kontroversen eine verbindliche Antwort geben könnten. Es wäre darüber hinaus ein riskantes Unterfangen, hypothetische Thesen aufzustellen, die Gandhi, würde er heute leben, vertreten haben könnte. Was wir aus unserer heutigen professionellen Perspektive auswählen, müssen nicht unbedingt die Fragen sein, die für den Denker, der hier vorgestellt wurde, zentral waren.

Und doch würden wir uns unangemessen einschränken, wenn wir Gandhi in ein System pressen wollten, ihn als Denker der indischen Tradition etikettieren und es dabei belassen. Immer wieder konnten wir beobachten, wie er wichtige Konturen im Tempel des hinduistischen Denkens erstaunlich neu umrissen hat. Während er *karman* und Wiedergeburt wie jeder traditionelle Hindu akzeptiert, *möchte* er wiedergeboren werden als Unberührbarer, um diesem unterdrückten Teil der Hindu-Gesellschaft dienen zu können – aus traditioneller Perspektive ein außerordentlicher Wunsch! Obwohl er das Postulat des Kreislaufs der Wiedergeburten akzeptiert, konzentriert er sich auf das, was in diesem Leben getan werden muß, nicht in Erwartung guter Verdienste, die sich im nächsten Leben auswirken würden, sondern weil der *dharma* es verlangt. Gandhis religiöses Denken ist an diesem Punkt von der ganzen Dringlichkeit gekennzeichnet, die mit dem Glauben »an *ein* Leben, *eine* Gelegenheit« verbunden ist. Trotz der grundsätzlichen Akzeptanz einer zyklischen Kosmologie, die Gandhi nicht in Frage stellt, hat er den leidenschaftlichen Glauben an die Möglichkeit eines *neuen* Lebens für den Menschen, das vom Gesetz der Liebe regiert wird, das »so alt wie die Berge« ist.

Gandhi interpretiert die *Gita* eigenwillig, wenn er in ihr die Botschaft der Gewaltlosigkeit findet, die eher zum Buddhismus oder Jainismus gehört. Wie andere Hindus zieht er zwischen dem Heiligen und Profanen keine scharfe Trennungslinie und versteht den Menschen als Diener der geschaffenen Ordnung, nicht als deren Herrn. Der Mensch ist dazu bestimmt, sich in Gemeinschaft mit allen andern Wesen sorgend auf die Natur einzulassen zu einer Partnerschaft, die vielleicht am besten verstehen kann, wer noch in direktem Kontakt mit der Erde lebt. Dies bedeutet nicht Unterwerfung in Knechtschaft, eine freiwillig-unfreiwillige Dienstbarkeit gegenüber dem faktisch Gegebenen, sondern es ist der Weg, auf dem der Mensch seine Bestimmung erfüllen kann. Dieser *marga* kann auch in Begriffen der Therapie beschrieben werden. Umsorgen heißt, die Wunden der Natur und der Menschheit zu heilen. Hier hat Gandhi manches gemein mit Gutierrez. Wo sich viele indische Philosophen für eine Eschatologie des transformierten Bewußtseins ausgesprochen haben, hält sich Gandhi an eine Eschatologie transformierter Beziehungen. Allen, die in der indischen Religion oder noch allgemeiner in den sogenannten »östlichen Religionen« Paradigmen der Mystik suchen, zeigt Gandhis religiöses Leben heilsam das Gegenteil. Gandhi stimmte H.D. Thoreaus Engagement für das einfache Leben zu, fühlte sich aber von dessen Naturmystik nicht angesprochen. Gandhis Leben war bezeichnenderweise frei von Ekstasen. Die Zeit zur Kontemplation fehlte ihm, denn die Arbeit mußte getan werden. Wie es materiellen Luxus gibt, so kann es auch einen Luxus des Geistes geben. Gandhi hatte für beides nichts übrig.

Ich habe bewußt versucht, das Wort *Spiritualität* so weit wie möglich zu vermeiden, denn Gandhi hat nie zwischen Spiritualität und sozialem Engagement unterschieden und das religiöse Leben niemals als eine knifflige Tandemfahrt oder einen Seiltanz zwischen dem Leben in der Welt und persönlicher Askese betrachtet. Er hatte eine unheimlich direkte Art, jeden Humbug zum Verstummen zu bringen, und viele Praktiken, die gewöhnlich für »spirituell« gehalten werden, erschienen ihm so sinnlos wie das Opfern über der Asche, um eine alte hinduistische Analogie zu gebrauchen. Er spricht von *moksha*, aber was ihm dabei vorschwebt, ist nicht Freiheit vom Zyklus der Wiedergeburten, sondern eine Art gemeinschaftlicher *moksha* diesseitiger Art, obwohl unmißverständlich auch von transzendenten Aspekten umgeben. Ich gebrauche das Bild vom Umgeben mit Bedacht. Es ermöglicht die Vorstellung, daß der ozeanische Zirkel in einer ontologischen Basis »gründet«, was inhaltlich so verschieden vom linearen Begriff eines säkularen Fortschritts ist wie von der Idee einer säkularen Geschichte, die von der Ewigkeit in Form eines heilbringenden inkarnierten Göttlichen Wesens gekreuzt wird.

Wir wollen nun sehen, wie Gandhis Denken in den Kontext der Moderne eingeordnet werden kann. In gewisser Weise hat Gandhi unbewußt eine indische Version von dem entworfen, was Freud, Darwin und Marx, die drei prägenden Gestalten für das Europa des 19. und 20. Jahrhunderts, gedacht haben. Ohne Freudianer zu sein, war sich Gandhi der Vielfalt von Kräften bewußt, die latent im Menschen angelegt sind. Seine Mission bestand darin, einen Weg zu finden, diese Kräfte zum Dienst an der Menschheit als Ganzer zu mobilisieren, zum Nutzen für das Individuum durch eine Kanalisierung der freisetzbaren Energien, und für die Gesellschaft, die der Entwicklung neuer Strukturen bedurfte, um die Herausforderungen der Zeit meistern zu können. Statt Freudscher Sublimation predigte er rigorose Selbstdisziplin, und zwar nicht für asketische Zwecke, sondern im Hinblick auf die drängenden Aufgaben, die zu lösen waren. Indem sich der Mensch auf die Nöte anderer einläßt, kann er seine Agressivität auf konstruktive Weise kanalisieren. Nicht der »überschüssige« Faktor im Sinne Tagores würde das »höhere« Handeln des Menschen aktivieren, sondern *alle* seine Anlagen wie handwerkliche Fertigkeiten, der Sinn für persönliche und familiäre Bindungen, die Liebe zum vertrauten Lebensraum und das natürliche Verlangen, die Lebensbedingungen zu verbessern.

Anders als Darwin betrachtete er Entwicklung nicht als Resultat eines Selektionsprozesses. Er glaubte leidenschaftlich an die menschliche Fähigkeit zu wachsen. Zu einer Zeit, da nicht nur in Indien sondern auch im Westen Befürchtungen laut wurden und immer noch laut werden, daß dem Menschen ein dunkles Zeitalter bevorstehe, dachte Gandhi optimistisch. Denn er sieht im Menschen einen *Navigator* auf der hohen See des historischen Prozesses, der nicht Spielball der Umstände ist, sondern die Fähigkeit besitzt, sein Schicksal zu kontrollieren.

Wie Marx hoffte er auf eine Zeit, wo die sozialen Unterschiede zwischen den Menschen ihrer Kommunikation nicht mehr im Wege stünden und die Ausbeutung enden würde. Er glaubte, daß die Vision vom Morgen in die konkreten Anliegen des Heute übersetzt werden kann und muß, und daß es möglich sei, über den nächsten Schritt zu entscheiden, ohne die Vision des Ganzen aus dem Auge zu verlieren. Anders als Marx betrachtete er die Eroberung der Staatsmaschinerie nicht als wesentliche Voraussetzung für die Errichtung einer klassenlosen Gesellschaft. Und obwohl auch er darauf besteht, daß Reichtum (*artha*) gleich verteilt werden müsse, denkt er die wünschenswerte Gestalt der Zukunft keineswegs nur in ökonomischen Begriffen. Am wichtigsten aber, und hier geht er über die eben erwähnten Denker weit hinaus, ist seine in einer säkularisierten Welt ungewöhnliche Überzeugung, daß dem menschlichen Handeln Kräfte im Universum entgegenkommen, durch deren Einfluß die tiefsten Bestrebungen im Menschen zur Reife gelangen.

Beherzt trat Gandhi dafür ein, daß in der heutigen pluralistischen Welt Menschen guten Willens nicht das Recht haben, »die erhaltende Energie Gottes«[1], wie er es einmal genannt hat, durch falsche eigene Begrenzung einzuschränken. Er plädierte für ein Zusammenbringen der Ideen, was den Gedanken vom Zusammenbringen der Talente ergänzt, besonders in einer Zeit, die im weitesten Sinn von einer Krise der Ressourcen geschüttelt ist – die Ressourcen seien nicht so knapp, wie oft vermutet werde. Ein Zusammenbringen von Ideen würde keine globale Theologie bedeuten, denn Gandhi hielt theoretische Konzepte für weniger wichtig und hat Intellektuelle wegen ihrer »analytischen« Weltanschauung oft kritisiert. Vielmehr vertraute er darauf, daß etwas für den gegenwärtigen Zustand des Menschen Relevanteres entstehen würde – eine menschlichere Gesellschaft. Hier grenzt sich Gandhi von den Verlautbarungen derer ab, die im religiösen Pluralismus eine Herausforderung an die Theologie sehen und dabei in globalen Begriffen sprechen, und auch von denen, die in der Terminologie eines »Konvergenz«-Modells denken, das nur von *einigen* Christen akzeptiert werden kann, und nicht zuletzt auch von dem Versuch, der Herausforderung des Pluralismus zu entgehen, indem eine säkulare Weltanschauung gefördert wird. Wenn alle menschlichen Energien herangezogen werden sollen, folgt daraus, daß die religiösen Instinkte und Gefühle nicht in den Bereich des Privaten verwiesen oder als bedeutungslos abgetan werden dürfen, oder gar als Behinderung im Streben des Menschen, sein Los zu verbessern, verstanden werden. Gandhi gehörte zu den wenigen Menschen seiner Generation, die es vermochten, alles menschliche Streben nach einer besseren Welt im Lichte der Sehnsucht des Menschen nach dem Transzendeten zu sehen. Wenn immer er z.B. den damals so genannten Bolschewismus kommentierte, sah er auch dort eine Manifestation jenes Trachtens, das in viel bekannterem Gewande auch in der religiösen Suche da ist.

Gandhi war sich stets der schrecklichen Alternative bewußt, die den Menschen des 20. Jahrhunderts droht – ein Weltkonflikt unvorstellbaren Ausmaßes, in dessen Sog alles zugrunde gehen würde. Wenn sich der religiöse Mensch dem drückendsten aller gegenwärtigen Probleme, nämlich unserer Unfähigkeit, Krieg zu verhindern, nicht stellt, so verrät er in Gandhis Augen seine Berufung. Die Einheit von *bios* und *logos* im Menschen bildet die Grundlage dafür, daß ihm die Fähigkeit zugesprochen werden kann, in kreativer und konstruktiver Weise gewaltfrei zu handeln. Ein solches Wesen besitzt die Kraft, durch die Maske, das Äußerliche oder die Schablone hindurchzuschauen. Im menschlichen Antlitz, besonders der Armen, sah Gandhi wie auch Swami Vivekananda, das Antlitz Gottes. In einsameren Momenten sprach er von den Sternen und der Sonne als Zeugen seiner Gedanken, Symbolen menschlicher Sehnsucht. Aber es waren die heiligen Seelen wie Tulsidas, Surdas und Narsinh Mehta, in denen er seinen Leitstern fand. Ihre Worte erhellten seinen Weg, die äußere Düsternis wird von ihrem Beispiel durchdrungen und das Licht tief innen gespeist, um mutig auch in den stürmischen Zeitläuften der Welt des 20. Jahrhunderts zu brennen.

Gandhi meinte nicht, daß es egal wäre, was man glauben würde, sondern daß es nicht darauf ankomme, mit welchem Namen man Gott anruft. »Es ist egal« bedeutet also, daß, wie auch immer Er genannt wird, die Tiefen Seiner Unerschöpflichkeit nie ergründet werden können. Wenn das Gotteskonzept zum Stolperstein wird, sollte man an dem festhalten, wofür man bereit ist, sein Leben zu riskieren, vorausgesetzt, daß das Wohl aller bedacht wird, daß man sich der Disziplin innerer Läuterung unterzogen hat und in Gedanken, Worten und Taten so gewaltfrei wie nur möglich ist, ohne dabei feige zu sein. Diese vorsorglichen Einschränkungen zielen auf einseitige Charaktere eines Dschingis Khan oder eines Al Capone ab. Gandhi verweigert sich bewußt der lähmenden Atmosphäre theologischer Debatten, durchaus auch in ihrer indischen Variante, wenn es etwa um die Frage der Personalität oder Impersonalität Gottes geht. Sein Leben ist auch seine Botschaft; *wie* er lebt, das ist der Test, nicht Glaubensformulierungen. Menschliches Handeln ist von einer Aura begleitet, die es nicht nur umhüllt, sondern auch unterstützt; es ist weder Chaos im Sinne der Griechen, noch bloße Illusion. Für Gandhi war diese »Aura« die Liebe Gottes zu den Menschen. Der Mensch wird von Ereignissen angesprochen, einschließlich der »Lücken«, wo Nichthandeln ein »Ereignis« ist, wie z.B. die Nicht-Verhinderung des Krieges oder der Armut. Wenn der Mensch sich ansprechen läßt und dem Ruf zum Handeln folgt, hat er Anteil am Werk Gottes. Er wird ein Mitarbeiter Gottes.

Für Gandhi ist nicht die Unzulänglichkeit unserer Konzepte das Problem, obwohl sie – der Himmel weiß es – inadäquat sind, sondern die Unfähigkeit des Menschen, in die Schuhe eines anderen zu schlüpfen, die Enge des Herzens und die Trägheit, den Glauben in die Praxis umzusetzen. Erweiterung und Vertiefung statt Aufstieg bieten sich als Metaphern an, um zu umschreiben, was Gandhi als Aufgabe der Stunde begriff. Ein Sich-Ausstrecken verbunden mit Verwurzelung und innerer Disziplin wird einen Menschen befähigen, seine ihm eigenen Begabungen einzubringen. Die Gestaltung des inneren Lebens, das, was Gandhi innere Läuterung nennt, kommt im Engagement für den anderen zur Blüte. Jede andere Askese wäre wie ein Same, der zu sprossen beginnt, aber nie den Boden durchbricht.

Gandhi ist optimistisch im Blick auf die »Grenzsteine« (Frege) zwischen den verschiedenen Religionen. Wir sprechen schließlich nicht von Abstraktionen, sondern von anderen Menschen, mit denen uns eine gemeinsame Menschlichkeit verbindet. Selbst in dem, was zunächst als Niemandsland des Unglaubens erscheint, findet er, wie damals in Lausanne, das Suchen nach Wahrheit, eine gesunde Ungeduld mit *Schibboleths*. Die Formulierung »Wahrheit ist Gott« kann, wenn man so will, als entmythologisierende Umdeutung Gandhis interpretiert werden, doch für ihn persönlich war Entmythologisierung überhaupt keine Frage. Die indische Kultur zeichnet sich aus durch die Koexistenz mythischen Denkens und »hoher« Philosophie; die ethische Lehre der *Gita* wird in mythischer Gestalt präsentiert. Gandhi sah in den einfachen Ritualen seiner analphabetischen Landsleute weder Irrtum noch Anstoß. Mythen sind in Indien nicht Bilder, die *gebraucht* werden, sondern Geschichten, die *gelebt* werden. Anders als der heutige Mensch, wenn er sich vor das sogenannte Problem interreligiöser Beziehungen gestellt sieht, benutzt Gandhi nie die Methode der Begegnung oder des Dialogs. Die Menschen begegnen einander nicht primär in abstrakten Geistesgefilden, sondern in der gemeinsamen Bewältigung von Aufgaben. Dialog allein kann keinen Frieden schaffen. Notwendig ist vielmehr die Arbeit der Versöhnung. Aus diesem Grunde sagte er:[2] »Spirituelle Erfahrungen werden, ob wir es wollen oder nicht, durch unser Leben mitgeteilt, und nicht durch unsere Worte, die eine Erfahrung nur unvollkommen weitergeben können. Spirituelle Erfahrungen sind tiefer als das Denken.«

In seinem Ashram in Sabarmati und auch in Wardha, wohin er im September 1933 umgezogen war, gab es keinen Tempel. Das hielt die Menschen verschiedenen Glaubens nicht davon ab, sich gemeinsam zum Gebet zu versammeln, die Schriften zu rezitieren und Hymnen zu singen, die alle Anwesenden besonders liebten. Darauf folgte keine Homilie, sondern eine Diskussion darüber, was als nächstes zu tun sei, ob z.B. eine Straße für die Ashrambewohner nötig wäre, oder wie der nächste Schritt im Freiheitskampf auszusehen habe. Für Gandhi waren auch solche Fragen spirituell. Religiöse Gemeinschaft bedeutet, daß einer für den anderen sorgt, daß jeder am anderen Anteil nimmt. Das ermöglichte Gandhi ein Beten, in dem er um das bat, was der jeweils *andere* brauchte. Hier äußert sich erfrischend die ehrliche Anerkennung und Akzeptanz von Pluralität zu einer Zeit, da die notwendige Einheit eine Gleichförmigkeit des Glaubens oder zumindest einen gemeinsamen Nenner in ethischen Prinzipien zu fordern schien. Ich habe bereits mehr als einmal erwähnt, daß Gandhi Metaphern aus der organischen Welt bevorzugte. Diese Welt zeigt nämlich keine Konvergenzen, sondern immer weiter fortschreitende Differenzierung. Die ethische und kulturelle Vielfalt standen in Indien nie den assimilativen Kräften oder dem Nationalgefühl im Wege. Als nationaler Führer, der Gandhi war, schöpfte er aus diesem Brunnen der Vielfalt. Hier stimmt er ganz und gar überein mit einem anderen Demokraten, John Stuart Mill, der einmal sagte, das Kennzeichen einer reifen Gesellschaft sei ihre Akzeptanz und Bewahrung der Pluriformität.

Aber wie kann der Mensch seine religiöse Erfahrung vertiefen? Es ist natürlich, daß sich jeder Mensch für das ihm Bekannte besonders öffnet und sein inneres Leben an den Maßstäben der eigenen Vorfahren orientiert. Für Gandhi waren rituelle Übungen sekundär. So kann seine Reise nach Noakhali als Pilgerschaft ganz unorthodoxer Art betrachtet werden. Jahrzehnte zuvor, im Phoenix-Settlement, hatte er bereits versucht, der hinduistischen Jugend ein Gefühl der Teilhabe am Leben der muslimischen Mitbürger zu vermitteln, indem er sie überzeugte, ihren eigenen Speiseplan während der Fastenzeit der Muslime, des Ramadan, entsprechend einzuschränken. Verwandte Seelen fand er in Charlie Andrews und Rabindranath Tagore, obwohl diese drei Männer nicht hätten verschiedener sein können. Wenn enthusiastische Mitarbeiter aus Europa und Amerika Hindus werden wollten, brachte Gandhi sie davon ab und drängte sie, nach den Wurzeln ihres eigenen Glaubens zu suchen. Gandhi besaß die Gabe, sein inneres Leben durch Freundschaft mit Andersgläubigen zu stärken. Im Kontakt mit gelebtem Glauben, sei er hinduistisch, christlich oder muslimisch, und nicht im Studium der Schriften anderer Religionen, das er dennoch nicht vernachlässigte, fand er Bestätigung und Vertiefung seiner eigenen Erfahrung. Es ist wie beim Banyanbaum: Indem er sich wieder und wieder im Erdboden verwurzelt, erreicht er die lebendigen Wasseradern, die auch andere Bäume versorgen. Die göttliche Kraft »macht notwendigerweise keinen Unterschied zwischen Verwandten und Fremden, Jungen und Alten, Männern und Frauen, Freunden und Gegnern«.[3] Selbst als sich die Wolken des kommunalen Konflikts bereits entluden, sagte Gandhi in einer Rede nach dem Gebet im November 1947, da »so viel Gemeinsamkeit zwischen Mensch und Mensch besteht, sei es ein Wunder, daß es überhaupt Meinungsverschiedenheiten auf dem Boden der Religion« geben könne.[4]

Die Realität sieht aber so aus, daß Menschen unterschiedlicher Religionen auch in der übrigen Welt im Konflikt miteinander waren und immer noch sind. Gandhi berücksichtigte bei der Diagnose dieses »Wunders« bzw. dieser Tragödie die ökonomischen Ursachen der Konflikte. Dies trifft auf Indien ebenso zu wie auf das heutige Nordirland oder jeden Rassenkonflikt in der Welt. Gandhis Methode greift über Begegnung und Dialog hinaus, wie auch über das Klischee der »Toleranz«, das gewöhnlich mit dem Hinduismus verbunden wird. Dialog *folgt* auf die Begegnung, bleibt aber zurück hinter gemeinsamem Zeugnis für die Wahrheit; Toleranz führt leider allzu oft zu Indifferenz in Situationen, die nach Protest schreien.

Es gibt Anzeichen – die Erfahrung von Swami Abhishiktananda ist ein Beispiel –, daß Gandhis Fähigkeit, mit den Augen der anderen zu sehen, und die Art, wie er seinen persönlichen Glauben vertiefte, indem er aus den Quellen anderer Zweige der einen Menschheitsfamilie schöpfte, das religiöse Bewußtsein vieler Menschen in Zukunft prägen wird. Gandhis religiöses Denken ist kein Eklektizismus, sondern eine Herausforderung, die Möglichkeiten des Teilhabens und Teilens in allen Konsequenzen auszuloten und zu leben, handle es sich dabei um weltliche Güter oder um die tiefsten Regungen des inneren Lebens. So betrachtet kann Religion wieder eine bindende Kraft werden, was möglicherweise der ursprünglichen Bedeutung des Wortes *religio* entspricht, eine Kraft, die nationale Grenzen überwindet und keine Barrieren zwischen unterschiedlichen Gemeinschaften aufrichtet. Religion als Lebensweise des verantwortungsbewußten Individuums, das an einer multireligiösen Gemeinschaft Anteil hat und gewaltfrei eine gerechte Gesellschaft anstrebt, kommt den Vorstellungen der großen Religionsstifter, der Heiligen und Seher aller Traditionen sehr nahe. Wir haben eine lange Wegstrecke vor uns, bis unsere Herzen weit genug geworden sind, um aus dem Erbe der gesamten Menschheitsfamilie zu schöpfen und entsprechend zu leben.

Anhang

Anmerkungen

Einleitung

* Die bei der wissenschaftlichen Umschrift gebräuchlichen diakritischen Zeichen für das Sanskrit sind nicht wiedergegeben worden; »sh« steht für verschiedene Zischlaute und ist im Deutschen »sch« zu sprechen.

1. M.K. Gandhi, *Collected Works*, Vol.XXXII, S. 155.
2. *Sabarmati*, 1928, S. 191.
3. *Harijan*, Februar 1939.

Gandhis religiöses Denken
und die indischen Traditionen

1. Vgl. dazu Mahadev Desais *Day to Day with Gandhi*, Vol.I, 132. Die Ansprache wurde gehalten am 22. Mai 1918. (Im folgenden wird auf diese Bände verwiesen werden unter dem Titel Desais *Diary*.).
2. 23. Mai 1925.
3. *The Collected Works of Mahatma Gandhi*, XLVIII, 127, Publications Division, Government of India, Delhi, 30. Mai 1913. (Von hier an zitiert als *Collected Works*.).
4. *Collected Works*, L, S. 326.
5. *Harijan*, 24. August 1934.
6. Zit. bei F.C. Happold, *Prayer and Meditation*, Pelican, S. 126.
7. *Young India*, 24. März 1927, S. 93.
8. Mahadev Desais *Diary*, Vol.III, S. 31.
9. *Harijan*, Juli 1940.
10. Desais *Diary*, VIII, S. 275.
11. Ebd., VI, S. 270.
12. Ebd., V, S. 139.
13. Ebd., V, S. 148.
14. *Autobiography*, 47-51 (Ausgabe von 1948).
15. Desais *Diary*, VI, S. 333.
16. *Harijan*, 29. April 1933, S. 6.
17. *Delhi Diary*, Navajivan, 1948, S. 123.
18. Desais *Diary*, VII, S. 307.
19. Ebd., I, S. 139.
20. *Young India*, 21. Januar 1926.
21. Vgl. dazu Ashram-Gelübde unter »The Vow of Celibacy«.
22. Die Verweise auf Tolstoi sind Kalidas Nag's *Tolstoy and Gandhi*, Patna, 1950, entnommen.
23. Vgl. dazu Anhang I in *Prayer*, zusammengestellt und herausgegeben von Chandrakant Kaji, Navajivan, April 1977. Diese Sammlung beinhaltet einige Übersetzungen aus *Ashram Bhajanavali*, die Gebete und Hymnen, die in der »Gottesdienstordnung« des Ashrams Verwendung fanden.

173

24. *Mahatma Gandhi at Work*, S. 251.
25. Zit. in: Geoffrey Ashe's Gandhibiographie, S. 373.
26. Desais *Diary*, IV, S. 74.
27. Ebd., VIII, S. 149f.
28. Ebd., S. 149f.
29. Ebd., VI, S. 95.
30. Ebd., S. 332.
31. *Young India*, 13. Oktober 1921, S. 324-326. Hier wird verwiesen auf die klassische Parallele zwischen den Gliedern des Körpers und den vier Kasten.
32. Desais *Diary*, VIII, S. 155f.
33. Ebd., IV, S. 239.
34. Der Legende nach trinken die Schwäne auf dem Manasarowar-See am Berg Kailash Milch, indem sie das Wasser übrig lassen. Die allegorische Bedeutung ist, daß ein Mensch fähig sein sollte, zu unterscheiden zwischen den guten und den schlechten Elementen in seinem Bewußtsein (*manasa*) und so auf dem Berg Kailash zu leben, dem Wohnsitz der Götter. Der zeitgenössische Inder wird natürlich mit heimlichem Vergnügen bemerken, daß die Praxis, Milch mit Wasser zu verdünnen, eine lange Geschichte zu haben scheint! Die Rede, auf die hier Bezug genommen wird, wurde in Vankaner am 20. Februar 1925 gehalten und ist wiedergegeben in Desais *Diary*, VI, S. 18.
35. Vgl. dazu meinen Aufsatz über »The Concept of Seva« in: *Approaches to Religion*, veröffentlicht vom Guru Gobind Singh Department of Religious Studies, Punjab University, Patiala, 1973.
36. Vgl. mein Buch *The Language of Philosophy*, Allied Publishers (India) and Martinus Nijhoff, 1981, für weitere Gedanken in dieser Richtung.
37. Desais *Diary*, VII, S. 236f.
38. Desais *Diary*, VIII, S. 48.
39. Zit. bei Dorothy Hogg, *The Moral Challenge of Gandhi*, Allahabad, 1946, S. 19.
40. *Young India*, 5. April 1925.
41. *Young India*, 12. November 1925.
42. *Young India*, 3. November 1927.
43. *Young India*, 30. April 1925.
44. Desais *Diary*, III, S. 20.
45. *Young India*, 9. April 1925.
46. Desais *Diary*, V, S. 204.

Einflüsse des Christentums auf Gandhi

1. *Harijan*, 17. April 1937.
2. Mahadev Desais Weekly Letter, *Young India*, 12. Januar 1928.
3. *Young India*, 6. August 1931.
4. *Young India*, 11. August 1927.
5. *Harijan*, 31. Dezember 1931.
6. Desais *Diary*, Vol. VII, S. 186.
7. Joseph J. Doke, *M.K. Gandhi – An Indian Patriot in South Africa*, Publications Division, Government of India, September 1967 (Neuauflage).
8. Ebd., S. 100.
9. Ebd., S. 106.

10. *Young India*, 19. Januar 1928.
11. Desais *Diary*, Vol. VIII, S. 289.
12. Ebd., S. 326.
13. *Harijan*, 26. Januar 1947, S. 517.
14. *Romain Rolland and Gandhi Correspondence*, Übersetzung des Bandes 19 der *Cahiers Romain Rolland*, Publications Division, Government of India, hrsg. im September 1976, S. 255, Eintrag vom 4. Februar 1932.
15. *Harijan*, 30. Januar 1937.
16. Desais *Diary*, Vol. VII, S. 135.
17. A.a.O., Vol. VIII, S. 11.
18. Ebd., S. 235.
19. Ebd., S. 239.
20. Ebd., S. 242.
21. *The Modern Review*, Oktober 1941, S. 406.
22. *Harijan*, 11. Mai 1935.
23. *Harijan*, 18. April 1936.
24. *Harijan*, 12. Juni 1937.
25. *Gandhi Marg*, April 1959 (Neuauflage).
26. Der Brief datiert vom 2. August 1932. Zit. nach Hugh Tinker, *The Ordeal of Love*, OUP, 1979, S. 257.
27. *Harijan*, 1. September 1946, S. 286.

Experimente
mit der Wahrheit

1. Desais *Diary*, IV, S. 168.
2. *Harijan*, 23. Februar 1947.
3. Desais *Diary*, I, S. 145.
4. Desais *Diary*, I, S. 229.
5. Desais *Diary*, V, S. 243.
6. *Young India*, 24. Juni 1926.
7. Brief vom 2. Februar 1924. Zit. in: Desais *Diary*, IV, S. 27.
8. *Navajivan*, 21. Februar 1926.
9. Ebd., 21. Februar 1926.
10. Am 29. Oktober 1924. Zit. in: Desais *Diary*, IV, S. 251.
11. *Gandhi Marg*, April 1959 (Neuauflage).
12. Ein undatierter Brief, geschrieben von C.F. Andrews, vermutlich um 1920.
13. *Gandhi Marg*, April 1959 (Neuauflage).
14. In einem Brief an Miss Esther Farring. Zit. in Desais *Diary*, I, S. 78.
15. Pyarelals Brief an C.F. Andrews vom 18. September 1931. Zit. in: Hugh Tinkers *The Ordeal of Love*, S. 259.
16. Der Brief trägt das Datum vom 10. November 1932.
17. Der Brief trägt das Datum vom 6. Januar 1933. *Romain Rolland and Gandhi. Correspondence*, S. 269.
18. Nirmal Kumar Bose, *My Days with Gandhi*, Calcutta: Nishana, 1953, S. 274.
19. Ebd., S. 275.
20. Desais *Diary*, VIII, S. 287.
21. *Harijan*, 23. März 1940.

22. Desais *Diary*, VII, S. 111f.
23. *Modern Review*, Oktober 1921.
24. *Young India*, 28. Oktober 1926.
25. Brief vom 1.Oktober 1918, Desais *Diary*, I, S. 258.
26. Brief an Jamnalal Bajaj vom 16. März 1922, *Speeches and Writings of Mahatma Gandhi*, S. 99.
27. 1. April 1905. Ich bin Professor Paul Grimley Kuntz von der Emory Universität Atlanta, Georgia, dafür dankbar, mich auf diesen Artikel hingewiesen zu haben.

*Die gewaltfreie Waffe
des Leidens*

1. *Young India*, 11. August 1927, S. 251.
2. *Young India*, 31. Dezember 1931, S. 418.
3. *Young India*, 5. November 1931, S. 341.
4. *An Autobiography* (übers. von Mahadev Desai), Ahmedabad: Navajivan, 1927, S. 615ff.
5. Ebd., S. 616.
6. *To a Gandhian Capitalist*, Hind Kitabs, 1951, S. 49.
7. *From Yeravda Mandir*, Ahmedabad: Navajivan Press, ²1935, S. 68.
8. *Young India*, 29. September 1921, S. 306.
9. Desais *Diary*, VIII, S. 203.
10. Desais *Diary*, II, S. 91.
11. Desais *Diary*, VII, S. 248.
12. Brief vom 2. März 1924.
13. Brief vom 26. Juli 1926.
14. Vortrag in Bombay, 18. März 1924.
15. Brief im *Modern Review*, Oktober 1916.
16. *Harijan*, August 1939.
17. In einem Brief an Lord Irwin vom 28. Juni 1930.
18. Vgl. dazu J.J. Doke, *M.K. Gandhi*, Natesan, 1909, S. 134.
19. *Harijan*, April 1933.
20. *Young India*, 4. Oktober 1924.

Warten auf Gott

1. *Young India*, 14. Oktober 1926.
2. *Collected Works*, Vol.L, S. 326.
3. *Harijan*, 10. Dezember 1939.
4. *Harijan*, Juli 1933.
5. *The Bombay Chronicle*, November 1932.
6. *Harijan*, 24. Dezember 1938.
7. Brief an Mirabehn, 6. Februar 1947.
8. *Harijan*, 10. Dezember 1938.
9. Für weitere Details zu diesem Thema vgl. M. Chatterjee, *The Language of Philosophy*, Allied Publishers (India) and Martinus Nijhoff, 1981.

10. 30. November 1944.
11. *Young India*, August 1921.
12. *Harijan*, 16. Februar 1934, S. 4f.
13. *Young India*, 25. September 1924, S. 313.
14. *Young India*, 4. Dezember 1924, S. 398.
15. *Harijan*, 29. August 1936, S. 226.
16. *Gandhi's Correspondence with the Goverment 1942-44*, Ahmedabad: Navajivan Publishing House, ²1945, S. 88.
17. *Gandhi Memorial Peace Number*, Viswa-Bharati, 1949, S. 10ff.
18. S. Ganesan, *A Guide to Health*, (aus dem Hindi übersetzt von Rama Iyer), Madras: Triplicane, 1930, S. 129.
19. *Harijan*, 6. Mai 1933, S. 4.
20. *Harijan*, 8. August 1936, S. 201.
21. *Young India*, 20. Dezember 1928.
22. In einem Interview mit S.K. Roy 1920 in den USA.
23. Aus einer Gebetsansprache, 4. Januar 1946.
24. Aus einer Gebetsansprache, 14. Mai 1945.
25. Aus einer Gebetsansprache, 26. Mai 1946.
26. *Harijan*, 21. April 1946, S. 94.
27. *Harijan*, 20. April 1935, S. 74.
28. Brief vom 12. Januar 1931. Zit.in: *Romain Rolland and Gandhi Correspondence*, S. 143.
29. *Young India*, 23. September 1926, S. 333.
30. Desais *Diary*, I, S. 168f.
31. Aus einer Gebetsansprache, 26. Mai 1946.
32. Pressebericht, 22. Juni 1946.
33. *Mahatma Gandhi – The Last Phase*, Pyarelal, S. 163.

Verschiedenheit der Gaben

1. *Young India*, 25. Mai 1921, S. 162.
2. *Young India*, 3. September 1931, S. 247.
3. Vgl. dazu oben S. 60.
4. *Young India*, 11. August 1927, S. 250.
5. *Young India*, 23. Oktober 1924.
6. *Young India*, 7. Januar 1926.
7. Desais *Diary*, IV, S. 52.
8. Brief vom 10. Februar 1918.
9. Desais *Diary*, I, 3. März 1918.
10. Ebd., S. 67.
11. *Harijan*, 29. September 1940.
12. *Young India*, 2. September 1926, S. 308.
13. *Harijan*, 14. Sptember 1947.
14. *Harijan*, 29. September 1940.
15. Zit. bei C.F. Andrews, *Mahatma Gandhi's Ideas*, S. 71.
16. *Harijan*, 3. November 1946.
17. *Harijan*, 29. September 1940, S. 297.
18. 26. Mai 1946.
19. Kaka Kalelkar, *Stray Glimpses of Bapu*, 1960, S. 159.

20. Desais *Diary*, V, S. 48.
21. An das Council of the Federation of International Fellowships at Sabarmati, 13.-15. Januar 1928.
22. *Young India*, 5. November 1931, S. 341.
23. C.F. Andrews, *Mahatma Gandhi's Ideas*, S. 71.
24. Vgl. dazu die »wechselseitige Korrektur«, auf die bei der Vollversammlung des Ökumenischen Rates der Kirchen in Amsterdam verwiesen wurde.
25. *Harijan*, 28. Januar 1939, S. 448.
26. C.F. Andrews, *Mahatma Gandhi's Ideas*, S. 306.
27. 26. Dezember, 1924.
28. Desais *Diary*, IV, S. 235f., Eintrag vom 22. Oktober 1924.
29. *Harijan*, 15. September 1946.
30. *Harijan*, 24. August 1934.
31. *Harijan*, 13. März 1937, S. 39.
32. *Harijan*, 11. März 1933.
33. *Harijan*, 13. März 1937, S. 39.

Die großartige Vision

1. *Sabarmati*, 1928, 19; Bericht vom ersten Jahrestreffen der Federation of International Fellowships, abgehalten im Satyagraha Ashram, Sabarmati, 13.-15. Januar 1928.
2. *Collected Works*, LXXVIII.
3. *Autobiography*, S. 366.
4. Ebd., S. 386.
5. Ebd., S. 414.
6. *The Selected Works of Mahatma Gandhi*, Vol.III (Satyagraha in Südafrika), Navajivan, 1968, S. 224.
7. *Autobiography*, S. 523.
8. Desais *Diary*, VII, S. 329.
9. *To Ashram Sisters*, 3. Oktober 1927.
10. Ebd., 25. Oktober 1927.
11. J.B.Kripalani, *Gandhi, his life and thought*, Publications Division, Government of India, 1970, S. 70.
12. *Autobiography*, S. 504.
13. Desais *Diary*, VIII, S. 276.
14. Brief vom 21. Dezember 1917. Vgl. dazu Desais *Diary*, I, S. 4.
15. *Young India*, 13. Oktober 1921, S. 325.
16. Vgl. Husserls Unterhaltung mit Dorion Cairns am 27. Juni 1932, in deren Verlauf Husserl bemerkte, daß der Mystiker »die Arbeit vernachlässigt«.
17. Vgl. dazu G. Mackenrodt, *Sinn und Ausdruck der sozialen Formenwelt*, 1952, S. 200.

Moksha neudurchdacht

1. K. Swaminathan, Herausgeber der *Gesammelten Werke* Mahatma Gandhis, neigt zu dieser Auffassung (in einem persönlichen Brief an mich).
2. *Harijan*, 22. Februar 1942, S. 47.

3. *Collected Works*, Vol.XLIV, S. 444. Aus *Ashram Bhajanavali*.
4. Ebd., S. 454.
5. Vgl. *Collected Works*, Vol.XLIV für weitere Hinweise.
6. Vgl. den Artikel von Mahadev Desai in *Navajivan*, 21. Februar 1926.
7. *Collected Works*, Vol.LXIV, S. 444.
8. *Young India*, 8. Dezember 1920.
9. *Harijan*, 25. März 1939, S. 64.
10. *Young India*, 13. Oktober 1921, S. 323.
11. *Speeches and Writings of Mahatma Gandhi*, Vierte Auflage, G.A. Natesan & Co., Madras, S. 685.
12. *Young India*, 27. August 1925.
13. *Collected Works*, Vol.XIV, S. 201.
14. Artikel unter der Überschrift »Congress Position«, 27. Januar 1948.
15. *Harijan*, 9. August 1942. N.B. Rashtriya Sevak Sangh ist eine rechtsgerichtete hinduistische Organisation mit Tendenzen einer Erweckungsbewegung.
16. *Harijan*, 2. März 1934, S. 24.
17. *Collected Works*, Vol.XLI, 21. Juli 1929, S. 11.
18. J.B. Kripalani, *Gandhi: His Life and Thought*, Publications Division, Government of India, August 1970.
19. Dieser Ausdruck wird von Gandhi in einer Eintragung vom 9. August 1925 verwendet, *Collected Works*, Vol.XXVIII, S. 50: »Die wahre Höhle ist die im Herzen. Der Mensch kann sich in ihr verstecken und kann, so geschützt, von der Welt unberührt bleiben, obwohl er zugleich in ihr lebt und sich frei in ihr bewegt und das tut, was getan werden muß.«
20. *Collected Works*, Vol.XXXII.
21. Ebd., S. 136.
22. Ebd., S. 137.
23. Ebd., S. 430.
24. *Young India*, November 1925.
25. *Collected Works*, Vol.XXVIII, S. 320.
26. *Navajivan*, 21. Februar 1926.
27. *Collected Works*, Vol.XIV, S. 146.
28. *Harijan*, August 1939.
29. *Collected Works*, Vol.LXXVIII, S. 8.
30. *Harijan*, 28. September 1947, S. 340.
31. *Arhat* bedeutet in der Theravada-Tradition *ein befreites Wesen*.

Epilog

1. *Collected Works*, Vol.XXXII, S. 155.
2. *Sabarmati*, 1928, S. 19.
3. *Harijan*, Februar 1939.
4. *Delhi Diary*, Navajivan Publishing House, Neuauflage, November 1960, S. 165.

Zeittafel

1858	Indien wird britische Kronkolonie
2.10.1869	Mohandas Karamchand Gandhi in Porbandar (Kathiawar, heute Gujarat) geboren
1877	die britische Königin Victoria wird Kaiserin von Indien
1882	Gandhis Heirat mit Kasturbai Nakanji
1885	Gründung des indischen National-Kongresses
1888-1891	Jura-Studium Gandhis in London
1893	Weltparlament der Religionen in Chicago; Swami Vivekananda verkündet einen reformierten Hinduismus als Botschaft für die Welt
1893	Gandhi wird als Rechtsanwalt für die Firma Dada Abdulla & Co. nach Südafrika entsandt
1893-1896	Gandhi organisiert Widerstand gegen die Gesetze zur Rassendiskriminierung in Südafrika
1896	kurzzeitige Rückkehr nach Calcutta und Bombay, Berichte über die Zustände in Südafrika
1899	Burenkrieg, Gandhi stellt ein Sanitätscorps auf
1904	Gründung des Phönix-Settlement, Zeitschrift »Indian Opinion«
1909	Gandhis erstes Buch »Hind Swaraj«, Briefwechsel mit Tolstoi
1910	Gründung der Tolstoi-Farm, ashramartiger Lebensstil mit strengen Gelübden
1914	Ausbruch des 1. Weltkrieges, Abreise nach Indien
9.1.1915	Triumphaler Empfang im Hafen von Bombay, R. Tagore begrüßt Gandhi als »Mahatma«
	im Mai Gründung des Sabarimati-Ashrams in Ahmedabad
1920-1934	Gandhi ist Präsident des Kongresses
1924	Ende der Khalifat-Bewegung, wachsende Spannungen zwischen Hindus und Muslimen, worauf Gandhi mit 21tägigem Fasten antwortet
1930	Salzmarsch nach Dandi, Gandhi wird bis Januar 1931 inhaftiert
1931	5.3.: Gandhi-Irwin-Vertrag – England erlaubt die Salzgewinnung, Gandhi bricht die Kampagne des zivilen Ungehorsams ab
	12.9.: Ankunft in London zur Teilnahme an der 2. Round-Table-Conference, die erfolglos endet
1932	Inhaftierung Gandhis und V. Patels; Fasten bis zum Tode gegen getrennte Wahlen von Hindus und Unberührbaren, das nach 6 Tagen mit der Durchsetzung seiner Position im Yeravda-Pakt endet, ab 1933 Kampagne für die Unberührbaren (»Harijans« = Gotteskinder)
1936	Gandhi verlegt seinen Sitz in den Sevagram-Ashram bei Wardha in Zentralindien
1939	Ausbruch des 2. Weltkrieges, Gandhi schreibt einen bewegenden Brief an Hitler mit der Aufforderung, Frieden zu schließen
1940	Aufruf zum Rüstungsboykott
1942	erneut Inhaftierung Gandhis und mehrerer Kongreßführer
1944	Entlassung aus dem Gefängnis aus Gesundheitsgründen; Scheitern der Bemühungen um Verständigung mit der Moslem-Liga unter Jinnah
1946	Scheitern der Simla-Konferenz, Jinnah fordert einen unabhängigen muslimischen Staat Pakistan, blutige Kämpfe zwischen Moslems und Hindus in Bengalen

3.6.1947	der britische Premierminister Attlee verkündet die Teilung Britisch-Indiens; 15.8.47 Unabhängigkeit der beiden Staaten; Gandhi nennt die Teilung eine geistige Tragödie; auf entsetzliche Grausamkeiten, Progrome und millionenfaches Flüchtlingselend beider Religionsgruppen antwortet Gandhi mit einem Fasten bis zum Tode; er trifft am 9.9.47 in Delhi ein und fastet für eine faire Behandlung der Muslim-Minderheit
20.1.1948	erster Bombenanschlag auf Gandhi
30.1.1948	Gandhi wird von dem Hindu-Fanatiker (RSS) Nathuram Godse in Neu Delhi erschossen

Erklärungen indischer Begriffe

advaitisch, nicht-dualistisch.

ahimsa, Gewaltlosigkeit.

ananda, Seligkeit.

anashakti yoga, Yoga des Fastens und Sich-Enthaltens.

anekantavada, jainistische Theorie, daß die Wirklichkeit nicht auf ein einziges Prinzip zurückgeführt werden kann, sondern viele Faktoren/Elemente gleich-ewig neben und miteinander existieren.

Arhat, Heiliger im Theravada-Buddhismus, der die höchste Stufe erlangt hat, von der aus er ins Nirvana eingeht.

artha, Ziel, Wohlstand.

Ashram, Lebensgemeinschaft spirituell Suchender; meist um einen als erleuchtet geltenden Guru zentriert.

ashramadharma, hier: das Ideal der vier Lebenszeitalter (→ brahmacarya, grihastha, vanaprastha, sannyasa).

atman-brahman, Einheit von individuellem und kosmischen Selbst.

avatara, »Herabkunft«, Inkarnation einer Gottheit.

bandhu; Angehöriger, Freund.

Bania, eine Kaste von Geschäftsleuten, deren Tugenden als Unternehmergeist, Vorsicht, Realismus uand Kompromißbereitschaft gelten, die aber auch wegen ihrer Gerissenheit und Sparsamkeit bekannt sind.

bhagavan, Ehrenbezeichnung für Gott, etwa »Herr«.

Bhagavata Purana, Textsammlung der Vishnuiten, 10. Jahrhundert, ausführliche Legenden zum Leben Krishnas.

bhajan, Gesang zur Gottesverehrung, bei dem kurze Texte melodisch variiert ständig wiederholt werden.

bhakti, hingebungsvolle Gottesliebe und -verehrung.

Bodhisattva, buddhistisch »Erleuchtungswesen«, ein Mensch auf dem Weg zur Erleuchtung oder Erleuchteter, der in der Welt zum Heil anderer aktiv bleibt.

brahmacari, ein in Enthaltsamkeit lebender Adept des spirituellen Weges.

Brahmana, oberste Kaste der Priester bzw. Glied dieser Kaste.

brahmacarya, Lebenszeitalter des Studiums (der heiligen Schriften), das in Enthaltsamkeit verbracht werden soll.

Brahmo Samaj, von Ram Mohan Roy (1772 – 1833) gegründete Reformbewegung; Verehrung des einen Schöpfergottes; Einheit der Religionen; Gleichstellung der Frau.

buddhi, im Samkhya-System und der Bhagavadgita das synthetische Verstehen und die intuitiv-einende Vernunft.

darshan, »Sehen«, Begegnung mit einem heiligen Menschen oder Ort, der Segen vermittelt.

dharma, die ewige kosmische Ordnung, deren Offenbarung in den Heiligen Schriften das Wesen des Hinduismus ausmacht.

duhkha, Leiden.

Gayatri-Mantra, täglich rezitierter Spruch, Gebet an die Sonne mit Bitte um Hilfe bei der Mediation; einer der wichtigsten Verse aus den Vedas.

grihastha, Lebenszeitalter der Haushalterschaft und des Ehestandes.

guna, Eigenschaft.

Guru, spiritueller Meister und Lehrer.

Hind Swaraj, Gandhis ertes Buch, erschienen 1909.

istadevata, die bevorzugte Gestalt der Gottheit, deren Namen und Bild der Gläubige nach Initiation durch einen Guru meditiert.

japa, unablässige Rezitation eines → Mantra.

jnana, (spirituelle) Erkenntnis.

jnani, einer, der den Yoga der Erkenntnis übt.

kama, Sinneslust.

karma, »Tat«, das Gesetz von der gegenseitigen Verursachung: jeder Gedanke, jede Tat wirkt als »Potential« im Täter weiter bzw. auf diesen zurück.

karma-yogi, ein Yogi, dessen Übung die praktische Tat ist, die er für Gott tut.

khadi, auf dem Dorfe selbst erzeugte Kleidung.

Khilafat-Frage, der Zusammenbruch des Osmanischen Reiches ließ bei Muslimen in aller Welt die Frage nach dem Kalifat neu entbrennen; Gandhi nahm 1919 in Delhi an einer entsprechenden islamischen Konferenz teil.

Kshatriya, zweithöchste Kaste: Adel und Krieger und deren Angehörige.

lokasamgraha, soziale Harmonie und Wohlstand.

mahatma, »große Seele«, Ehrentitel, den R. Tagore Gandhi gegeben hat.

mahavakya, ein »großer Ausspruch« aus den Upanishaden, besonders »tat tvam asi« – »das bist du«.

Mandir, Tempel.

Mantra, Gottesname, Silbe oder spirituelle Kraft vermittelnder Spruch, der ständig wiederholt (→ japa) und meditiert wird.

marga, Weg, spiritueller Pfad.

maya, die verzaubernde Schöpferkraft Gottes, die den Menschen betören kann, daß er in Illusion über das Wesen der Wirklichkeit gefangen bleibt.

moksha, Befreiung aus der Unwissenheit.

Neo-Vedantin, Anhänger der Neuinterpretation des Vedanta im 19. Jahrhundert, besonders von Bengalen ausgehend.

nishkama karma, Handeln ohne die Absicht, das Resultat des Handelns genießen zu wollen.

Pandit, ein Gelehrter, der die heiligen Schriften methodisch studiert und auslegt.

parivrajaka, Pilger.

prasada, Gnade Gottes; Opferspeise, die rituell dargebracht wurde und dem Gläubigen segensspendend zurückgegeben wird.

puja, rituelle Gottesverehrung.

purushartha, die vier Lebensziele des Menschen: Wohlstand, Erfüllung von Sinneslust, Erfüllung des → dharma, Befreiung aus dem Daseinskreislauf.

Ramarajya, gerechte Friedensherrschaft des Königs Rama, einer Inkarnation Vishnus; dem dharma gemäße politische Ordnung.

Ramnam, Rezitation des Gottesnamens »Rama« (einer Inkarnation des höchsten Gottes Vishnu).

Rashtriya Sevak Sangh (RSS), 1925 gegründete militante hindunationalistische Organisation, aus deren Reihen Gandhis Mörder kam (»Indien den Hindus – kein Platz für Muslime«)

rita, die Kosmische Ordnung, wie sie in den Vedas offenbart ist (vgl. → dharma).

sadhu, ein Mönch, der um der Gottessuche willen der Welt entsagt.

saguna upasana, Anbetung Gottes, der mit Eigenschaften versehen vorgestellt wird.

sakama-karma, Handeln mit Begierde.

samsarin, ein im Kreislauf der Geburten befindliches Wesen.

samyaktva, Vollkommenheit.

sanatana dharma, »unvergängliches Gesetz«, Bezeichnung für die offenbarten Schriften und die Religion der Hindus.

sannyasa, völlig Entsagung von Besitz und festem Wohnort; Ideal des wandernden Bettelmönches.

sannyasin, ein Wandermönch, der der Welt entsagt hat.

sat, Sein.

Satya-Narayana, Name Vishnus, der sich u.a. als Krishna und Rama inkarniert hat.

satya, Wahrheit.

satyagraha, Festhalten an der Wahrheit; dem Bösen mit moralischer Stärke widerstehen.

shakti, Kraft.

shastra, Lehrbuch, systematische Abhandlung eines Wissensgebietes.

Shiva, ein Name für den höchsten Gott, der Gnädige, Schöpfer und Zerstörer, Asket und Liebender, der auch die Einheit der Gegensätze verkörpert.

Shudra, Kaste der Diener bzw. Angehöriger derselben.

sthitaprajna, ein in Weisheit Beständiger.

svadeshi, Konzept der ökonomischen Unabhängigkeit; Konsum im Lande hergestellter Waren.

svadharma, die je eigene (kasten-bestimmte) Pflicht, die dem Menschen nach göttlichem Gebot obliegt.

Svarajisten, diejenigen, die → svaraj fordern.

syadvada, Skeptizismus; Annahme, daß
eine Aussage möglich oder auch nicht-
möglich sein kann; jainistische Theorie.

tapasya, Askese.

Vaishya, Kaste der Kaufleute bzw. Angehöriger derselben.

vanaprastha, Lebenszeitalter des Rückzugs
in eine Waldeinsiedelei (→ Ashram).

varnadharma, Kastenpflicht.

viveka, Unterscheidung.

vrata, Gelübde.

yajna, Opfer.

yama, Übung der Selbstkontrolle im Yoga
(besonders Nicht-Verletzen, Wahrhaftig-
keit, Nicht-Stehlen, Keuschheit, Begier-
delosigkeit); die Niyamas bei Patanjali
sind äußere und inneren Reinheit, Zufrie-
denheit, Selbstzucht, Studium der Heiligen Schriften und Hingabe an Gott.

yogi, ein »Angejochter«, der seine Lebenspraxis, methodisch unterschiedlich, auf
ein spirituelles Ziel ausrichtet.

Zend Avesta, Heilige Schriften der
zoroastrischen Religion.

Personenverzeichnis

Abhishiktananda Swami (1910-1973), französischer Benediktiner, der in Indien das Leben eines Hindus-sannyasin führte und zur Einheitserfahrung der Upanishaden erwachte; weltberühmter Autor.

Ambedkar, Bhimrao Ramji (1891-1956), Jurist, Gegenspieler Gandhis in der Kastenfrage; 1956 Konversion zum Buddhismus; Vater der indischen Verfassung.

Andrews, C.F. (1871-1940), anglikanischer Missionar, der als Botschafter der indischen nationalen Führer Gandhi in Südafrika traf und auch die Verbindung zu Tagore herstellte; er wurde zum Bewunderer und Freund Gandhis.

Arjuna, einer der Pandu-Prinzen im Mahabharata, an den die göttliche Offenbarung Krishnas in der Bhagavad Gita ergeht.

Arnold, Sir Edwin (1832-1904), Übersetzer der Bhagavad Gita; Gandhi lernte die Gita erstmals in dieser Übersetzung als Zwanzigjähriger in London kennen; Autor von »The Ligth of Asia«.

Azad, Maulana Abul Kalam (1888-1958), kehrte 1898 aus Mekka nach Indien zurück; seit 1920 Zusammenarbeit mit Gandhi; 1940-1946 Kongreßpräsident.

Bajaj, Jamnalal (1889-1942), ein reicher Freund Gandhis, der nach dem Salzmarsch 1930 zu zwei Jahren Gefängnis verurteilt wurde.

Bhave, Vinoba (1895-1982), Schüler Gandhis; organisierte als Sozialreformer die Bhudan-(Landschenkungs-)Bewegung, wobei Großgrundbesitzer nach 1951 ca. 2,5 Mill. ha an besitzlose Bauern abgaben.

Bose, Nandalal (1882-1966), führender Künstler Bengalens und der Kunst-Renaissance in Indien; Leiter der von R. Tagore begründeten Kunstakademie der Visva-Bharati-Universität; auf Gandhis Wunsch organisierte er Ausstellungen indischer Kunst anläßlich der Sitzungen des Indischen National-Kongresses in Lucknow; Faizpur und Haripura.

Bradlaugh, Charles (1833-1891), englischer Autor, der den Atheismus propagierte; Gandhi nahm in London an seinem Begräbnis teil.

Carlyle, Thomas (1795-1881), schottischer Historiker und Schriftsteller; entwickelte Philosophie der Entsagung und des Wertes der Arbeit aufgrund ethisch-religiöser Bindung, wobei der britischen Kultur ein weltmissionarischer Auftrag zukommen sollte.

Chaudhuri, Mohammed Ali, muslimischer Rechtsanwalt; Leiter der muslimischen Verhandlungsgruppe für die Aufteilung von Land und Eigentum bei der Teilung Indiens.

Chatterjee, Bankim Chandra (1838-1894), bedeutender bengalischer Poet; gilt als Begründer der bengalischen Novellen-Literatur; Autor von »Vande Mataram«.

Cobbett, William (1763-1835), britischer Politiker; forderte soziale und politische Rechte der armen Land- und Fabrikarbeiter; 1815 Führer der kaum organisierten britischen Arbeiterschaft.

Das, Chitta Ranjan (1870-1925), berühmter bengalischer Nationalist; enge Zusammenarbeit mit Motilal Nehru.

Dayananda Saraswati (1824-1883), Gründer der Reformbewegung Arya Samaj; monotheistische Interpretation der Vedas; Versuch der Wiederbelebung vedischer Rituale; Gegner von Bilderverehrung.

Desai, Mahadev (1892-1942), Jurist, der sich 1917 Gandhi anschloß und sein Privatsekretär wurde.

Doke, Joseph J., baptistischer Pfarrer, der mit Gandhi auf der Phoenix-Farm in Südafrika zusammenarbeitete, zeitweilig den »Indian Opinion« herausgab und eine Biographie Gandhis verfaßt hat.

Dolci, Danilo (geb. 1924), Gründer von Kooperativen in Sizilien.

Draupadi, Gemahlin der fünf Pandu-Prinzen; bekannte Figur im Epos Mahabharata.

Eliot, George (1819-1880), englische Schriftstellerin; schildert in ihren Werken die Öde des modernen provinziellen Lebens.

Ghokale, Gopal Krishna (1866-1915), gemäßigter Nationalist; 1905 Präsident der Kongreßtagung; im selben Jahr Gründer der »Servants of India Society«.

Ghose, Aurobindo (1872-1950), bengalischer Unabhängigkeitskämpfer; Philosoph und Heiliger; evolutionäre Sicht eines allmählichen Aufstiegs zum Göttlichen; Integraler Yoga.

Hanuman, Affengott; treuer Begleiter und Diener Ramas im Kampf gegen den Dämon Ravana.

Heber, Reginald (1783-1826), anglikanischer Bischof in Calcutta, der zu Beginn des 19. Jhd.s die Kastentrennung in der Kirche duldete, ganz im Gegensatz zu Daniel Wilson, Bischof von Calcutta, der seit seinem Besuch 1833 in Madras diese Praxis rügte.

Hingorani, Anand T., Anhänger Gandhis im indischen Befreiungskampf; Kompilator von »A Thought for the Day«, einer Sammlung von Aphorismen Gandhis, die dieser an Hingorani geschickt hat, um ihn mit täglich einem besonderen Gedanken über den Tod seiner Frau (1943) hinwegzutrösten.

Jinnah, Mohammad Ali (1876-1948), Führer der Moslemliga, der unnachgiebig einen eigenen Muslim-Staat forderte und die Teilung Indiens erreichte.

(Kakasaheb) Kalelkar, Dattatraya Balkrishna (1885 – ca. 1974), Pädagoge; lehrte u.a. Sanskrit an Tagoses Universität in Shantiniketan, wo er Gandhi begegnete; Essayist.

Kalidasa (4.-5. Jhd. n.Chr.), bedeutendster altindischer Dichter; sein Drama Shakuntala wurde bereits 1791 ins Deutsche übersetzt und begeisterte Goethe.

Kallenbach, Hermann (1871-1945), deutscher Architekt in Johannisburg, der Gandhi 1910 in Südafrika seine Farm (»Tolstoi-Farm«) zur Verfügung stellte und die Satyagraha-Bewegung mitorganisierte; kam 1938 zu einem kurzen Besuch nach Indien.

Kasturbai Nakanji (1869-1944), seit 1882 Gandhis Ehefrau.

Kaur Raj Kumari = Amrit Kaur, Rajkumari (1889-1964), Christin; für 16 Jahre Gandhis Sekretärin; kümmerte sich um Sozialarbeit und die Verbesserung der Stellung der Frauen; Sekretärin der »All-India Women's Conference« 1930 und 1938; Präsidentin der »Women's Association« von 1931 bis 1933; von 1947-57 Gesundheitsministerin.

Kraemer, Hendrik (1888-1965), holländischer Religionsgeschichtler und Missionar; behauptete einen Wesensunterschied zwischen der christlichen Offenbarung und den Religionen.

Krishna, mythologischer Held in vorgeschichtlicher Zeit; Hirtengott; identifiziert als Inkarnation des Gottes Vishnu.

Kumarappa, Joseph Chelladurai (1892-1954), christlicher Freund Gandhis und Bundesgenosse des indischen Nationalkongresses; Ökonom; Anhänger der Wirtschaftstheorie Gandhis.

Kunzru, Hridaynath (1887-1978), Mitglied von G.K. Ghokales »Servants of India Society«; leitete ein Freiwilligenkorps bei dem großen Hindu-Fest Kumbha Mela 1915 in Haridwar, wo er Gandhi begegnete; Präsident des Harijan Sevak Sangh von Uttar Pradesh.

Lakshmana, Gestalt aus dem Epos Ramayana; Sohn des Königs Dasharatha und seiner Gemahlin Sumitra; Halbbruder des Rama, dem er im Exil treu ergeben ist; Beschützer Sitas, der Gattin Ramas.

Lang, Cosmo Gordon (1864-1944), Erzbischof von York; später Erzbischof von Canterbury; gehörte der Hochkirchlichen Bewegung an.

Marcel, Gabriel (1889-1973), fanzösischer Philosoph und Dramatiker; Kritiker des vergegenständlichenden Denkens und der Verabsolutierung autonomer Subjektivität sowie des hemmungslosen Besitzstrebens.

Mill, John Stuart (1806-1873), britischer Nationalökonom und Philosoph; Vertreter des älteren Positivismus; utilitaristische Ethik; Hauptwerk »Grundsätze der politischen Ökonomie« (1848).

Mott, John R. (1865-1955), amerikanischer Missionar in Indien, durch dessen Einsatz das »Student Christian Movement« zustande kam und 1914 der Nationale Missionsrat gegründet wurde.

Naidu (Naidoo), Thambi, tamilischer Geschäftsmann von Mauritius (Tamil Benefit Society), den Gandhi als einen der bedeutendsten Satyagrahis bezeichnet hat.

Naoroji Dadabhai (1825-1917), langjähriger Präsident der »London Indian Society«; Präsident des indischen Nationalkongresses; 1892 Mitglied des britischen Parlaments.

Nayyar, Pyarelal (geb. 1899), Sekretär; Schüler und Biograph Gandhis; Herausgeber von »Young India« (1932) und der Wochenzeitschrift »Harijan« (1946-48).

Nehru Jawaharlal (1889-1964), Mitstreiter Gandhis in der Unabhängigkeitsbewegung; 1947 erster Premierminister Indiens (bis zu seinem Tod).

Nehru, Motilal (1861-1931), Vater Jawaharlal Nehrus; Rechtsanwalt; seit 1916 Mitarbeit in der »Home-Rule-Bewegung« und Freundschaft mit Gandhi.

Pantanjali (wohl 2.-3. Jhd. n.Chr.), Autor des Yoga-Sutra, des wichtigsten Kompendiums der Yoga-Praxis und -Philosophie.

Patel, Sardar Vallabhbhai (1875-1950), seit 1915 Zusammenarbeit mit Gandhi; führender Politiker; Organisator und Verhandlungsführer; nach der Unabhängigkeit erster Innenminister.

Polak, Henry S.L. (geb. 1882), Anhänger Tolstois und Vegetarier; traf Gandhi 1903 in London und wurde dessen Freund; Anwalt und Theosoph.

Radhakrishnan, Sarvepalli (1888-1975), indischer Philosoph in vedantischer Tradition; 1962-1967 Staatspräsident.

Rainy, Sir George, Mitglied der Untersuchungskommission von Champaran, der Gandhi mit dem Apostel Paulus verglich.

Ramakrishna Paramahamsa (1836-1886), bengalischer Heiliger, der in mystischen Ekstasen Gott in Gestalt der Großen Mutter, aber auch unter Christusvisionen, geschaut und besungen hat.

Ramana Maharishi (1879-1950), indischer Heiliger, der als »lebender Upanishad« das nichtdualistische Ideal der Einheit des Transzendenten und des Menschlichen vollkommen verkörpert hat.

Raychandbhai (Raschandra Ravjibhai Mehta), jainistischer Denker und Dichter, der Gandhi stark beeinflußte, als dieser 1891, von London kommend, nach Bombay zurückgekehrt war.

Robinson, John A.T. (geb. 1919), anglikanischer Bischof; schreibt 1963 ein berühmtes Buch (»Honest to God«), in dem Gott nicht als jenseitiges Wesen, sondern Tiefe oder Grund der Existenz beschrieben wird.

Rolland, Romain (1866-1944), bedeutender französischer Romancier; Professor für Kunst- und Musikgeschichte; Pazifist; schrieb über Tolstoi und Gandhi, dem er 1931 begegnete.

Roy, Dilip Kumar (1897 – ca. 1980), bedeutender bengalischer Dichter (»Eyes of Light«, 1948); dramatisierte die Lebensgeschichten der Heiligen Chaitanya und Mirabai (1956); erhielt 1955 den höchsten indischen Literaturpreis, Padma Vibhushan.

Roy, Ram Mohan (1772-1833), reformierte die indische Gesellschaft und Religion; Gründer des Brahmo Samaj; betonter Glaube an einen Gott; humanistische Ethik.

Ruskin, John (1819-1900), Professor für Kunstgeschichte in Oxford; Vorkämpfer einer sozialreformerischen Ethik (Arbeit nicht als Ware, sondern moralische Verpflichtung; Forderung nach Bildungsmöglichkeiten für Arbeiter usw.); sein Buch »Unto This Last« beeinflußt Gandhi nach 1903.

Schumacher, E.F. (1911-1977), von Gandhi und buddhistischen Idealen beeinflußter Wirtschaftswissenschaftler; Autor des Bestsellers »Small is beautiful« (1975).

Shankara (um 800 n.Chr.), bedeutender Vedanta-Philosoph; nicht-dualistische Interpretation des Verhältnisses des Absoluten und des Selbst im Menschen.

Shraddhananda Swami, Hindu-Nationalist; 1926 von dem Muslim Abdul Rashid ermordet.

Slade, Madelaine (1882-1983), Tochter eines britischen Admirals, kam 1925 nach Indien in den Sabarimati-Ashram; nannte sich Mirabehn; getreue Schülerin Gandhis; verließ Indien 1959 und starb in der Nähe von Wien.

Swaminarayan (Swami Narayan) (1781-1830), gründete 1804 eine Hindu-Reformbewegung in Ahmedabad; gilt als Vaishava-Heiliger mit großer Anhängerschaft in Gujarat.

Tagore, Rabindranath (1861-1941), berühmter indischer Dichter (1913 Literaturnobelpreis); preist das einfache Leben der Landbevölkerung und versuchte selbst, diesem Ideal gemäß zu leben; engagiert im nationalen Unabhängigkeitskampf; Dichter der indischen Nationalhymne.

Thoreau, Henry David (1817-1862), amerikanischer Schriftsteller; Nonkonformist; lebte »bürgerlichen Ungehorsam« abseits von staatlichen Zwängen; Gandhi wurde 1908 mit seinen Schriften bekannt und im Satyagraha-Konzept von ihm beeinflußt.

Tilak, Bal Gangadhar (1856-1920), Pädagoge und Journalist; extreme Schärfe bei der Forderung nach Selbstregierung für Indien (1832-1904).

Tulsidas (1532-1623), bedeutender Dichter; Nachdichtung von Valmikis Ramayana in Hindi.

Vallabhacarya (15. Jhd.), Vaishnava-Heiliger und Philosoph; theistische Auslegung des Vedanta; Betonung der liebenden Hingabe an Gott.

Valmiki, legendärer Verfasser des Epos Ramayana.

Vivekananda (1863-1902), Hindu-Mönch und Philosoph; beeinflußt von Ramakrishna; Gründer der Ramakrishna-Mission; präsentierte den Hinduismus als universale Wahrheit auf dem Weltparlament der Religionen 1893 in Chicago.

Weil, Simone (1909-1943), französische Philosophin aus jüdischer Familie; radikale Sozialkritikerin; fordert Überwindung der Entwurzelung der unteren Schichten, Humanisierung der Arbeit und Anerkennung der von Gott gestifteten Ordnung.

Bei der Zusammenstellung dieses Personenverzeichnisses haben uns freundlicherweise Herr Dr. Martin Kämpchen (Santiniketan/Indien) und das Gandhi-Informations-Zentrum in Berlin unterstützt.

Reinhold Bernhardt
Der Absolutheitsanspruch des Christentums
Von der Aufklärung zur pluralistischen Religions-
theologie. 2. Auflage. 263 Seiten. Kt.
[3-579-00274-0]

Reinhold Bernhardt gibt einen systematischen
Überblick zur bisherigen Absolutheitsdebatte. Die
»Klassiker« dieses Anspruchs werden vorgestellt
und ihre theologischen Entwürfe zur Beurteilung
nichtchristlicher Religionen nachgezeichnet. Diesem komplexen theologiegeschichtlichen Befund
setzt der Autor die »Kopernikanische Wende« der
»Pluralistischen Theologie der Religionen« entge-
gen und fragt, ob der alte exklusive Anspruch
christlicher Theologie heute noch angemessen ist.

Horizontüberschreitung
Die Pluralistische Theologie der Religionen.
Beiträge von Reinhold Bernhardt, Michael Brück,
Rudolf Ficker u. a. Hrsg. von Reinhold Bernhardt.
251 Seiten. Kt.
[3-579-00276-7]

In diesem Buch geht es darum, die Beziehungen
zwischen den Religionen gleichberechtigt zu
bestimmen und damit dem Christentum die anderen Religionen als ebensbürtige Heilswege zur
Seite zu stellen. Die Hauptvertreter dieser »Pluralistischen Theologie der Religionen« skizzieren mit
ihrem programmatischen Überblick einen neuen
theologischen Aufbruch, der auch vor tiefgreifen-
den Revisionen klassisch-theologischer Lehrstücke
nicht zurückscheut.

Gütersloher
Verlagshaus

Theologiegeschichte der Dritten Welt

Herausgegeben von Theo Sundermeier und Norbert Klaes.

Mit dieser Theologiegeschichte entsteht ein Handbuch für Christen und Interessierte der westlichen Welt, das eine Ein- und Zuordnung von theologischen Texten aus der Dritten Welt und den Dialog mit der jeweiligen Theologie ermöglicht.

Band 1:
Seiichi Yagi

Japan

Aus dem Englischen von Martin Riepp und Frank Biebinger.
215 Seiten. Kt.
[3-579-05107-5] KT 107

Band 2:
John K. Parratt

Afrika

Aus dem Englischen von Klaus Dieter Stoll. 330 Seiten. Kt.
[3-579-05106-7] KT 106

Band 3:
Felix Wilfred / M. M. Thomas

Indien

Aus dem Englischen von Anneliese Gensichen, Hans W. Gensichen und Theodora Kamasch. 360 Seiten. Kt.
[3-579-05108-3] KT 108

Band 4:
Riolando von Azzi /
Jean Pierre Bastian /
Enrique Dussel /
Maximiliano Salinas

Lateinamerika

Mit einer Einführung von Johannes Meier. 381 Seiten. Kt.
[3-579-05127-X] KT 127

Gütersloher Verlagshaus